Abrir-se à escuta das vozes infantis

INSTITUTO PHORTE EDUCAÇÃO
PHORTE EDITORA

Diretor-Presidente
Fabio Mazzonetto

Diretora Administrativa
Elizabeth Toscanelli

Editor-Executivo
Fabio Mazzonetto

Coleção Vozes infantis
Volume 1

Abrir-se à escuta das vozes infantis

Adriana Friedmann
(Organizadora)

Phorte editora
São Paulo, 2023

Abrir-se à escuta das vozes infantis

Rua Rui Barbosa, 408
Bela Vista – São Paulo – SP
CEP: 01326-010
Tel.: (11) 3141-1033
Site: www.phorte.com.br
E-mail: phorte@phorte.com.br

CIP-BRASIL. CATALOGAÇÃO NA PUBLICAÇÃO
SINDICATO NACIONAL DOS EDITORES DE LIVROS, RJ

A147

Abrir-se à escuta das vozes infantis / organização Adriana Friedmann. - 1. ed. - São Paulo : Phorte, 2023.
320 p. ; 23 cm. (Vozes infantis ; 1)

Inclui bibliografia
ISBN 978-65-88868-29-4 (coleção)
ISBN 978-65-88868-30-0 (volume 1)

1. Educação. 2. Professores - Formação. 3. Prática de ensino. I. Friedmann, Adriana. II. Série.

CDD: 370.71
23-82118 CDU: 37.026

Meri Gleice Rodrigues de Souza - Bibliotecária - CRB-7/6439
ph2502.1

Este livro foi avaliado e aprovado pelo Conselho Editorial da Phorte Editora.

Impresso no Brasil
Printed in Brazil

A todas as crianças que abriram suas vidas
para a gente aprender mais um pouco sobre seus mundos.

Agradecimentos

Este livro não seria possível sem a colaboração de tantas e tantos parceiros que se juntaram a nós para esta obra vir à luz.

A cada uma das autoras, pela sua entrega, sua confiança e sua disponibilidade.

À Ângela Castelo Branco e ao Giuliano Tierno de Siqueira, pelo carinho, pelo acolhimento n'A Casa Tombada e pelas palavras de afeto, sempre escolhidas com tanto cuidado.

À querida Luiza Christov, sempre parceira, incentivadora e grande inspiração para todas nós.

À Beth Toscanelli e a toda a equipe da Phorte Editora, que acreditaram na importância desta obra, sempre disponíveis e atentas a cada detalhe.

À Elisa Schuler e ao Thomaz Alturia Scarpin, pelo apoio no processo do livro.

Apresentação

Abrir-se aos estudos, às pesquisas, às teorias

Era uma tarde bonita do ano de 2017. A Casa Tombada, à época, estava localizada na Rua Ministro Godói, número 109, no tradicional bairro de Perdizes, na cidade de São Paulo. Foi nessa tarde ensolarada que conhecemos Adriana Friedmann pessoalmente. Sua obra, seus feitos, seus gestos, suas lutas pelas infâncias já estavam inscritos em nossas memórias em profunda admiração.

Adriana contou-nos ali, sentados à mesa, entre uma e outra xícara de café, sobre o seu desejo de realizar uma pós-graduação *lato sensu* tendo como eixo central as escutas das infâncias. Uma frase sua nos marcou muito: "*Já avançamos muito em relação aos cuidados com as infâncias, mas escutá-las ainda é um grande desafio*". Adriana é essa pessoa entusiasmada, íntegra e absolutamente comprometida com o seu sentir, o seu pensar, o seu agir.

Sua escrita, marcada pela profundidade de estudos e de pesquisas, tem um estilo próprio, uma embocadura de manifesto, como nos dá a ler em seu livro de título homônimo ao curso de pós-graduação que iniciamos, em 2018, n'A Casa Tombada, *A vez e a voz das crianças* (Friedmann, 2020, p. 130):[1] "Defendo ser imperativo e urgente criar diálogos interdisciplinares e intersetoriais, com o intuito de validar e integrar as vozes infantis. Considero que a escuta e a observação caminham de mãos dadas".

Sua força produtiva, sua disponibilidade permanente para as vozes que chegam, sua hospitalidade ao diverso, seu imenso coração, sua profunda generosidade em escrever em continuidade seus achados fazem de suas obras referências para quem ama os que nascem, pensando aqui em Hannah Arendt e em seus pensamentos sobre natalidade.

Temos certeza de que esta é mais uma obra teórica que colocará em movimento, por meio da polifonia que a compõe, as inquietações, as certezas, as necessidades políticas em direção às infâncias plenas, para a construção de um mundo para todas, todos, todes.

---

[1] FRIEDMANN, A. *A vez e a voz das crianças*: escutas antropológicas e poéticas das infâncias. São Paulo: Panda Books, 2020.

Aqui, marcamos, com Bell Hooks (2013, p. 83),[2] em sua teoria como prática libertadora, a imagem que engendramos quando intitulamos a obra que se segue como "teórica":

> Cheguei à teoria jovem, quando ainda era criança. Em *The Significance of Theory*, Terry Eagleton diz:
>
> As crianças são os melhores teóricos, pois não receberam a educação que nos leva a aceitar nossas práticas sociais rotineiras como "naturais" e, por isso, insistem em fazer as perguntas mais constrangedoramente gerais e universais, encarando-as com um maravilhamento que nós, adultos, há muito esquecemos. Uma vez que ainda não entendem nossas práticas sociais como inevitáveis, não veem por que não poderíamos fazer as coisas de outra maneira.

Os escritos teóricos de Adriana e os convites aos coletivos de escritoras e escritores nas obras que organiza são sempre marcados pelo maravilhamento, por afirmar, permanentemente, que "*poderíamos fazer as coisas de outra maneira*".

Ângela Castelo Branco
Giuliano Tierno
Sócios-fundadores d'A Casa Tombada,
"Lugar de Arte, Cultura e Educação".

[2] Hooks, B. *Ensinando a transgredir*: a educação como prática da liberdade. São Paulo: WMF Martins Fontes, 2013.

Prefácio

Escrever o prefácio de um livro é ter a honra de apresentar um livro.

Quem apresenta um livro caminhou por suas letras, seus espaços e suas imagens.

Percorreu palavras no encontro e no empenho delas para a composição que chamamos de *livro*.

Quem apresenta um livro entregou-se à possibilidade de ser capturado ou capturada por suas histórias e pelos sentidos todos que foram descobertos e construídos pelos autores e pelas autoras.

E, no caso do livro *Abrir-se à escuta das vozes infantis*, percorri um encontro mágico com as autoras. Caminhei com mulheres que se entregaram à escuta de vozes infantis em processos de pesquisa e de educação, em processos de intensa curiosidade e profundo interesse pela palavra dos inícios, pelos gestos dos inícios, pelos movimentos que constituem a linguagem dos inícios.

A linguagem dos inícios é portadora de traços e de sons do estranhamento de quem chega, de quem vê o mundo pela primeira vez. A palavra de quem chega traz em si a pergunta e o olhar de quem estranha, de quem não consolidou certezas, de quem quer saber. As vozes infantis trazem o pasmo essencial de quem nasce, como sugere Fernando Pessoa por meio do heterônimo Alberto Caeiro:[1]

> O meu olhar é nítido como um girassol.
> Tenho o costume de andar pelas estradas
> Olhando para a direita e a esquerda,
> E de vez em quando olhando para trás...
>
> E o que vejo a cada momento
> É aquilo que nunca antes eu tinha visto,
> E eu sei dar por isso muito bem...
> Sei ter o pasmo essencial que tem uma criança
> Se, ao nascer, reparasse que nascera deveras...
>
> Sinto-me nascido a cada momento
> Para a eterna novidade do Mundo

---

[1] Caeiro, A. *O meu olhar é nítido como um girassol*. 2012. Disponível em: http://www.dominiopublico.gov.br/download/texto/wk000367.pdf. Acesso em: 27 set. 2022.

As autoras se entregaram à escuta das vozes que chegam para estranhar e perguntar, arriscando suas certezas para encontrar as verdades do corpo-voz de cada criança e de cada bebê.

Sabemos que a experiência é sempre maior do que as narrativas que criamos sobre ela, porém, as narrativas de cada autora e da organizadora e inspiradora do gesto de escuta – Adriana Friedmann – são capazes de nos transportar para a densidade do acontecimento de cada encontro com as vozes múltiplas das infâncias. São narrativas habitadas pelos corpos das pesquisadoras/educadoras, porque nenhuma frase é desarticulada das demais, o que confere coesão e integridade ao livro, mas, sobretudo, são habitadas porque deixam transparecer as emoções de cada encontro e o valor atribuído aos corpos de bebês e de crianças.

Muitos são os méritos que minha leitura pode identificar nesta obra, e os distingo não por ordem de importância, uma vez que todos se articulam na preciosa composição desta escrita feminina, mas por uma simples ordenação de exposição.

O primeiro mérito pode ser constatado no título, que, com precisão cirúrgica, revela o tema e o foco: *a escuta das vozes infantis*.

A palavra *escuta* tem aparecido com frequência e insistência no discurso pedagógico contemporâneo. Para que não se torne um chavão a ser repetido sem reflexão, correndo o risco de se desvalorizar, convém pensarmos a condição para a escuta efetiva do outro. A escuta efetiva – ou autêntica, ou sensível, como já a consideram muitos autores e autoras – exige acreditar que bebês e crianças têm o que dizer e que, mesmo aqueles que ainda não falam, podem se expressar por seus gestos, seus movimentos e seus balbucios. Além desse acreditar, a escuta efetiva exige curiosidade pela palavra, pela voz, pelos gestos e pelos movimentos desses seres pequenos que chegam sempre para nos deslocar e nos ensinar.

A escrita feminina do presente livro narra e revela estas condições: crença na existência das vozes infantis e curiosidade a respeito do que podem nos dizer. E nos ensinar.

O segundo mérito consiste em criar uma obra povoada por etnografia minuciosa, que não apenas conta sobre o que se aprende com essa escuta das infâncias, mas ensina também, e, por isso, deve ser espalhada para professores e professoras, cujo compromisso de ofício é construir caminhos de observação, de escuta e de registro. Este livro ensina a observar, a ouvir e a registrar o encontro com bebês e crianças.

O terceiro mérito pode ser percebido na escrita poética, na escrita ensaística e densa de vida, escrita de corpo e alma, por meio da qual as autoras convidam e comovem mais ouvintes para estas vozes.

A palavra *comover* abarca a ideia de mover-se com, de "co-mover". Este livro que percorri e tenho a alegria de prefaciar é um motor, ele "co-move". Ele move meu desejo de mostrar cada capítulo para muitas educadoras e muitos educadores que conheço. Ele move meu desejo de abraçar as autoras e a organizadora e de agradecer por este compromisso com as vozes das infâncias materializado neste livro.

Luiza Helena da Silva Christov
Professora e pesquisadora d'A Casa Tombada
e do Instituto de Artes da Universidade Estadual Paulista (Unesp).
Trabalha com pesquisa e formação de educadores e tem especial
interesse por temas como Educação e Democracia,
Filosofia e Educação e Linguagens da Arte.

Estado da arte e reflexões iniciais sobre o tema

Breve histórico dos estudos, das pesquisas e das iniciativas

No universo de estudos, pesquisas e práticas voltados para as infâncias, várias áreas de conhecimento têm se debruçado para trazer luz sobre as crianças. A Psicologia do Desenvolvimento tem servido como referência para a compreensão do processo de desenvolvimento das crianças, seus comportamentos, e de funcionamento da psique infantil. As Pedagogias da Infância têm apontado para metodologias e teorias de ensino, sobre como ensinar, como acontece a aprendizagem em cada idade. As Ciências Médicas, em específico, a Pediatria, têm trazido estudos sobre o desenvolvimento do ser humano desde a vida intrauterina até a idade adulta, apontando padrões de referência e orientações em prol de infâncias saudáveis.

Mais recentemente, a partir dos anos 1980, outras áreas de conhecimento debruçaram-se nos seus estudos sobre crianças e suas infâncias: as Neurociências contribuíram com suas pesquisas sobre o cérebro humano, sobretudo dos bebês e das crianças nos primeiros anos de vida, destacando a importância da adequação de estímulos nesse período. Com base nessas evidências científicas, economistas e indivíduos no âmbito político atentaram para a importância de se investir em equipamentos educacionais – creches, escolas etc. –, programas de educação integral, assim como no estabelecimento de políticas públicas, legislação sobre direitos, todos voltados para a primeiríssima infância. Urbanistas, arquitetos e gestores começaram a considerar a importância de planejar e pensar cidades, territórios, espaços, parques, condomínios, praças etc. adequados, amigáveis e acessíveis para crianças de diversas faixas etárias. As Ciências Sociais – entre as quais, a Sociologia e a Antropologia – trouxeram importante contribuição para compreender as crianças como atores sociais, autores das suas vidas com linguagens e culturas próprias, abrindo um campo de pesquisa para conhecer a diversidade de realidades e culturas infantis.

A escuta e a observação de crianças constituem, hoje, tema em pauta. O fato de tantos estudos e áreas de conhecimento se dedicarem à compreensão das crianças e de suas infâncias aponta para a complexidade que o ser humano é; tanto, que merece a dedicação, o entrelaçamento, o aprofundamento e os diálogos entre todas essas áreas de conhecimento e as experiências e práticas cotidianas com as crianças. Faz-se premente o avanço, nesse sentido, para a compreensão mais acurada dos universos infantis; do conhecimento do que as crianças sentem, pensam, vivem; das suas realidades, das suas potencialidades, dos seus repertórios.

O que fazer, então, com esses conhecimentos que as crianças expressam e comunicam cotidianamente por meio das suas linguagens verbais e não verbais? Suas expressões e narrativas diversas podem nos apontar possibilidades de repensar e de readequar propostas para variadas idades, contextos e territórios; e conhecer e potencializar a singularidade de cada criança, sua bagagem multicultural: aquela que cada uma traz da sua família para o coletivo, para a escola e/ou para outros grupos. Questões diante das quais somos desafiados como educadores, cuidadores, gestores e estudiosos, e que nos provocam a avançar e a aprofundar nossas ações e propostas, e a criar oportunidades para que as vidas das crianças adquiram um sentido mais humano e significativo nas suas jornadas formativas e como atores sociais.

Seguindo essa linha de pensamento, considero fundamental disseminar conhecimentos adquiridos mediante pesquisas, estudos e reflexões tecidos nos campos da Antropologia da Infância, da Educação e de áreas afins, bem como multiplicar práticas e experiências que podem ser inspiradoras em quaisquer contextos. Tenho me debruçado nesse esforço no decorrer de mais de 40 anos, incentivando outros educadores e educadoras a estudarem, pesquisarem e empreenderem propostas diversas. Desde os anos 1990, venho formando educadores e pesquisadores, desenvolvendo pesquisas e incentivando iniciativas e movimentos, tanto no âmbito formal quanto no não formal, por meio do Núcleo de Estudos e Pesquisas em Simbolismo, Infância e Desenvolvimento (Nepsid),[1] do Mapa da Infância Brasileira (MIB)[2] e, desde 2020, do Coletivo *A vez e a voz das crianças*.[3]

Além de estudos, pesquisas e projetos desenvolvidos sobre crianças e com crianças, desde os anos 1980, ministro cursos de formação, mais especificamente, desde os anos 2000, sobre Antropologia da Infância, e promovo pesquisas com crianças, no intuito de levar esses conteúdos e propiciar diálogos com educadores e outros profissionais dedicados às infâncias. Em 2017, criei o curso de pós-graduação *lato sensu* chamado *A vez e a voz das crianças: escutas antropológicas e poéticas das infâncias*, n'A Casa Tombada, polo da Faculdade de Conchas (Facon).[4]

---

[1] Para saber mais, acesse o *site*: www.nepsid.com.br.

[2] Para obter mais informações, acesse o endereço: https://www.facebook.com/mapainfanciabrasileira.

[3] Para conhecer mais sobre o projeto, acesse: https://www.avezeavozdascriancas.com/coletivo.

[4] Para saber mais, acesse o *site*: https://acasatombada.com.br/a-vez-e-a-voz-das-criancas.

O intuito desse curso, além de contribuir com uma formação multidisciplinar, convidando profissionais de diversos segmentos voltados para as infâncias, é o de formar pesquisadores/especialistas em processos de escuta de crianças. Assim, além do arcabouço teórico, os alunos desenvolvem pesquisas de campo, a fim de terem a possibilidade de conhecer e de reconhecer a diversidade de realidades infantis em vários territórios e/ou contextos em que houver crianças.

As temáticas que surgem – desde a escolha do grupo de interesse a ser observado até os conteúdos descobertos no brincar, nos deslocamentos das crianças, na convivência, em suas narrativas, seus comportamentos e suas produções, entre tantos outros assuntos – transformam-se em documentos de pesquisa reflexivos, relatados nos trabalhos de conclusão de curso. Assim mesmo, cada aluno e cada aluna tem a possibilidade de narrar o próprio processo de mudança interna no que diz respeito à sua postura enquanto educador(a), pesquisador(a) e profissional voltado para os universos infantis. Os pesquisadores e as pesquisadoras têm oportunidade de se aprofundar e de mergulhar em questões relativas a posturas éticas, seguindo, então, orientações, para obter não somente a autorização dos adultos responsáveis pela criança ou pelo grupo observado, mas também o consentimento das próprias crianças. O resultado dessas pesquisas – assim como de outras desenvolvidas anteriormente em outros contextos formativos, como a produzida no Sesc Formação e Pesquisa, resultado de curso de formação realizado em 2016-2018, chamado *Escuta e observação de crianças: processos inspiradores para educadores* –[5] tem constituído materiais importantíssimos para o conhecimento das realidades infantis atuais e para trazer essas realidades à reflexão e à ressignificação das práticas, dos conteúdos e das atividades oferecidas às crianças, tanto no âmbito da escola, da família, quanto de outros contextos e equipamentos pelos quais elas circulam e convivem.

A publicação *Abrir-se à escuta das vozes infantis*

A partir da formação, em 2020, do Coletivo *A vez e a voz das crianças*, integrado por pesquisadores do MIB e por especialistas formadas no curso de pós-graduação anteriormente citado, surge a ideia – além do desenvolvimento de pesquisas, da formação de pesquisadores e da criação de um manifesto e

[5] Para conhecer mais sobre a pesquisa, acesse: https://www.academia.edu/36620650/Escuta_e_observa%C3%A7%C3%A3o_de_crian%C3%A7as_processos_inspiradores_para_educadores.

posterior divulgação em redes sociais – de divulgar as diversas pesquisas desenvolvidas pelas participantes.

A presente publicação está composta por 13 capítulos, fruto das pesquisas desenvolvidas por 16 especialistas (seis delas juntaram-se em duplas). Com base nos processos de escuta escolhidos e desenvolvidos por elas, trazemos, para este livro, as reflexões e os resultados dos seus processos. Os capítulos foram organizados em três blocos temáticos:

- Diversidade de realidades e vozes infantis.
- Escutar adultos para escutar crianças.
- O que aprendemos com as crianças.

Uma das principais contribuições das pesquisas antropológicas é a de apontar a *Diversidade de realidades e vozes infantis*, contribuição de seis pesquisadoras na parte homônima.

Carla Bruna Altafini Nastri presenteia-nos com seu olhar sensível sobre os gestos infantis. Um dos principais desafios para os adultos é aprender a "ler" gestos e linguagens não verbais.

Laizane Oliveira chama-nos a atenção para um tema fundamental: o que ocorre quando interrompemos o brincar das crianças, uma situação cotidiana, que acontece tanto na escola quanto em casa, e cujo impacto nas vidas e nos processos infantis não é medido.

Fernanda Gouvea Santos, com base na observação da própria filha no tempo de pandemia, relata o que descobriu sobre a resiliência e as brincadeiras criadas, ressignificando sua postura como mãe.

Jacqueline Nara de Assis mergulha no brincar livre das crianças pequenas para descobrir com quais elementos elas brincam, contribuindo com algumas reflexões a esse respeito.

Isabela Pinho Gomes Assêncio e *Miraíra Noal Manfroi* unem-se para trazer reflexões e descobertas, com base na observação dos percursos que crianças fazem a pé e no transporte coletivo, contribuindo com ensinamentos sobre essas "jornadas infantis".

Na Parte II, *Escutar adultos para escutar crianças*, temos a contribuição de cinco importantes textos, que versam sobre como as pesquisadoras foram afetadas e transformadas nos processos de escuta e de observação.

Elisa Schuler, de forma sensível e poética, indaga sobre o que pode emergir ao escutar a criança interior de cada adulto, aquela que habita para sempre dentro de cada um.

Gláucia Sales Paez Fernandez e *Teresa Andréa Ferrara* dialogam sobre possibilidades e caminhos para escutas sensíveis no acolhimento de crianças na Educação Infantil.

Tânia Fonseca Pinto focaliza seu estudo sobre as relações e os vínculos nas (re)adaptações das crianças com os adultos no cotidiano da escola.

Daniela Padilha compartilha a experiência de observação de mães de crianças pequenas em um território da periferia de São Paulo, trazendo o livro e a leitura como mediadores.

Roselene Crepaldi compartilha a experiência de pesquisas com diversos grupos infantis, apontando como aconteceu seu próprio processo de transformação de pedagoga a "escutadora".

Na última parte, *O que aprendemos com as crianças*, as pesquisadoras colocam-se no lugar de aprendizes, compartilhando desses novos conhecimentos trazidos dos universos infantis.

Eliani Ragonha e *Vydian Felix Baptista Numa* encontram essas aprendizagens nas brechas dos momentos de alimentação do cotidiano escolar; as trocas, as falas e os repertórios que as crianças lhes ensinaram.

Sabrina Costa Barros abre-se à escuta e compartilha o quanto aprendeu com as crianças sobre infância, arte e educação.

Kátia Keiko Matunaga adentra, de mão dadas com as crianças, o universo das telas e dos mundos pelos quais elas circulam quando estão conectadas.

O leitor irá constatar a riqueza dessas pesquisas e o arcabouço de conhecimentos e produções infantis que contribuem com esta área de conhecimento – a Antropologia da Infância – e com o universo das infâncias e da Educação.

Boa leitura!

Adriana Friedmann
(Organizadora)

Sumário

Parte I – Diversidade de realidades e de vozes infantis **25**

1 Gestos que narram a descoberta de mundo: o que as crianças nos contam sobre suas pesquisas e descobertas em seus diálogos sem palavras 27

O que as crianças nos contam sobre suas pesquisas e descobertas em seus diálogos sem palavras? Gestos que narram a descoberta de mundo! 30

Como nascem os caminhos de pesquisas das crianças? Há pesquisa na brincadeira, há brincadeira na estrada para descobrir o mundo 37

Considerações finais 43

Referências 45

Bibliografia consultada 46

2 Investigações sobre o brincar interrompido 47

Os tempos... O tempo do brincar, da minha infância, das infâncias........ 49

O percurso da escuta e da construção da docência: a descoberta do brincar 52

O cotidiano gerador das perguntas mobilizadoras 54

Encontros 57

Diário de Bordo: de ser surpreendida pelo brincar de R. 59

Diário de Bordo: de ser presenteada pelo brincar de L. 63

O brincar interrompido 70

Entre descobertas, novos questionamentos 72

Atravessamentos 74

Referências 74

Bibliografia consultada 75

3 Resiliência e brincadeira na pandemia 77

Observando o brincar da Isabela 79

A Isabela e seu brincar 81

Isabela e minha observação 84

Observando o brincar e brincando na observação 86

A resiliência e a brincadeira 91

Considerações finais 98

Referências 102

4 A importância do brincar livre: criança brinca com o quê? 105

A escola de Educação Infantil e o brincar livre 109

Objetos de largo alcance e o brincar livre 111

Sobre a escuta de crianças e a Antropologia 115

Relato dos encontros com as crianças 120

Considerações finais 126

Referências 127

5 Cada passo de uma vez: as simplicidades profundas que habitam os percursos com as crianças 129

Ponto de partida ou de chegada? 131

Caminhos percorridos 134
"Caminhografias" 137
Movimentos e paradas 142
Seguindo sem fim 148
Referências 149
Parte II – Escutar adultos para escutar crianças 151
6 Rastros: o que pode emergir quando escutamos as crianças que nos habitam? 153
Referências 163
7 Caminhos para uma escuta sensível: o acolhimento no cotidiano da Educação Infantil 165
O que entendemos por acolhimento 167
As relações de acolhimento na escola: o encontro entre bebês e educadores 170
Caminhos para uma escuta sensível 173
A consolidação de uma rede de apoio no ambiente escolar 176
Entrelaçando escutas: o papel da equipe gestora 177
Considerações finais 178
Referências 179
Bibliografia recomendada 180
8 As relações e os vínculos que permeiam o ingresso das crianças na escola: as (re)adaptações cotidianas 181
Contextualizando: a construção do conceito de infância 184
Uma nova história começa: a primeira escola 185
A criança, a família e a escola 185
A escola, os professores e as concepções pedagógicas 188
O processo 192
Considerações finais 194
Referências 195
Bibliografia consultada 196
9 Colo literário: conexão entre mãe e bebê por meio do livro de literatura .. 197
Corpos sagrados 207
Considerações finais 213
Referências 214
Bibliografia consultada 215
10 De pedagoga a "escutadora": o percurso pessoal de quem está no caminho 217
Mas, afinal, por que essa transformação é tão importante? 219
Brincar e escutar 221
Realizar escutas internas para, depois, escutar o outro 223
Escutas realizadas 226
Centro de Apoio e Pastoral do Migrante (Cami) 227
Iglesia Bautista Unida Hispana Nueva Jerusalén 230

Aprendizagem transformadora 232
Referências 233
Bibliografia consultada 234

Parte III – O que aprendemos com as crianças 235

11 O que aprendemos com as crianças: o direito à poesia e à convivência nos momentos de alimentação na escola de educação infantil 237
Inquietações iniciais 241
Alimentação, convivência, amizade e afetividade 243
– O que vocês conversam durante o jantar?
– Fazemos silêncio!
– É sério?
– Não! – e riu: a presença dos adultos 247
"*A gente fala da vida!*": os temas das conversas 248
O pensamento sincrético 256
Os silêncios... 257
O que faço com aquilo que escuto: que resposta eu dou? 258
Considerações finais 262
Referências 264
Bibliografia consultada 265

12 Na escuta: um tanto do que as crianças me ensinaram sobre infância, arte e educação 267
PIÁrtistas 270
Infância – pelo olhar da criança 273
Arte: dança e corpos livres 276
Educação: afetar-se com afeto 281
Despedida 288
Referências 290
Bibliografia consultada 291

13 Tecnologia e infâncias nas redes sociais e na escola: o desafio da mediação e de dar sentido às telas 293
Infâncias, redes sociais e telas: por onde andam as crianças? 295
O espaço nas redes sociais 298
O tempo nas redes sociais 300
O lugar dos adultos na trama das redes sociais 301
Algumas considerações sobre a segurança das crianças nas redes sociais 303
Infâncias e telas na pandemia: de que telas estamos falando? – Relato de uma experiência 304
Referências 308

Perspectivas 311
Sobre a organizadora 313
Sobre as autoras 315

Parte I

Diversidade de realidades e de vozes infantis

1

Gestos que narram a descoberta de mundo: o que as crianças nos contam sobre suas pesquisas e descobertas em seus diálogos sem palavras

Carla Bruna Altafini Nastri

Naturalmente, as crianças expressam-se por meio de diferentes e diversas linguagens: palavras, expressões, choros, sorrisos, balbucios e gestos são algumas das mais comuns, que contam sobre cada criança. Segundo Ortiz e Carvalho (2012, p. 157):

> O corpo fala, os olhares falam, o riso fala, o choro fala, as mudanças de comportamentos falam, sem ainda se utilizar das palavras, o bebê "fala", se comunica, nos contando quando sente fome, dor, quando está satisfeito, quando descobre algo interessante, quando alguma coisa nova acontece.

Se silenciarmos nosso corpo e nossa mente, perceberemos que há muita coisa potente acontecendo onde ecoam os sons do corpo. Estar atento ao invisível, àquilo que não está sendo dito pelas palavras é o que me mobiliza a caminhar adiante, a seguir os passos de crianças que ainda não verbalizam, a escutar o que me contam.

Pensando no cotidiano das crianças muito pequenas, há uma importante tarefa para quem as acompanha: estar atento às diversas maneiras de demonstrar, de comunicar, de dialogar e de expressar suas emoções.

Compreender o que um choro, um bater de palmas, um olhar diferente, um movimento novo, uma expressão de medo ou de felicidade quer revelar é um grande desafio, mas são nesses pequenos detalhes que as crianças falam sobre si.

No brincar, não é diferente. Esse meio de expressão tão importante e genuíno revela que, nesses instantes de liberdade e escolha, podemos observar o tanto de apreensões e de descobertas de mundo que as crianças fazem. E é mediante esses gestos que nos contam sobre todo esse processo que vivenciam diariamente do lado de fora e do lado de dentro de cada uma delas.

As crianças aprendem muito mais quando são capazes de fazer escolhas, porque partem do interesse delas em investigar aquilo que está diante de seus corpos.

Por isso, a pesquisa aqui presente procurou responder a perguntas tão cheias de tantas outras: *O que nos dizem as crianças sobre suas pesquisas e descobertas em seus diálogos sem palavras? Como constroem esse caminho de investigação tão próprio de si mesmas? Quais são os gestos e os movimentos desses corpos tão pequenos que são capazes de traduzir tantos aprendizados e tantas apreensões?*

Para responder a essas perguntas, elegi alguns recursos que me ampararam ao longo do percurso, como registros fotográficos, vídeos e diários de anotações, nos quais, diariamente, registrava minhas impressões, inspirações, observações e grande intuição.

Participei, também, de forma mais ativa, quando solicitada pelas crianças, ora na interação, ora apenas na observação distante. Ao final de cada percurso, organizava-me no silêncio, para permitir as sensações de cada momento. Essas sensações também entraram nos meus registros, que foram analisados pouco a pouco ao longo da pesquisa e, mais fortemente, no final de todo o processo de observação.

O que as crianças nos contam sobre suas pesquisas e descobertas em seus diálogos sem palavras? Gestos que narram a descoberta de mundo!

Existe, entre as crianças, os adultos e o mundo, um diálogo que acontece além das palavras. Ainda que não verbalizem, as crianças nos contam sobre seus jeitos de investigar, de interpelar e de descobrir o mundo por meio de todo um corpo que vibra os mais delicados gestos.

Já perceberam como os olhares se encontram uns com os outros nos primeiros anos de vida?

Ainda que não falem nada, as crianças se aproximam do mundo e do outro pelo encontro do olhar, que, aos poucos, transforma-se em sorrisos, toques, contatos de pele, abraços, conflitos, aproximações e jeitos de conhecer e de perceber o outro: *há muito mais no mundo além de mim.*

Um olhar que é palavra, é escuta, é presença, é expressão, é gesto – *é voz!*

O mundo vai se revelando para a criança além dela, e seu jeito de interagir com ele também vai se transformando.

Cada toque, cada movimento e cada ação são jeitos de investigar e de incorporar o mundo ao seu redor.

Uma mão que se enterra e se esconde na areia, um sopro que faz flutuar as bolhas de sabão, despejar e transportar água nas diversas brincadeiras, esconder-se atrás de tecidos e objetos, e tantos outros movimentos que vão tocando o corpo da criança de dentro para fora e de fora para dentro, por meio de suas próprias ações, tudo isso se chama *descoberta*. É como se nos dissessem: "*Minhas ações sobre o mundo estão me mostrando coisas novas, fomentando meu interesse e me conduzindo a interagir, cada vez mais, com este novo mundo que me circunda*".

No brincar, é assim: as crianças experimentam e vivenciam situações pelo movimento que deslocam no mundo, e, desse modo, investigam, descobrem, aprendem e apreendem o mundo à sua volta.

Investigam do lado externo os materiais, os elementos, as pessoas que estão ao seu alcance, assim como investigam e testam internamente sua capacidade, sua força, sua destreza e os limites do que envolve seus corpos.

Há algo que passa na cabeça, na mente, no corpo da criança, que só ela poderá nos contar, e, quanto mais pequenas ou não, mostram-nos tudo isso pelos seus movimentos e gestos que, na maioria das vezes, estão longe do alcance das palavras, sobretudo quando estão profundamente imersas e recolhidas em suas brincadeiras e em seus mundos.

Observar seus movimentos, distanciar-se delas, aceitar as sensações que tocam nossos corpos e não intervir quando há segurança são o melhor que podemos fazer para permitir e conhecer cada criança em seu jeito de ser e estar no mundo.

Penso que são desses gestos que nascem as primeiras palavras *aladas* – as primeiras palavras capazes de voar. Segundo Gandhy Piorski (2021) em seu texto *Os gestos das crianças*:

> [...] gestos são recursos muito antigos que adornam, aprofundam ou acompanham o traçado nerval da fala, da palavra. Mas gestos também são recursos expressivos, muito pragmáticos, que independem da palavra, da fala. E, ainda, gestos são comunicações da alma que, muitas vezes, nada tem a ver com os códigos de comunicação cultural.

Ainda emprestando as palavras de Gandhy Piorski (2021, grifo nosso), acredito fortemente que: "*Há mais nos gestos. Há mais na linguagem do olhar*".

Por detrás dos gestos das crianças, escondem-se falas que comunicam uma riqueza de coisas que se passa com cada ser. Sim! A criança tem sempre algo a dizer, ainda que não o faça mediante a fala convencional.

Não há um discurso claro, evidenciado pela verbalização, mas há algo sendo dito, dito por meio de gestos e das múltiplas linguagens que traduzem um universo de possibilidades e de informações para quem está atento a ouvir.

São seus olhares que sorriem para nós ou se franzem, fazendo-nos perguntas ou nos contando sobre suas hipóteses.

São o bater de palmas a cada conquista; o choro diante das frustrações; o brilho no olhar a cada descoberta.

São as bocas que testam e treinam movimentos, para expressar aquilo tudo que o corpo inteiro sente.

São suas posturas que nos revelam, a todo momento, os caminhos que traçam para chegar a determinado ponto, que também vão narrando esse lugar de pertencimento, e isso acontece em um tempo que varia entre muito rápido, rápido e todo o tempo do mundo. Foi assim que o defini.

Muito rápido, porque muitas são as possibilidades e intensa a curiosidade das crianças, em um novo ambiente que soa como um labirinto recheado de interesses e de novidades.

Rápido, porque, aos poucos, as crianças começam a se entreter com aquilo que vai lhes sendo mais convidativo, e o tempo vai aquietando o corpo e contando-lhes que, tudo o que ali está, estará para elas.

E *todo o tempo do mundo*, porque é chegado o tempo em que param para contemplar, momento em que as crianças, com mais apropriação, passam a dedicar tempo às brincadeiras e às investigações que lhes encantam, e, com todo o esmero e toda a avidez, entregam-se a todo o tempo do mundo da maneira mais sutil.

Como podemos ver, essas delicadas e singelas ações são diálogos que se dão na ausência de palavras, por meio de seus corpos, pequenos corpos, recém-chegados e tão cheios de vontades e intenções, porque, segundo Ehrenberg (2016, grifo nosso), *a criança não tem um corpo, ela é um corpo. Corpo que enxerga com o tocar e escuta com o olhar. Corpo é natureza, que é vida, que é e quer viver*.

Corpos potentes, com saberes e sensações que nos inspiram a chegar mais próximos deles e a ouvir atentamente, com todos os sentidos que pudermos, o que nos contam.

E como o ir e vir do vento, que ora passa leve como a brisa, ora forte como o furacão, elas nos convidam a prestar cada vez mais atenção ao que acontece em seu mundo. Olhar para fora e olhar para dentro de tudo o que está acontecendo.

Lembro-me de um pequeno trecho que certa vez li no livro *Te mandei um passarinho: prosas e versos dos índios do Brasil*, por Nelson Xacriabá (2007, p. 7), que faz a seguinte afirmação sobre um corpo e suas potentes formas de comunicação:

> É importante saber que não é só a escrita em papel que é válida. Sabe por quê?
>
> Porque nosso povo já viveu muitos anos sem participar da escrita e diretamente comunicaram uns com os outros através da voz, dos gestos ou dos desenhos.

Ainda que esse trecho fale mais da escrita como forma de comunicação do que propriamente da verbalização, naturalmente, ele ilustra como, há muito tempo, as formas de se comunicar dos povos estão conectadas com o corpo, os gestos e as diferentes formas de expressão; que não apenas com as palavras podemos entender como o corpo é potente em dialogar com o outro, revelando todo um saber que vem muito antes dos recentes estudos sobre a comunicação de bebês.

> O recém-nascido humano apresenta, desde o nascimento, uma organização comportamental que evolui com a espécie, e que favorece seu contato emocional e sua comunicação com outros seres humanos. Ele participa ativamente dessas relações por meio de seu olhar, suas vocalizações, seus gestos e expressões, aos quais seu ambiente social responde e que, por intermédio dessas respostas, diferenciam-se em comportamentos culturalmente ajustados. (Carvalho, Pedrosa e Ferreira, 2012, p. 30)

Olhares, gestos, expressões corporais e faciais, balbucios e pequenas palavras são as diferentes e mais interessantes maneiras de comunicação das crianças que ainda não verbalizam, e, nessa enorme possibilidade de se comunicarem, elas falam e revelam aos seus tudo o que sabem.

Na ausência da palavra, percebi que o diálogo entre as crianças, as professoras e o espaço nasce de uma maneira muito generosa e totalmente compreensível, definida por Castell (2010 *apud* Fochi, 2015, p. 101, grifo nosso) como: "*Um diálogo que acontece pela presença*".

Teresa G. Castell (2010 *apud* Fochi, 2015, p. 101) também diz que: "No caso de esse diálogo ocorrer entre os pares, a maneira como a criança vai encontrando formas de se referir a algo, em ambos os casos, demonstra que a intenção comunicativa antecede o uso da palavra".

Vale lembrar que, historicamente, a ação corporal de crianças e bebês e as maneiras de se expressarem foram descartadas e tidas como irrelevantes, uma vez que não se reconhecia a potencialidade do "SER" bebê.

As maneiras como se expressavam, ainda incompreendidas pela sociedade, e a ausência de palavras em tenra idade colocavam a criança em um lugar de não saber, de não entender, de não compreender o que acontecia em seu entorno. Desse modo, era desrespeitada no sentido mais amplo de SER humano e não tinha suas ações levadas em consideração.

Como vemos, foi preciso muito tempo, estudo, maturidade e delicadeza para compreender que choros, expressões, gestos e movimentos são as formas mais intensas de as crianças falarem sobre si e sobre o mundo – sobre sua inteireza, ainda que não necessariamente verbalizem. E, assim, foi possível entender e respeitar a potencialidade de um ser tão pequeno em tamanho, mas tão grandioso em seu ser.

Penso que, quando oferecemos tempo e espaço às crianças, permitimos que elas sejam o que quiserem, e é nesse contexto que podemos observá-las, vê-las florescer e ouvir atentamente as vozes que ecoam por todo seu corpo – as suas vozes.

Em grande escala, ainda se acredita que o brincar livre (as aprendizagens mediadas e pensadas pelo professor, se propostas de maneira livre) revela que as crianças não estão fazendo nada, que não estão aprendendo nem apreendendo, e isso se diz mais a respeito de conteúdos do que da própria vida.

Guimarães Rosa (2016, p. 101) disse que: "Quando nada acontece, há um milagre que não estamos vendo".

Talvez o milagre do qual ele falava fosse essa imensa possibilidade de escolha que há quando ninguém lhe pede para fazer. Esse milagre da criança estar integrada a algo só dela, em pleno direito à liberdade.

Talvez falasse mesmo de escolhas, decisões e inteireza – de ócio, tão importante ócio, para que a criança se conecte verdadeiramente com seu eu.

Muitas coisas acontecem dentro das crianças "quando nada acontece", como mencionado por Guimarães Rosa.

E, ainda que não se saiba ao certo o significado da palavra *nada*, segundo o Dicionário Houaiss, ela vem do latim *nata*, "coisa nascida".

Ora, se a palavra *nada* sugere algo como "nascer" ou "nascido", entendo que, quando alguém diz que a criança "não está fazendo nada" ou se refere ao brincar como uma ação "do nada", ela está fazendo algo: nascendo, de dentro para fora, florescendo. Um *nada* que nasceu ali, naquele instante, para algo muito maior: ela.

E, mesmo que a palavra tenha tomado um valor diferente ao longo dos tempos, serve de reflexão para pensarmos sobre essa conotação que comumente depositam nas crianças, já que é no *nada*, no vazio de não a conhecermos, que uma criança chega até nós, e essa chegada, sozinha e junto de outros, traz forma e preenchimento. Faz nascer um grupo e um espaço a serem ocupados.

Fochi (2015, p. 54) afirma que: "O espaço vazio é aquele em que é possível ser inaugurado o novo, a experiência ser iniciada, viver o inesperado travado pela possibilidade do encontro".

E foi em um espaço vazio, respeitosamente preenchido por 13 crianças, de 13 a 19 meses, que, recém-chegadas à escola, entregaram-se a desbravar esse mundo novo e permitiram-nos contar sobre esse importante caminho de escuta do corpo e de todos os seus sentidos.

De forma singular, estreitaram laços com as professoras, criaram vínculos e fortaleceram os dias com bastante afeto e confiança.

Caminharam, fincaram os pés no chão. Pés pequenos, pés leves, pés que despertaram interesses e aprenderam a caminhar juntos, pés que nos levaram adiante.

Já prontos para viver tudo com total intensidade, entregaram-se ao espaço e revelaram interesse pelas primeiras brincadeiras. E bastou um olhar, um toque, uma aproximação, um sorriso, para que contagiassem, de maneira delicada e cuidadosa, todos os outros.

Essa primeira observação dá início ao que chamei de *caminho "caminhante"*, pelo qual um grupo de crianças, juntas, mas de maneira singular, levaram-me a acompanhar os primeiros passos de uma pesquisa total e encantadoramente erguida por elas.

Como nascem os caminhos de pesquisas das crianças? Há pesquisa na brincadeira, há brincadeira na estrada para descobrir o mundo

Este é o início de uma pesquisa que contagia – que se direciona ao encontro.

Victor viveu sua chegada na escola com certa tranquilidade, ainda que se despedir de seus pais não fosse a tarefa mais fácil: ele aceitou cedo nossa companhia e, com segurança, permitiu que o acompanhássemos nas novas manhãs que se iniciavam em sua vida.

Fazia cerca de quatro semanas que ele estava na escola.

Sempre sorrindo, convidava-nos a adentrar seu mundo com gentileza e suavidade.

Posso dizer, com certeza, que tudo começou quando Victor encontrou um tecido longo pendurado na janela da sala. Um pequeno pedaço de pano, prateado, com bolinhas espelhadas coladas por toda a sua dimensão. Uma boa transparência possibilitava enxergar o que havia do outro lado do tecido: a porta de madeira da janela.

Logo, Victor interessou-se pela simplicidade do objeto e, rapidamente, tratou de dar valor àquilo que escolheu como brinquedo: cobriu seu corpo com o tecido e, por um instante silencioso, emanou ao ambiente interesses de diversão.

A intenção de divertir o outro foi sempre uma característica muito particular de Victor, e ele logo iniciou uma brincadeira de esconder e encontrar.

Victor estava em seu mundo, em uma investigação que parecia só dele, mas em um espaço coletivo, não foi difícil contagiar os outros, e foi assim que Benicio e Felipe se achegaram para um despertar coletivo.

Benicio o observava de longe e, com um olhar atento, parecia pedir autorização para adentrar a brincadeira do colega. Seus olhos estavam fixados no tecido, como um caçador à espreita de sua presa.

Um... dois... três... quatro... cinco segundos, e Benicio pareceu tomar coragem. Ele se aproximou vagarosamente. Com cuidado, puxou o tecido e encontrou Victor que, em silêncio, preferiu continuar escondido. Nenhuma palavra, mas muito entendimento. A cumplicidade no olhar dos meninos era um pedido que falava pelo olhar. Victor parecia pedir a Benicio que não o descobrisse, que deixasse a brincadeira continuar. E assim Benicio o fez. Sorriu para o amigo por alguns outros segundos, soltou o tecido e se afastou.

Felipe, que olhava de longe, com certo olhar de devaneio, pareceu gostar da ideia de puxar o tecido, de ir ao encontro do outro. O que será que passava em sua mente naquele instante? Foi, então, que se aproximou com certa rapidez.

Ao perceber o movimento ágil do colega, Victor, com rapidez, saiu de trás do tecido e nos presenteou com um largo sorriso, ofertado primeiramente a nós, professoras, e distribuído, em seguida, a todos os colegas.

A descoberta do amigo que estava escondido também animou os demais que ali estavam, de início, apenas circulando entre tantas outras brincadeiras, mas não tão distantes dos movimentos dos colegas.

Então, Victor retornou à sua investigação inicial e pareceu convidar quem o olhasse de longe. Seus olhos eram as setas do direcionamento: olhava um, olhava outro e outro.

Posicionou-se diante de uma das crianças. Com uma postura reta e firme, voltou-se com agilidade para trás do tecido.

Aos poucos, a brincadeira foi tomando outras formas, porque já não era mais só dele: outros protagonistas que, outrora, apenas observavam, agora, também faziam parte da diversão.

O interesse estava posto, e os olhos haviam se encontrado. A presença do outro era notada. Corpos e olhares ligados e, naquele momento, conectados na intenção da comunicação.

Passos curtos e lentos, olhares desconfiados de observação e singelos sorrisos no canto da boca também foram compartilhados. Todos em busca dos movimentos por trás do tecido. E foi assim que se deu o que nomeei de *Encontros que se descobrem*.

Foi como se dissessem: "*Entrei na brincadeira, reconheci-o, persegui-o, encontrei-o e descobri-me!*".

A pesquisa sobre esconder foi ganhando força e muitos (e novos) elementos.

As crianças haviam se descoberto e pareciam, naquele momento, procurar o encoberto no novo chão pelo qual passavam.

Elas ansiavam por mais. Eram corpos como brinquedos em busca de brinquedos que pudessem estar totalmente conectados com seus corpos.

Durante uma brincadeira com pequenos pratos de plástico, confeccionados com um furo no meio, Luísa descobriu a possibilidade de esconder seu rosto, exceto um de seus olhos, que brincava com a distância em que nos encontrava. Por um bom tempo, ela ficou nos observando apenas pelo pequeno buraco, e, *já que estava escondida, será que nós podíamos vê-la?*

Seu corpo estava aconchegado no chão, sentado, com as pernas estendidas, de maneira confortável. Suas mãos desenhavam a brincadeira, e o que mais parecia lhe encantar era a possibilidade que seus olhos lhe davam – um poderoso e diferente campo de visão havia sido descoberto por ela.

Foi assim sua brincadeira e investigação, até que nos revelou um lindo sorriso ao retirar da frente do seu rosto o pequeno objeto, como quem dizia: "*Estou aqui!*".

Cito essa observação como exemplo porque, aos poucos, as crianças deixaram de esconder seus corpos atrás dos tecidos e passaram a escolher outros objetos para encobrir pequenas e selecionadas partes dos seus corpos. Elas buscavam por novas possibilidades.

Esconder brinquedos com seus corpos e objetos dentro de outros objetos, como bolas dentro de latas de alumínio ou colheres de pau embaixo de bacias de plástico, eram algumas dessas pesquisas. E foi assim que chegaram a muitas e interessantes descobertas.

Esconder e aparecer é uma brincadeira bastante apreciada pelas crianças pequenas, e sabemos que, de forma concreta, isso as ajuda no entendimento do que se refere às coisas que somem e aparecem, assim como no processo de separação de seus pais quando iniciam sua jornada escolar e descobrem outras pessoas, que, na transição de sua casa para a escola, estarão com elas nessa nova etapa de suas vidas.

Pensando em um grupo recém-chegado ao espaço escolar, após ter vivido um importante processo de adaptação, essa pesquisa parecia nos contar o quanto estavam elaborando esse momento de "passagem do meio individual, familiar, para o meio coletivo, social, escolar", segundo definição feita por Bueno (2018, p. 64).

E que forma mais bonita de nos contar suas histórias, seus começos e suas descobertas do novo mundo senão por meio da brincadeira espontânea e da leveza de ser criança?

Presencial e intuitivamente, essa foi a sensação que me abarcou depois de viver os dias e de revisitar todos os registros que havia feito durante aquele tempo.

Encantada com o caminho que percorríamos, escrevi um poema para presentear as crianças nesse período tão importante e sensível de suas novas vidas, e o transcrevo a seguir para compartilhá-lo.

Agora somos nós!
Porque chegou a nossa vez.
O tempo é de vivenciar o novo!
Construir muitos caminhos, fincar marcas no chão que pisamos
e caminhar cada vez mais juntos.
É tempo de olhar o outro e perceber-se em si.
Tempo de transição do que conhecemos, para o que iremos conhecer.
Aprender – apreender – o mundo!
Um tempo novo, cheio de possibilidade, descobertas e desafios.
Tempo de dar tchau aos que aqui nos deixam por ora,
e dividir afetos aos que nos recebem mais um dia.
Tempo de conhecer novos abraços, braços, colos e afagos.
Tempo de experimentar, repartir e compartilhar.
Agora é um tempo novo para seguir, porque chegou a nossa vez de ir!

Fevereiro de 2019

E foi a partir desse tempo, em uma brincadeira iniciada por uma criança e entrelaçada por tantas outras, que segui as pistas do que queriam contar as crianças que não verbalizavam.

Não havia palavras que explicassem seus pensamentos, então, continuei a seguir os pequenos e a escutar as sutilezas dos movimentos de seus corpos e de todas as expressões possíveis.

> Ações, movimentos, gestos, sorrisos e vocalizações das crianças oferecem pistas sobre os modos pelos quais elas vão se apropriando do espaço e integrando-o criativamente na construção da brincadeira. No fluxo das interações, esse espaço da sala se transforma em um recurso para uma ação coletiva. (Carvalho, Pedrosa e Ferreira, 2012, p. 69)

Ainda que eu observasse de perto a firmeza, o equilíbrio e os movimentos que vinham se fortalecendo em seus corpos; as estratégias de pensamentos que adquiriam; a maneira como se relacionavam e se aproximavam uns dos outros; as ferramentas que utilizavam para resolver os conflitos e solucionar eventuais problemas (pesquisas que se mostravam tão evidentes e tão importantes), eu sabia que elas me contavam muito mais do que as habilidades que estavam expressando. Elas me contavam o que estavam apreendendo – incorporando do mundo e dentro deste mundo.

De maneira singular, muitas foram as formas de pesquisar das crianças em momentos bastante especiais e particulares. Era uma diversidade de gestos e de expressões que traduziam cada uma delas, e todas ao mesmo tempo.

Diferentes e diversificadas eram as investigações, e, a nós, cabia apenas estar com elas, estender-lhes as mãos, acatar seus desejos e, respeitosamente, silenciar, porque o silêncio me ensinou que também é uma, se não a melhor forma de intervenção, e, para ouvir, muitas vezes, é preciso recolher-se e silenciar, porque:

> [...] Silêncio tem gosto bom. Não basta o silêncio de fora. É preciso silêncio dentro. Ausência de pensamentos. E aí, quando se faz o silêncio dentro, a gente começa a ouvir coisas que não ouvia. [...] A música acontece no silêncio. É preciso que todos os ruídos cessem. No silêncio, abrem-se as portas de um mundo encantado que mora em nós [...]. (Alves, 1999)

Quando silenciamos o corpo e ativamos todos os sentidos, conectamo-nos com o inesperado, com a emoção que surge e nos atravessa. Não é só o físico que fala, são também as sensações e a intuição.

É um caminho que acontece organicamente, e não tem a ver só com a rotina dos dias, mas também com a própria vida! E foi sempre durante as brincadeiras no pátio, no tempo aberto, no espaço livre, na natureza que acompanhei as mais interessantes maneiras de investigar das crianças. Foi assim que vi o processo de conhecimento acontecer e a descoberta nascer, porque a brincadeira é pesquisa naturalmente.

Uma frase atribuída a Albert Einstein diz que "Brincar é a mais alta forma de pesquisar". No brincar, encontramos ricos e diversificados modos de a criança comunicar-se, um idioma que faz parte de sua inteireza, que lhe é próprio, e são nessas ações que acompanhamos as descobertas, as pesquisas e os aprendizados, em uma vivência prazerosa e divertida, refletida no mundo que é todo da criança.

Considerações finais

Com base na linguagem do olhar, na maneira como as crianças se comunicavam entre si, comigo e com o mundo por meio de gestos e de expressões, trilhei um caminho ao lado delas, escutando, na ausência de palavras, o que seus corpos revelavam sobre cada uma e sobre todas ao mesmo tempo.

Gestos, expressões e movimentos surgiram como raios de luz, e me contaram sobre os tantos aprendizados que estavam acontecendo e que, claro, foram alavancas para que surgisse o interesse em me aprofundar ainda mais e escutar além e com todos os sentidos aguçados.

Durante esta pesquisa, foi possível perceber como as crianças são capazes de construir um caminho de investigação com base em seus interesses e de nos narrarem tudo a cada movimento que fazem. Penso que, para muitas instituições de ensino, esse pode ser um disparador importante para se pensar sobre as práticas de ensino, levando em consideração a verdadeira ação das crianças e enriquecendo esses momentos com o que, de fato, elas estão nos dizendo.

Aprendi, nesse processo, que é no brincar e nos instantes de liberdade que podemos observar verdadeiramente com o coração, com o corpo e com as sensações, cada detalhe das ações das crianças.

Reconheci que há necessidade de silenciar, de intervir menos quando há segurança, de acalmar nosso coração e de permitir sermos atravessados pelas emoções do momento, pois são elas que também revelam um tanto do contexto.

Entendi que, além dos aprendizados tão importantes e evidentes em seus corpos, como as maneiras de se movimentar, de se relacionar com o outro, de solucionar conflitos, e tantos outros ricos e necessários aprendizados, é certo que as crianças nos contam muito mais sobre suas experiências de vida, seus desejos e suas emoções. Reconhecer e validar essas formas de comunicação pode ser um novo caminho para pensar, repensar, e trabalhar com crianças tão pequenas em um espaço coletivo, e, assim, garantir seu protagonismo em cada ação, dando sentido ao seu viver.

Saio dessa pesquisa convidando-me a procurar muitos caminhos e novas maneiras de caminhar e de escutar, cada vez mais, as crianças, em todas suas múltiplas formas de se expressarem, porque, como disse Rubem Alves,

> As palavras só têm sentido se nos ajudam a ver o mundo melhor. Aprendemos palavras para melhorar os olhos. Há muitas pessoas de visão perfeita que nada veem... O ato de ver não é coisa natural. Precisa ser aprendido. Quando a gente abre os olhos, abrem-se as janelas do corpo e o mundo aparece refletido dentro da gente. (Alves, 2008 *apud* Janiro, 2015)

Agora, quero contemplar o mundo com os olhos das crianças e, novamente, encantar-me. Ver o voo dos pássaros, observá-los e chamá-los para brincar, alçar voo, voar junto e, depois, pousar. Quero olhar para o chão como elas me ensinaram, colher os mais interessantes tesouros que a terra nos dá e, com eles, brincar. Maravilhar-me com tudo o que meu corpo possa alcançar. Descobrir-me e descobrir o mundo; deixar-me sempre em movimento, porque foi dessa maneira que as crianças me deixaram. A cada encontro com elas, um encantamento, um afetar diferente e um desejo de manter os pés descalços e o corpo livre – para brincar e para colecionar as mais interessantes descobertas. Depois dessa pesquisa, passei a olhar e acompanhar as crianças de outro jeito, com o coração aberto, o olhar atento e todos os outros sentidos alertas, ouvindo o que dizem seus corpos nas mais diferentes linguagens.

Referências

Alves, R. *Pensamentos que penso quando não estou pensando*. São Paulo: Papirus, 1999.

Bueno, M. C. *No chão da escola*: por uma infância que voa. São Paulo: Passarinho, 2018.

Carvalho, A. M. A.; Pedrosa, M. I.; Ferreira, M. C. R. *Aprendendo com criança de zero a seis anos*. São Paulo: Cortez, 2012. (Coleção Docência em Formação: Educação Infantil).

Ehrenberg, M. C. Palavra de... Monica Ehrenberg: a criança não tem um corpo, ela é um corpo. [Entrevista cedida a] Tempo de Creche. *Tempo de creche*, 14 abr. 2016. Disponível em: https://tempodecreche.com.br/postura-do-pofessor-e-rotina/palavra-de-monica-ehremberg-a-crianca-nao-tem-um-corpo-ela-e-um-corpo/. Acesso em: 10 ago. 2022.

Fochi, P. *Afinal, o que os bebês fazem no berçário?*: comunicação, autonomia e saber-fazer de bebês em um contexto de vida coletiva. Porto Alegre: Penso, 2015.

Houaiss, A. *Grande dicionário Houaiss da língua portuguesa*. Disponível em: https://houaiss.uol.com.br/. Acesso em: 10 ago. 2022.

Janiro, A. C. A arte de educar: um lindo texto de Rubem Alves. *Psicologia Acessível*, 10 jul. 2015. Disponível em: https://psicologiaacessivel.net/2015/07/15/a-arte-de-educar-um-lindo-texto-de-rubem-alves/. Acesso em: 09 ago. 2022.

Ortiz, C.; Carvalho, M. T. V. *Interações*: ser professor de bebês – cuidar, educar e brincar: uma única ação. São Paulo: Blucher, 2012. (Coleção InterAções).

PIORSKI, G. Os gestos das crianças. *Gandhy Piorski*, 18 fev. 2021. Disponível em: https://www.gandhypiorski.com.br/post/os-gestos-da-crian%C3%A7a. Acesso em: 09 ago. 2022.

ROSA, J. G. O espelho. *In*: ROSA, J. G. *Primeiras estórias*. Rio de Janeiro: Nova Fronteira, 2016. Disponível em: Disponível em: http://static.recantodasletras.com.br/arquivos/5206036.pdf?1430610030. Acesso em: 09 ago. 2022.

XACRIABÁ, N. [É importante...]. *In*: MACIEL, I. *et al. Te mandei um passarinho*: prosas e versos dos índios do Brasil. Brasília: Ministério da Educação, 2007.

Bibliografia consultada

NEVES, A. M. B. *Interações*: raízes históricas brasileiras. São Paulo: Blucher, 2012. (Coleção InterAções).

2

Investigações sobre o brincar interrompido

Laizane Oliveira

Os tempos... O tempo do brincar, da minha infância, das infâncias...

Desde que acessei pela primeira vez a minha criança e me deixei mergulhar na minha infância, percebi transformações em meu olhar e em minha postura perante as crianças que acompanho. Neste texto, que organizo com base em uma monografia apresentada para a conclusão do curso *A vez e a voz das crianças: a arte de escutar e conhecer as narrativas, linguagens e culturas infantis*, n'A Casa Tombada, mais do que revisitar minhas memórias e me reconhecer, tenho aprendido sobre gentileza, empatia e novidades que a vida de adulta me fez esquecer, desaprender. Desejei ouvi-las para considerá-las, também por isso, escolho começar apresentando um "tiquinho" desse tempo.

Uma das poucas vezes que ouvi sobre Manoel de Barros foi em 2018, numa aula de Luiza Christov, professora que traz ética, política, poesia, escuta, acolhimento, humanidade para a sala de aula. Lembro de que as palavras do poeta me transportaram ao meu quintal, senti-me descalça, com os pés na nossa terra. Nesse dia, Luiza falava de darmos atenção e importância àquilo que quase sempre é ignorado, às pequenezas. Fui agraciada com o vislumbre de um dos quintais de minha infância. Éramos três crianças num grande espaço de terra, muitas árvores frutíferas, raízes, horta, fogo, água, bichinhos, cachorro. Brincávamos com essa vida que nos cercava e interferíamos nela. Recordo de começarmos ao sol da manhã e entrarmos ao fim da tarde. O frio, o vento e a escuridão eram corresponsáveis pela nossa entrada em casa. Quem de nós ficaria com os sapos, a escuridão, os lobisomens e outros personagens fantásticos que, de dia, imitávamos e, à noite, fugíamos até em pensamento (acho que também tinha minha avó chamando para tomar banho)?

Dentro de casa, era hora de brincar de secretária, de cabana, de cantores, de meditações, de "chão é lava"... Nesse ínterim, em algum momento almoçávamos, mas não me recordo das pausas. A sensação que tenho é de um fio contínuo do brincar, um tempo corrido que não se sabe quando começa, quando termina, porque o marco do sair para o quintal iniciava algumas ações, mas não iniciava o brincar. Parece-me que o impulso do brincar incidia no corpo e, inclusive, nas tarefas, nos cuidados.

Sinto que é a graça desse tempo subjetivo, que não se mede, que nos escapa, que é intenso e imponderável; um tempo que não se curva, não se submete, o tempo do brincar, fenômeno, esse, que se trata do existir como criança, do viver criança, do ser criança, por sua vez, que o sabe e o é inteira, totalmente dedicada. Um tempo que Cunha e Kuhn (2016) tratam em seu texto *No tempo das crianças... no tempo da imaginação*, em que descrevem os tempos Cronos, Kairós e Aion, sendo Cronos o tempo contínuo, o do relógio, organizado e controlável, e Kairós e Aion, de manifestação natural, relacionados à subjetividade do tempo das crianças:

> O tempo, entendido como o transcorrer das nossas vidas, é percebido como veloz, com capacidade de pressionar a vida humana como nunca, a ponto de atingir e interferir nas esferas de crescimento e desenvolvimento desde a mais tenra idade. A criança, por sua própria natureza, envolvida no seu tempo e espaço, não percebe o mundo como o adulto, com pressões e atenção aos resultados das ações. O tempo da criança não é igual ao tempo do adulto. A criança brinca com o tempo e, por brincar com ele, é quem verdadeiramente entende do tempo. (Cunha e Kuhn, 2016, p. 9)

Naquela noite, no curso de pós-graduação d'A Casa Tombada, Luiza Christov também falava sobre escuta e voz das crianças, e ensaiávamos reflexões sobre suas vozes e nosso papel. Minha criança interna falava muito, eu me perguntava: "*Quantas crianças falam comigo todos os dias, e eu não ouço?*". Percebo que escolher ser professora é escolher ouvir, mas, definitivamente, não pressupõe consciência dessa premissa ou a responsabilidade que ela traz. Como chama a atenção Deborah Tomé Sayão (2000, p. 1):

> Quando nos permitimos ouvir ou observar as crianças com quem trabalhamos nós, professoras e professores, nos deparamos com situações inusitadas, com o inesperado, com o imprevisto. Muitas vezes, não conseguimos dar respostas às questões e, em alguns casos, não sabemos como intervir em uma determinada situação. Então, muitas vezes, fingimos que não vemos.

Sobre a escuta, coloquei-me na busca. Abaixando, chegando pertinho, olhando o miudinho, distanciando, silenciando, registrando, permitindo-me dúvidas, fraquezas, admitindo não saber e, de vez em quando, arriscando saber. Notei que as crianças são generosas em ser e em nos permitir ver, ouvir, sentir.

Para a pequena Laiza

Querida Laiza, vê-la sentada no chão de terra acalma meu coração. A terra foi tão generosa com a gente, não é mesmo?

Quero lhe dizer que tem um coração precioso, e, sim, vale a pena escolher o caminho de amar, da justiça, da verdade. Suas indignações são válidas e muito importantes.

À noite, sozinha, eu ainda fico como você, olhando para cima, transportando os tetos, navegando em sonhos. Às vezes, como você, vou até a varanda para olhar para o céu. Não dá para ir lá fora; aqui não tem quintal.

Amada Laizinha, a avó Margarida está comigo. Guardei seu amor por ela. Ele ainda floresce.

Pequena, agradeço-a pela força com que aperta minha mão, pela franqueza e pela compreensão com que me olha nos olhos, pelas caminhadas nos cantinhos mais felizes da nossa vida. Sigamos juntas.

Laiza de agora

O percurso da escuta e da construção da docência: a descoberta do brincar

Foi junto de parceiras tão inacabadas e desejosas de aprender quanto eu, que percebi que os meninos e as meninas eram mais que alunos a construir conhecimento, mas gente em relação construindo a vida. Muitas descobertas estavam por vir.

Após anos acumulando cargo nas redes municipais de Diadema e de São Paulo, além de experiências, muitas incertezas se organizavam até chegar à consciência em forma de perguntas: *Eu conheço as crianças? Isso que proponho é realmente o que elas precisam de mim? Eu realmente sei o que é território? Conheço os territórios que abrigam as crianças? Qual nosso papel na cidade? O que as crianças querem saber? O que elas querem dizer?* A resposta a elas não levou tanto tempo a se formalizar, e era “Não.”. Isso me levou a exonerar um cargo e a mergulhar no universo dos pequenos para acompanhá-los e oferecer o melhor suporte possível, a fim de garantir autonomia para chegarem confiantes ao primeiro ano de alfabetização.

É preciso atentar-se ao fato de que essa foi minha primeira grande descoberta. Assim que lancei o olhar de querer conhecer quem eram as crianças, notei que ainda estava impregnada da escolarização para a preparação ao Ensino Fundamental e estava errada. Senti que meu dever era acompanhá-las e apoiá-las a ser a melhor versão delas mesmas no instante de cada agora; tudo o que viesse depois dependia disso, mas não ocupavam o motivo de estarmos juntas. Nesse momento, tudo ainda era muito intuitivo, e eu precisava alimentar o desejo com leituras, trocas, conhecimento.

Procurei formação n’A Casa Tombada com os cursos *O livro para a infância – textos, imagens e materialidades* e *A vez e a voz das crianças:*

a arte de escutar e conhecer as narrativas, linguagens e culturas infantis. Enquanto me nutria e ressignificava minha prática, decidi acompanhar as crianças e deixar que me mostrassem as suas vozes, a sua sabedoria, com todo o seu empenho de vida. E o que vi foi o impulso do brincar como existência. Um brincar que é da criança, começa com ela, é construído por ela e continua com ela, mantém-se e é pausado por ela. Um brincar que a educadora e pesquisadora das infâncias e crianças Sandra Eckschmidt, autora do livro *Ndiphilile: eu estou viva!* (2015), denomina *brincar livre*, incluindo a importância de observar e de receber o que as crianças gratuitamente nos permitem aprender:

> Brincar livre é um impulso que nasce da criança, sua criação e expressão, e que nós, educadores, precisamos aprender a observar para compreender um gigantesco potencial humano – de criação, imaginação, humanização. A escola precisa transformar sua percepção, seu paradigma, para incluir em seu cotidiano o espaço, o tempo, os materiais e as relações para o que estou aqui denominando de brincar livre. (Eckschimdt, 2015, p. 7)

Sobre esse brincar que vai ganhando consistência, conexões e espaço nos meus pensamentos, busco acrescentar algumas camadas com as palavras de Friedmann (2020):

> O brincar, singular e único de cada criança, de cada brincadeira, de cada jogo e em cada grupo, diz de forma não verbal sobre os seres humanos, movimentando-se, penetrando diferentes culturas. O brincar constitui uma linguagem, é a necessidade vital das crianças e oferece a oportunidade de se expressarem espontaneamente a partir de seus potenciais individuais. (Friedmann, 2020, p. 75-6)

Passo a reconhecer que o brincar de cada criança é único e que, em cada brincadeira, a singularidade se refaz. Uma linguagem que permite adentrar o universo um do outro, e, juntos, construirmos um novo universo para aquele instante.

Amanhã, tudo será novo de novo.

O cotidiano gerador das perguntas mobilizadoras

Quando alguém se propõe a acompanhar crianças em suas descobertas, não imagina que poderá se tornar o grande obstáculo dessas aventuras. Gosto de pensar que nenhum educador ou educadora, cuidador ou cuidadora se prepara para essa caminhada ciente dessa função. No entanto, pode acontecer, e pode ser tão cruel quanto parece. Explicarei melhor, pois foi essa experiência que gerou a questão da pesquisa em mim.

Eu estava preparada para conhecer as 29 crianças de 3 e 4 anos que acompanharia por 60 minutos de segunda a quinta-feira e por 110 minutos às sextas-feiras. Sei que o tempo era curto, mas, com criatividade e sensibilidade para perceber o que queriam e quem eram, acreditei que viveríamos boas experiências. Isso seria possível, não fosse por um almoço exatamente meia hora depois de minha chegada. Essa realidade é necessária para compor a carga horária de professores com carga reduzida da rede de São Paulo; não são muitos, mas existem.

Encontrava as crianças às 10 h, saíamos para a higiene às 10h25, almoçávamos às 10h30, escovávamos os dentes às 10h50, às 11 h, eu me despedia, tudo cronometrado.

Todos os dias, sem pular nenhum, meninos e meninas pediam para ir ao parque. Esperavam-me, e eu os levava. Todos esses dias, saía da sala com um peso enorme nos ombros. Confesso que, algumas vezes, não os levei, tamanha tortura que me causava. Passei a contar o tempo minuto a minuto, pois sabia da minha pior tarefa: eu interromperia o brincar de cada um.

Às quintas-feiras, encontrava as crianças na brinquedoteca. Minha função era ajudá-las a organizar o espaço e, mais uma vez, a tarefa era interrompê-las. Apenas às sextas ficávamos juntos por quase duas horas: era o dia da areia, o melhor e mais esperado dia da semana. Era chegar e não perder tempo – tirar os sapatos e aproveitar o máximo possível. O tempo podia ser de apreciar e estar junto, e eu gostava de olhar no relógio e pensar, "Ainda temos tanto tempo!".

As companheiras de turma e eu, por vezes, tentamos reorganizar a rotina com a gestão e as docentes, mas os esforços foram em vão. Então, passei o ano letivo interrompendo processos de relação, de criatividade, de construção, de emoção, de vida. Nenhuma sexta-feira foi suficiente.

Diante dessas experiências cotidianas, vi-me intimamente provocada, como profissional e humana, que, em suas funções, contraria toda uma proposta curricular de escuta às necessidades primeiras das crianças, e não conseguia lhes oportunizar escolha e liberdade, fossem elas individuais ou coletivas, pois não havia princípio democrático na condução desses momentos. Apesar de meus esforços, não pude mudar a rotina, apesar de todo cuidado em chamá-las aos poucos, avisar quando o tempo se esgotava, não podia esticá-lo. Então, fiquei cada vez mais atenta e inteira para planejar o final.

Esse estado de tensão ativou muito meus sentidos e me revelou gestos e atitudes, detalhes desse rompimento ou parada não desejada. Falas, movimentos, olhares... Algumas diziam: "*Vamos, prô! Eu tô indo!*", ao mesmo tempo que corriam para mais uma balançada, mais uma escorregada, para recolher a última flor, lançar a última pedrinha... Fala e gesto estavam descombinados. Outras traziam choro, birra, raiva, protesto e decepção. Era preciso investigar, mergulhar, observar. Não podia ignorar os sinais desse momento de ruptura, tão banalizado no dia a dia.

Assim, surgiram as questões que norteariam esta pesquisa: *O que acontece quando o brincar é interrompido? Quais as reações pontuais dessas crianças? Como finalizam a brincadeira? Realmente finalizam? Elas desorganizam os brinquedos ou os mantêm? Em dias seguintes, retomam essas narrativas? É possível antecipar essa interrupção fazendo combinados? O que as crianças pensam sobre essa interrupção? Quais suas possíveis ideias para esse momento?*

Essas perguntas grudaram em mim, e eu as acolhi, porque era preciso saber mais e porque senti que o movimento de força das crianças para continuar era, por vezes, suprimido pela rotina, pela relevância da atividade, pela não autorização, pela escolha firme do conduzir, e não do acompanhar e enfeitar o caminho juntos.

Maria Carmen Silveira Barbosa é professora titular na Faculdade de Educação da Universidade Federal do Rio Grande do Sul e uma educadora bastante comprometida com as reflexões sobre as infâncias no espaço escolar. Em um de seus textos, ela descreve a intensa pressão da rotina rígida e sistemática que em nada considera as necessidades, os ritmos e os processos infantis, quer individuais, quer coletivos:

> A regulação temporal que caracteriza a vida contemporânea com a tríade produção-acumulação--consumo atropela e desapropria o tempo da vida. Para dar conta dessa regulação, são construídos nas escolas artefatos como cronogramas, horários, rotinas, que, ao invés de organizar o coletivo, mais o controlam. Um tempo que é visto apenas como tempo cronológico, linear, sequencial. Todo o tempo investido livremente pelas crianças nas coisas que lhes dizem respeito, nas coisas que as afetam, naquilo que as desafia, que as distingue, se não tiver uma produção objetiva, é visto como perder tempo. Portanto, o que encontramos nas escolas infantis é a presença desse tempo característico das relações capitalísticas, que brutaliza a vida cotidiana

> e empobrece a experiência da infância. Um sentido de *tempo que apenas passa*, cumprindo o ordenamento da produtividade. (Barbosa, 2013, p. 216, grifo do autor)

Gerou-me perplexidade notar que, em nenhum dos dias dos quais estive com meninas e meninos tão incríveis, eles fizeram a escolha de parar. Nenhum deles jamais decidiu parar. Se isso não era um sinal, o que mais poderia ser? Foi algo que aprendi: todos eles poderiam ter a escolha legítima de continuar, e estava explícito no movimento do brincar, na pressa que começou a se fazer para aproveitar isso ou aquilo do parque. Nenhum de nós perguntou a eles: O que você quer fazer agora? Porque, mesmo já sentindo certo vazio em suas barrigas, arrisco-me a dizer que a fome do brincar, da liberdade do corpo, da curiosidade, da descoberta e da invenção, do desafio e da solução, do medo e da coragem, da tentativa, do acaso, do diálogo possível e livre, da frutinha, do bichinho, da água e da lama, da seiva, da força e da areia, do suspenso, da firmeza, da velocidade, do tempo não passando, do grito, do segredo e do cochicho, entre muitos outros, eram urgentes. Muita fome para 25 minutos, mas é também muita fome para qualquer tempo, pois me parece que todo o tempo é do brincar, dessa vida de achar tatu-bola debaixo das pedras úmidas, desses alimentos que mantêm a vida, que são do Humano.

Apego às palavras de Schiller, na tradução encontrada na quarta capa do livro *As origens do brincar* de Éva Kálló e Györgyi Balog (2017), "O ser humano só brinca quando é um ser humano no sentido pleno da palavra e é plenamente ser humano quando brinca".

Encontros

Para lançar esse olhar, escolhi um Centro de Educação Infantil (CEI) da Rede Municipal de São Paulo, no distrito de Cidade Ademar. Selecionei esse CEI, que faz parte da Diretoria Regional de Ensino de

Santo Amaro, sobretudo por atenderem bebês e crianças bem pequenas, as quais nunca acompanhei como professora, o que, de antemão, promove um afastamento dos vícios que sabemos carregar, tendenciosos a definições e a julgamentos. O primeiro contato se deu com a coordenadora, que se responsabilizou por dialogar com os professores da Unidade Escolar (UE) sobre a pesquisa e mediar visitas. Num segundo momento, conheci as gestoras da UE e, aos poucos, os docentes.

A princípio, defini que três crianças seria um número relevante e que a pesquisa de campo duraria um mês, sendo uma semana observando cada criança. Não estabeleci critérios para escolha desses pequenos, pois considero cada e todo brincar importante, apenas decidi que seriam de agrupamentos diferentes, a fim de garantir diversidade de rotinas. O que permitiu o encontro com as crianças foram alguns sinais, que chamaram o olhar naquele momento e dialogaram especificamente com a necessidade de ver mais do que se apresentava.

Para essa escolha, estive em cada sala. Não podia prever se saberia no começo ou no fim, se escolheria ou se seria escolhida; aceitei a surpresa e o inesperado. Desejei o olhar descrito por Friedmann (2014, p. 37): "Olhar antropológico, olhar pesquisador, olhar curioso, olhar inquieto. Olhar do olho, do corpo, do coração e da cabeça. E tantas emoções e pensamentos abrindo espaço dentro do nosso ser".

A fim de respeitar o espaço dessas crianças, mesmo com o aval dos professores para acompanhá-las, o primeiro passo de cada dia seria me apresentar e falar das intenções da observação, assim, pedindo-lhes autorização para estar ali. Fico feliz em dizer que fui muito bem-recebida.

Ao final das escolhas, enviamos por escrito uma carta explicativa às famílias, informando nossas intenções, pedindo autorização para acompanhar suas crianças e realizarmos filmagens e fotografias.

Para registro das observações, foi utilizado um Diário de Bordo, fotografias dos espaços (que não apresento aqui) e pesquisa do Projeto

Político Pedagógico (PPP) da UE. O acesso ao PPP e as fotos tiradas do CEI foram autorizados pela coordenadora.

Dos cinco encontros previstos com cada criança, foram possíveis apenas um com a L., um com o R., dois com o A., e dois com o B.[1]

Aqui, apresentarei apenas os relatos dos encontros com o R. e com a L.

Diário de Bordo: de ser surpreendida pelo brincar de R.

A professora da turma informou que todos ficariam no refeitório, onde tomavam café, pois queriam brincar de massinha e que, naquele local, poderia me apresentar. Ela chamou a atenção de todos e avisou que eu gostaria de falar algo. Então, eu disse:

– Bom dia! Eu sou Laiza e vim visitar vocês. Tenho muita vontade de conhecê-los, de saber do que vocês brincam e o que acontece quando acaba. Posso ficar com vocês? Posso ficar olhando vocês brincarem?

Muitos disseram que sim, outros perguntaram:

– Você é professora?

De imediato, respondi que era professora de outras crianças, em outra escola, e que estava ali porque queria muito vê-los brincar, então, novamente, perguntei se poderia ficar pertinho olhando as brincadeiras. Quase todos responderam que sim, faltou um, que já estava completamente imerso em seu brincar, e não podia mais dividir sua atenção; com ele, conversei quando me sentei ao seu lado para brincar. Eu tinha a primeira autorização das crianças para estar ali e, enfim, acompanhá-las.

Nas duas horas que passei com essa turma, estivemos em quatro lugares que propunham vivências diferentes. A primeira, como relatei anteriormente, foi a brincadeira com massinha, nas mesas do refeitório. Fizemos comidinhas, animais e bolinhas. Eu observava e, quando

---

[1] Foi utilizada a inicial dos nomes das crianças para a preservação de suas identidades.

me solicitavam, participava das suas construções. Durou em torno de 20 minutos e, então, fomos para a sala da turma. Vale dizer que as salas dessa creche eram estreitas e compridas, com uma porta que dava para um solário, compartilhado com a turma vizinha. Apesar do solário, certamente, são pequenas para as 24 ou 25 crianças que as ocupam. Essa, em particular, em seu mobiliário, contava com colchões, ganchos para mochilas na parede, a mesa das professoras e um armário de alvenaria com materiais, brinquedos, filtro de água.

Ao chegarmos, a professora perguntou com o que queriam brincar. Alguns meninos responderam: "*Homem de Ferro*", então, ela pegou uma caixa com brinquedos e os espalhou. Sentei-me perto dos pequenos para vê-los, mas fui praticamente monopolizada por uma garotinha, que, além de se sentar no meu colo, envolveu-me em sua brincadeira de mamãe e filhinha, sem permitir que outros se aproximassem. A maioria reagiu de acordo, pois não ousavam se achegar; claramente, sabiam muito sobre ela. Nesse momento de brincar, fiz algumas interferências em situações de conflito e ajudei a professora quando me foi solicitado. Demorei um pouco para perceber que construía uma imagem de mais uma professora, supervisionando-os e dirigindo-os. A missão de não interferir e de observar sem julgamentos havia falhado e, apesar dos diálogos, ainda não tinha uma escolha, nem me sentia escolhida. Seria preciso rever toda a minha postura, retomar a ideia de afastamento, de silêncio e de inteireza, estar presente com todos os sentidos e colocar-me como companheira de suas aventuras. Frustração...

Lembrei-me da experiência relatada com sensibilidade por Sandra Eckschmidt, em seu livro *Ndiphilile: Eu estou viva!* (2015), no qual conta das dificuldades diante de toda a diversidade cultural, da língua, do novo que se apresentava e de como era preciso assumir uma postura silenciosa. Imediatamente, percebi que era preciso compreender meu papel nesta pesquisa.

> A dificuldade de acompanhar as narrativas das brincadeiras das crianças fez com que o silêncio fosse se fazendo presente. Tal silêncio não se referia a falar menos, mas era mais do que isso: era a construção de uma postura mais silenciosa frente aos fatos externos. Precisei de tempo para sair do papel de falar, de perguntar, de querer entender e opinar. (Eckschimdt, 2015, p. 15)

Já havia se passado metade de nosso tempo, e, a pedido da professora da turma, a turminha começou a guardar os brinquedos. Foi aí que vi, no meio de um monte de pezinhos, o pequeno R., com um olhar compenetrado, segurando seu brinquedo. Não sei dizer se não tinha ouvido a orientação pela concentração de seus movimentos e olhar, ou se somente não podia parar. Toda a movimentação do entorno não lhe incomodava, estava sereno, mexia as mãos, investigava o objeto, estava inteiro.

Quando um dos colegas o interrompeu, chamando-o para guardar, quase lhe tirando o brinquedo, vi seu olhar de confusão e decepção, fez uma observação geral do espaço, deixou seu corpo seguir o fluxo do grupo. Ele ouviu que iriam ao corredor e se animou. O corredor é comprido e largo, tem motocas, escorregador de plástico, tipos de gangorras ou balanços de plástico, em formato de jacaré, e cadeiras.

Chegando ao corredor, posicionei-me perto de R. e fui presenteada com seu brincar. As cadeiras eram o alvo de sua construção, e foi possível ver em seus olhos que, em pouco tempo, tinha um plano. Pesquisava o espaço e movimentava as cadeiras, criando um cercadinho próximo da parede. Dentro do cercadinho, colocou mais três cadeiras enfileiradas e sentou-se na primeira: quem passava por ali, sem convite nem anúncio, entrava e se sentava nas demais. R. começou sua viagem. Ele usava o encosto da cadeira do cercadinho como volante e pilotava, fazia sons e olhava para trás. Cada um estava num movimento diferente, o último também dirigia, virado para o outro lado. Todos se entendiam e brincavam juntos, sem trocarem uma palavra. De repente, algumas crianças de outra brincadeira foram tirando as cadeiras do cercadinho, R. olhou com atenção até entender o que acontecia; então, saiu de sua posição e, com calma, procurou outras para substituí-las. Uma pausa não planejada, mas que o obrigou a uma reorganização. Seu corpo todo se voltou para o problema: ele olhou, soltou o encosto, virou-se, esperou um tempo, resolveu. Não houve confronto, conflito, nem desistência. Notei perseverança e muita intenção em sua atitude. Ao terminar o cercadinho pela segunda vez, seu lugar estava ocupado e, mais uma vez, sua reação foi surpreendente: afastou o cercadinho, puxou outra cadeira e retomou a direção. As três crianças faziam sons e se olhavam, sorriam e se movimentavam. R. podia ser o menorzinho da turma, mas a visão de gigante vê além. Poucos minutos depois, era hora de ir embora, e a professora solicitava a arrumação do lugar. R. ficou até começarem a retirar suas cadeiras; ele via o cercadinho se desfazer e, a princípio, não se levantava. Sua expressão não era de decepção nem de objeção; parecia que estava esperando acabar. Por fim, arrumou sua cadeira no lugar e seguiu a turma.

Estive completamente atraída pela experiência de acompanhar R. e seu brincar. Posso dizer que senti nele resiliência e permanência, fosse pela imersão no brincar, que, de alguma forma, propunha uma desconexão e construía outras conexões, fosse pelo olhar que, depressa, analisava o entorno em busca de reorganizar a brincadeira, fosse pela ciência de que outra possibilidade de brincar estava por vir. Também notei que, entre esse olhar imerso e o do novo, aconteceu uma pausa, não sei se consigo descrever, mas é uma certa incredulidade do que já se sabe, um momento de deixar o que não se vai.

Carta para R.

Querido R., seu brincar me encantou tanto... Fiquei observando e percebendo o quanto você crescia diante dos meus olhos. Foi crescendo e crescendo... Ficou gigante!

Estar com você foi como receber um abraço da própria esperança. Sua singeleza, seu olhar concentrado e profundo, sua abertura para recomeços, sua paz. Senti-me tão bem diante do seu fluir sereno e, ao mesmo tempo, tão marcante, decidido.

Num dos dias em que visitei o CEI, vi-o bebendo água. O copo cobria quase todo seu rosto, somente as maçãs e os olhos ficavam de fora, e você olhava ao redor, curioso. Depois, afastava o copo, balançava em círculos, como quem esfria café, bebia um golinho e fazia "Ah". Isso se repetiu umas três vezes. Eu amei ver você nessa escapadinha de todo mundo. Eu amei!

Laiza

Diário de Bordo: de ser presenteada pelo brincar de L.

A experiência do dia anterior ganhou espaço nos meus pensamentos. Estava claro que ser uma pesquisadora que acompanha de pertinho os sujeitos de sua investigação requer uma postura extremamente comprometida. É preciso se preparar antes, estar alerta durante e acolher cuidadosamente depois. A pesquisadora sensível, que respeita as crianças e percebe seus movimentos e suas narrativas, aceitando acompanhá-las e se permitindo ser tocada e modificada, deve ser construída à medida que a pesquisa acontece. Senti que me descobria pesquisadora e, com muito carinho e sensibilidade, devia ouvir as crianças, pois, desde o primeiro dia, já me deram dicas do caminho. Certamente, não verei além se não me permitir ir além como sujeito também, renunciando aos julgamentos para vê-las genuínas, e não contornando minha presença. Nesse primeiro, encontrei mais do que a possibilidade de obter informações referentes ao problema que norteava essa pesquisa: observei-me em movimento, em deslocamento, em possível transformação. Não sabia se teria respostas em quantidade, mas sentia que estaria diferente diante das perguntas, diante do eu e do nós.

Quem me dera me aproximar da amplitude e da profundidade das palavras de Luiza Christov ao discorrer sobre o texto acadêmico como escrita-experiência:

> Uma escrita-experiência que narre um encontro de perplexidade com o mundo, com alguma parte do mundo, de mundos. Que conte de um lugar, de um processo, de um produto, de uma técnica. Que articule metáforas, imagens, palavras e conversas, vozes, corpos e textos na busca de um projeto de intervenção/criação de realidades capazes de ampliar direitos, elos, vidas. [...] Mais que objetivo, que se torne um texto que convida para mais: conhecer mais, aperfeiçoar mais, devir mais, servir mais a utopia de uma melhor forma de estar junto. (Christov, 2016, p. 2)

No dia seguinte, cheguei à escola às 9 h e acompanhei uma turma, composta por 24 crianças. A coordenadora me levou à sala e pediu licença para que pudéssemos entrar. Por sua vez, a professora me recebeu e me perguntou se eu iria somente observar, respondi que sim e me coloquei perto das crianças, que estavam sentadas no chão. Essa sala me pareceu um pouco menor que a outra, talvez porque, além dos colchonetes, havia duas mesas quadradas, algumas cadeiras, a mesa das professoras, o armário de alvenaria e uma caixa no chão. A docente puxou as duas mesas para o centro da sala e foi acomodando as cadeiras. Ela avisou que as crianças poderiam sentar-se, começou a retomar uma atividade que estava em andamento e a separar materiais. Em razão do desentendimento de algumas crianças, pois faltavam cadeiras, resolvi buscar mais no refeitório. Após todos estarem acomodados, pude ver que esse simples gesto me garantiu olhares agradecidos. Enquanto preparava papéis e tintas, a professora disse que eu poderia me apresentar. Comecei dizendo:

– Oi! Meu nome é Laiza. Gostaria de ficar com vocês hoje. Eu posso? Posso ficar olhando vocês brincarem? Quero conhecer as brincadeiras de vocês.

Dessa vez, tive atenção de todas as crianças, e vários "*Sim!*" em uníssono me alegraram.

Nesse dia, desde o início do encontro com as crianças, fui capturada pela presença tão marcante da L. Diferentemente da maioria das crianças, não ficou me examinando quando entrei na sala e me apresentei pedindo autorização para acompanhá-las, pelo contrário, ela conversava com uma amiga e assim permaneceu. Logo após a apresentação, iniciaram a atividade de pintura e, por uma questão de espaço, acabei ficando na mesa da pequena L. Foi nesse momento que pude ouvir sua conversa. Independentemente das seis outras crianças que ali estavam, ela se dirigia em particular para outra menina como sua "mãe". Perguntava:

– Mãe, você está gostando de pintar? Mãe, você quer vermelho? Eu quero vermelho.

Então a amiga lhe respondia:

– Oi, filha! Estou gostando. Eu quero vermelho!

Em todo o tempo da atividade, esse diálogo de mãe e filha aconteceu concomitantemente às conversas com as outras crianças. Era algo só delas, constantemente retomado, em muito, mantido pela L.

Ao terminarem as pinturas, em pequenos grupos, saíram para lavar as mãos, acompanhei-as e, mais uma vez, presenciei a brincadeira das meninas:

– Vamos, mãe! Vamos lavar as nossas mãos!

Pensei com um calor no peito: essas duas têm algo especial, que não se pode interromper.

No retorno da higiene, a professora chamou as crianças para uma história. Todos sentaram-se no chão, e ela começou. Era o livro do personagem sobre o qual estavam conversando antes, e todos o conheciam, mas, percebendo pouca atenção, iniciou-se o momento de cantar. Enquanto uns cantavam e outros conversavam, percebi que L. se afastava devagar do grupo e, com o indicador levado à boca, pediu silêncio à sua amiga, aproximou-se da cadeira na qual estava o livro e o empurrou. Fez isso por três vezes até que a professora notasse e chamasse a sua atenção. Percebi que L. não era uma criança que se deixaria levar por algo que não a interessasse. Suas ações exigiam uma constante atenção do adulto para manter a brincadeira não vista. Ao término das músicas, a professora convidou as crianças para irem ao solário.

A maioria delas correu para pegar algum item da caixa de brinquedos e me pareceu que, de antemão, já sabiam o que buscavam, porque, rapidamente, saíram da sala com, no máximo, dois brinquedos nas mãos. L. escolheu uma boneca e uma mamadeira. Ao chegar ao solário, encontramos o chão molhado, então, corri para chamar alguém que pudesse nos ajudar. Mesmo assim, não tivemos sorte: enquanto o chão secava, a garoa começava a cair. Eu, bem pertinho de L., acompanhava seus passos e "balancinhos", carregando, com cuidado, sua "bebê". Imaginei que, naquele momento, ela era a mãe e já não olhava ao redor, apenas para a sua "filhinha", e conversava baixinho com ela, tão baixinho que não pude ouvir.

A professora não teve escolha: chamou a criançada de volta para a sala, levou uns dois minutos e decidiu que iriam brincar de massinha no refeitório. Era necessário guardar os brinquedos, então, vi L. olhar ao redor com um olhar parecido com o que vi no dia anterior, uma pausa, um não querer junto com não poder, mas já sabido do que se há de fazer. Ela se sentou, acolheu a "bebê" nos braços, bem juntinho do corpo e ignorou o entorno; todos foram contornando-a, a sala foi se organizando, e ela foi ficando. A docente se dirigiu ao refeitório acompanhada da maioria; eu, que os observava de canto, acabei ficando com cinco crianças que insistiam em brincar mais um pouquinho e aproveitar a saída da professora para correr e pular, apenas L. permanecia sentada.

Após alguns minutos, resolvi dizer que a professora estava no refeitório oferecendo massinha. Não pedi para que parassem ou saíssem, apenas informei, então, duas delas se dirigiram ao refeitório, e L. me perguntou:

– E eu?

Respondi-lhe:

– E você?

Ela sorriu e continuou brincando. Poucos minutos depois, falei, mais uma vez, que a professora estava no refeitório e todos saíram, menos L., que, novamente, perguntou-me:

– E eu?

Respondi-lhe mais uma vez:

– E você?

Sorrindo e balançando a boneca, ela disse, olhando bem nos meus olhos:

– Eu estou com você.

Então, notei que, entre aquele olhar e essa ação, ela havia se reorganizado e encontrado sua maneira de manter o brincar. Abaixei-me perto dela e perguntei com carinho:

– O que você quer?

E ouvi:

– Quero levar ela.

Eu disse:

– Vamos!

E seguimos para o refeitório.

Ao chegarmos, não houve tempo para que pudéssemos explicar, L. foi orientada a guardar a boneca e retornar imediatamente. Ela me olhou e perguntei se gostaria que eu a guardasse. A pequena disse que sim e correu para uma das cadeiras ao lado de sua "mãe". Assim que retornei, indaguei se podia me juntar a elas e, com a afirmativa das cabeças balançando, acomodei-me. Sem necessidade de aviso, L. disse:

– Eu estou fazendo um bolo, mãe.

E lá estava a brincadeira de volta. A "mãe" olhou e disse:

– Tá bom, filha – sem dar muita atenção, pois estava muito mais interessada no que preparava com suas mãos, esforçando-se em cortar pedacinhos bem pequenos de massinha.

Percebi que esse brincar tratava de um brincar paralelo a qualquer proposta que se fizesse a elas, mesmo que se criasse um tempo de distanciamento da interação entre elas, ambas continuavam se observando, encontrando-se e deixando aparecer nos gestos de entrega do olhar, nos consentimentos, na aproximação, nas palavras, na cumplicidade. Em torno de vinte minutos após o início da proposta, a professora avisou que era hora de guardar: a maioria começou a fazer bolinhas; uns apenas olhavam a movimentação, mas permaneceram brincando. L. e a amiga já sabiam o que fazer: a "mãe" disse que já deviam guardar, e L. colocou-se em alerta, olhou com cautela ao redor, foi juntando os pedaços de massinha numa bola, separou-os em duas partes, olhou para mim e para sua "mãe", e repetiu o sinal que fez mais cedo, com o indicador nos lábios, ela fez "*Sh...*", entregou um pedaço dentro da caixa de guardar e colocou o outro no cós da calça, bem acima do bumbum. Qualquer um que passasse de relance o olhar, veria a bolinha no final das costas, repuxando a calça de malha, mas ela estava certa de que não aconteceria, pois se levantou e agiu com muita naturalidade.

No retorno para a sala, os brinquedos foram liberados, todos correram para a caixa. Surpreendi-me ao ver que L. não pegou a "bebê" e sua mamadeira: ela trazia nas mãos uma boneca bem pequena com corpo de menina, uma caminha e partes de outros brinquedos. Também pensei que ela fosse se afastar, mas ela puxou a mesa, pegou uma cadeira e se aproximou de mim:

– Laiza, essa é a minha filha. Eu vou cuidar dela!

Demos banho, carinho e beijos, trocamos a roupa, alimentamos, colocamos para dormir. Notei que sua amiga estava longe, em outro movimento de brincar; percebi que, entre elas, a liberdade de ir e vir nessa relação de "mãe e filha" era respeitada, não presenciei exigências.

Em certo momento, outras crianças quiseram brincar comigo, vinham com máscaras para me assustar, então, revelavam-se e caíam na risada. L. me deixou ir, manteve seu espaço por um tempo e, depois, sentou-se no chão, pegando a massinha das calças, no entanto, ficou pouco com ela nas mãos, pois, ao ser notada pelas outras crianças, guardou-a novamente. Isso aconteceu por duas vezes, na segunda, um dos meninos pegou um pedaço, mas acabou perdendo, pois a professora viu e o recolheu. L. observou tudo sem se envolver: estava atenta às ações da professora e, depois, ao menino, que voltou seu olhar para ela, tentando dizer que ela tinha mais, contudo, L. levantou-se e agiu novamente como se de nada soubesse, muito tranquila. Nesse momento, já estavam atrasados para o almoço, não havia tempo para guardar os brinquedos, então, a professora os chamou em voz alta; alguns foram saindo da sala, outros começaram a guardar; L. e a "mãe" se encontraram novamente, e ambas saíram da sala. Ainda ouvi:

– Vamos, Laiza!

Carta para L.

Sabida L., quando coloquei os olhos em você, logo me encantei. Linda! Você é linda! E, de repente, sua esperteza tomou conta de tudo. Fiquei presa pela necessidade de acompanhá-la, e você me ensinou. Com você, aprendi que é possível viver as personagens que a gente quiser. Uma felicidade que a gente cria. Aprendi que não aceitar algumas regras e tomar atitudes miudinhas são ações iguais a uma pedrinha jogada no lago: movimenta muito, chega até a margem.

Vi você não parar diante da frustração; você partiu para o que interessava. Não havia tempo a perder. Brincar é urgente!

Querida L., com algumas poucas horas de convivência, você me olhou nos olhos e me contou um segredo; fez-me a cúmplice mais feliz daquele dia.

Grata! Muitos beijos!

Laiza

O brincar interrompido

> Quando brinca, a criança dança, fala com seu corpo e sua expressão.
> O que nos diz? Ela quer nos dizer algo
> ou ela diz por que ela vive, simplesmente?...
> *(Friedmann, 2014, p. 13)*

Nos encontros que tive com as crianças, pude observar variações de interrupções do brincar, mas duas se destacaram: a interferência de outra criança, na tentativa de pegar os brinquedos, e a necessidade de cumprir a rotina. Na primeira situação, na maioria das vezes, os diálogos, as argumentações e as soluções ficaram por conta das crianças, e pude ver todo o seu empenho em manter a continuidade de suas brincadeiras. A princípio, ocorre um desequilíbrio, um sobressalto, pois algo lhe foi retirado sem aviso; quase imediatamente o corpo responde, às vezes, conseguindo o objeto de volta antes mesmo de ser levado; na insistência, todo o corpo se volta para proteger e guardar o brinquedo. É um momento de muita tensão: as expressões variam em demonstrações de receio, de raiva, de revolta, de tristeza, de angústia, de injustiça; a palavra surge como súplica, desespero, força, às vezes, eleva-se, e outras, quase não sai, embargada pelo choro. Em meu entender, as crianças estão usando toda a sua potência para defender aquilo que faz parte ou garante o seu brincar; lançam-se sem reservas e tentam afastar quem os impede, se preciso, usando a força, deslocando-se ou recorrendo ao adulto.

Com relação à rotina organizada e representada pela presença e pela fala dos educadores, os sinais são completamente diferentes: a resistência se baseia muito mais em estender qualquer quantidade de tempo o máximo possível, brincando até o último segundo, dar a última balançada, ir brincando até colocar o brinquedo na caixa, ou, até mesmo, ser o último no espaço, como se quisessem viver mais um pouquinho. Nessas pausas para se deslocarem a outro lugar de brincar, notei, pelas expressões e pelos olhares, que demonstravam desequilíbrio, frustração, reorganização e recomeço, como se estivessem todo o tempo preparadas para recomeçar a brincar. Algumas crianças ficavam tão imersas em suas brincadeiras que não percebiam a movimentação do grupo, de repente, deparando-se com uma interrupção brusca ao serem convocadas por outra criança ou sendo levadas a seguir o fluxo.

Muitos processos são interrompidos quando se pausa o brincar; são construções, representações, imagens, diálogos, resgates, descobertas, invenções, comunicações, investigações, trocas, emoções, narrativas de vida.

> No ato de brincar, elementos naturais incorporam-se para criar uma linguagem única e ao mesmo tempo universal, desafio próprio de cada brincante. O gesto das mãos rápidas manipulando um brinquedo, os olhares atentos, o cuidado com o tesouro de suas pedrinhas, o carrinho construído com sucatas, constituem marcas que são incorporadas a uma linguagem corporal, a uma atitude com relação ao outro à construção de uma autoestima essencial para a vida. (Friedmann, 2020, p. 77-8)

Um desses atos de brincar que muito me atraiu foi o de "mãe e filha" de L. e sua amiga, suas idas e vindas, encontros e afastamentos revelaram uma conexão entre as meninas, paralela a qualquer proposta que se fizesse a qualquer momento. Era algo delas, especial para elas, vivido por elas, uma entrega e confiança que permitia que se deslocassem, fizessem suas escolhas diferentes, mas, quando quisessem, podiam voltar a ser "mãe e filha". Lembro de escrever em letras bem grandes, no meu caderninho vermelho: "UM ESTADO DE BRINCADEIRA". Foi isso o que reverberou em mim enquanto as acompanhava: que estavam permanentemente em estado de brincadeira; independentemente das pausas e dos deslocamentos, o impulso do brincar não se vai, não adormece, é presente, é latente.

Outro brincar, o de R., trouxe outras reflexões. Não saberemos até onde R. pilotaria ou quantas crianças mais adentrariam seu cercadinho de cadeiras. Não saberemos quais outras soluções ele daria para se manter à frente. Não saberemos quais desafios superaria. Não saberemos qual o tempo necessário para ele viver aquele momento. Não saberemos quanto tempo ele precisaria para balançar com tanta leveza o boneco em sua mão, enquanto se olhava no espelho. Seria ele a voar tão levemente? Não saberemos quantas oportunidades de experimentarem sua generosidade as outras crianças perderam. Entretanto, sabemos que ele é capaz de lhes oferecer essa generosidade e tem ferramentas para isso.

Entre descobertas, novos questionamentos

Reconheço que a resposta dura das crianças em não se revelarem ao olhar do julgamento me permitiu reorganizar as intenções, a postura e o papel da pesquisadora que eu desejei ser e apresentar.

Na busca por chegar perto de seus universos e, quem sabe, compreender um pouco mais, deparei-me com seres humanos resilientes, potentes, sempre dispostos a recomeçar e que se posicionam na vida. Senti um pouco do que é o brincar como uma necessidade de existência das crianças, que assim o vivem, com todo o comprometimento; que, entre seus pares, seus iguais, elas praticamente esgotam seus recursos para garantir a continuidade, no entanto, quase não há negociações entre elas e os adultos. Seus gestos, seus olhares, seus tempos esticados são sua maneira generosa de nos avisarem que ainda não acabou.

Ainda carrego as indagações que iniciaram esta pesquisa. Acredito que há muito para ser observado e escutado sobre o que acontece quando o brincar é interrompido. *Quais as reações pontuais dessas crianças? Como finalizam a brincadeira? Realmente finalizam? Elas desorganizam os brinquedos ou os mantêm? Nos dias seguintes, retomam essas narrativas? É possível antecipar essa interrupção fazendo combinados? O que as crianças pensam sobre essa interrupção? Quais suas possíveis ideias para esse momento?*

Essas questões, no entanto, somam-se a muitas outras. De repente, deveríamos, também, ficar atentos às mudanças que são provocadas pelas próprias crianças nos processos, perguntando-nos: *Quais os sinais de que aquela brincadeira acabou? Quais os sinais de quando perdem o interesse? Como podemos, juntos, realizar pausas que respeitem suas escolhas de pausas? É possível pausar, realizar uma ação da rotina, por exemplo, o almoço, e, depois, voltar a brincar, sem desorganizar o espaço?*

Além disso, percebo que esses encontros com as crianças do CEI transformaram meu olhar para com as crianças que acompanho como professora. Passei a observar e a escutar muito mais as suas expressões. Eu nos vejo compartilhando decisões e escolhas sobre os tempos e os espaços do brincar, aprendendo a nos olhar e nos sentir, construindo uma coreografia do cotidiano. Estou comprometida com a responsabilidade de pensar nos tempos e nos ritmos das crianças, para vivenciarmos quaisquer experiências. De surpresa em surpresa, vamos nos revelando, e o caminho também. Caminhamos juntas, as crianças e eu.

Atravessamentos

A pesquisa com as crianças foi de puro movimento dentro e fora de mim. Percebi muitas camadas de existência mobilizadas pela escuta e pela observação na convivência pesquisadora, curiosa e em determinado tempo, por intervenção generosa delas e em resgate de autores que chamei para escutar comigo, escuta silenciosa, aberta, disposta. Definitivamente, percebi que pouco compreendo o quanto as crianças estão preparadas para dizer e viver o que lhes interessa e, se pouco compreendo, decerto, pouco as ouço para construirmos a vida que partilhamos. É preciso considerar mais suas vozes no cotidiano, e reconheço esse desejo dentro de mim e das crianças.

A escrita desta experiência, passando por meu corpo e desaguando por minhas mãos, também se mostrou reveladora no exercício de registrar. Descobri que parte do que vivi na pesquisa só se revelava diante da palavra e que igualmente me revelava. Escrever faz emergir, traz à consciência, ilumina.

Referências

BARBOSA, M. C. S. Tempo e cotidiano – tempos para viver a infância. *Leitura*: Teoria e Prática, Campinas, v. 31, n. 61, p. 213-22, nov. 2013. Disponível em: https://ltp.emnuvens.com.br/ltp/article/view/185/122. Acesso em: 11 ago. 2022.

CUNHA, A. C.; KUHN, R. No tempo das crianças... No tempo da imaginação. *In*: SEMINÁRIO LUSO-BRASILEIRO DE EDUCAÇÃO DE INFÂNCIA – INVESTIGAÇÃO, FORMAÇÃO DOCENTE E CULTURA DA INFÂNCIA, 2., 2016, Lisboa. *Atas* [...]. Lisboa: ISCTE, 2016.

CHRISTOV, L. H. S. *Sobre o texto acadêmico*: pensando em fluxo uma tentativa de indefinição. Unesp: Programa de Pós-Graduação em Artes, 2016.

Eckschmidt, S. *Ndiphilile*: eu estou viva! São Paulo: Eco Livros, 2015.

Friedmann, A. *A vez e a voz das crianças*: escutas antropológicas e poéticas das infâncias. São Paulo: Panda Books, 2020.

Friedmann, A. O olhar antropológico por dentro da infância: adentrando nas casinhas das crianças. *In*: Meirelles, R. (org.). Território do brincar diálogo com escolas. São Paulo: Instituto Alana, 2014. p. 37-46.

Kálló, É.; Balog, G. *As origens do brincar livre*. São Paulo: Omnisciência, 2017. (Coleção Primeira Infância – Educar de 0 a 6 anos).

Sayão, D. T. Crianças: substantivo plural. *In*: Seminário Educação Infantil em Debate, 2., 2000, Porto Alegre. *Anais* [...]. Porto Alegre: UFRGS, 2000.

Bibliografia consultada

Kramer, S. Autoria e autorização: questões éticas na pesquisa com crianças. *Caderno de Pesquisas*, Rio de Janeiro, n. 116, p. 41-59, jun. 2002. Disponível em: https://www.scielo.br/j/cp/a/LtTkWtfzsbJj8LcPNzFb9zd/?lang=pt&format=pdf. Acesso em: 11 ago. 2022.

3

Resiliência e brincadeira na pandemia

Fernanda Gouvea Santos

Em tempos de pandemia,
ela brinca, imita, repete, cria,
canta, dança, sapateia, fantasia,
reclama, chora, ri, briga e resolve,
inventa, monta, desmonta, se envolve,
chama para a trama, convida e comove.

Observando o brincar da Isabela

– Mamãe, o que você quer de presente pra guardar dentro do coração?

Eu respondo:

– Um abraço e um beijo.

E a Isabela diz:

– Mas um abraço e um beijo eu não consigo guardar na sacola, ele evapora e vai pra nuvem!

Como professora há mais de vinte anos, observar e refletir sobre o brincar das crianças faz parte de meu universo, porém, o processo de observação da própria filha é algo bastante complexo e, ao mesmo tempo, muito rico e revelador. É complexo porque meu esforço foi o de me comportar com o máximo de isenção possível, dando liberdade de ser criança a ela, de ser a *Isabela*, independentemente de ser minha filha. Em alguns momentos, a Isabela parecia estranhar-me e percebi que, para ela, já era esperado que eu, de alguma forma, fosse interferir no que ela estava fazendo, e a minha não interferência causava estranhamento nela. Em outros momentos, a mãe agia antes da observadora, mas nada passava despercebido por ela:

– Mamãe, não fala, que eu vou distrair a minha "pensança"!

Outro ponto marcante foi sobre minha ingênua expectativa de achar que ela iria se portar de forma diferente do habitual, só porque eu assumi o papel de observadora de seu brincar. Ela mostrou que ela é o que é: criança, filha, neta, prima, amiga, mãe, médica, professora, feirante, dentista, caixa de supermercado, padeira, cabeleireira, "restaurandeira", enfim, na brincadeira ela é o que quiser ser!

Nessa busca, assumi meu papel de mãe e de observadora ao mesmo tempo e assumi que essa mistura faria parte do processo. Fiz o possível para me manter em uma atitude mais silenciosa, dando sempre um passo para trás antes de intervir, devolvendo as perguntas para ela e deixando a brincadeira fluir naturalmente, mas confesso que nem sempre tive êxito. Ser mais observadora e ficar mais atenta, captando os sinais dela, seus movimentos, suas falas, seus gestos e suas expressões faciais, foi a parte mais gostosa, rica e reveladora, não só dela, como de mim mesma nessa relação.

Observar minha filha me fez envolver-me em minha auto-observação, isto é, com a reflexão sobre a minha postura. Precisei estar muito atenta a mim, ciente dos meus gestos, das minhas expressões, dos meus movimentos corporais, para não interferir no que ela estava me mostrando.

Também precisei estar com meus sentidos inteiramente na Isabela. Foi preciso esquecer o mundo à minha volta por alguns momentos para captar suas expressões, para olhar e ver o que não estava explícito, para estar presente e receber o presente de estar com minha filha. Assim como as crianças fazem quando brincam, foi preciso entrar na narrativa dela e estar inteira nela, assim como ela estava inteira em sua brincadeira.

Por fim, foi preciso aceitar a vida real, aceitar que estávamos vivendo um período de pandemia, de isolamento, e perceber que aquela poderia ser uma oportunidade única de me aproximar ainda mais do universo de minha filha, aceitando as minhas intervenções, pois meu papel de mãe se mistura e interfere na minha forma de ver, de ouvir e de captar as expressões da Isabela, assim como em minhas reflexões. Deixando claro que o aceitar esta realidade não quer dizer deixar de ter o rigor necessário como observadora, mas, sim, aceitar que, como mãe, também sou afetada pelas observações, aceitar que nem tudo estará acessível, que nem tudo foi sentido ou percebido por mim e que este foi o meu recorte como mãe/observadora. Citando Adriana Friedmann (2005, p. 39):

> Existe uma interioridade na criança que se apresenta como um espaço misterioso, imaginário, invisível, escondido, no qual moram segredos, lembranças ou até infortúnios. É desde a interioridade que os impulsos, desejos, tensões, necessidades e planos podem surgir de forma espontânea na criança: anunciam-se desde uma obscura profundidade. Tais experiências parecem, por vezes, ocultas e, em outros momentos, perceptíveis. O espaço interno da criança, capaz de habitar seu corpo e guardar alguma coisa, nem sempre é acessível ao adulto.

Sabendo que a única forma de me aproximar desse espaço interno da Isabela seria por meio dela mesma, iniciei minha observação do brincar, tendo ciência de que essa interioridade poderá ser acessada ou não, mas que, de minha parte, ela teria minha disponibilidade, minha presença, minha entrega, minha atenção.

A Isabela e seu brincar

> A barata não é nojenta, é o nome dela que é nojento.
> Se ela chamasse elefante, ela não era nojenta!
> *Isabela*

Esta pesquisa foi realizada com minha filha Isabela, que, no início da quarentena, tinha 4 anos de idade e completou 5 no início do mês de maio de 2020. Ela é filha única, mora comigo e com o pai em um apartamento de pouco menos de 70 m², na zona sul de São Paulo. A Isabela frequenta um Jardim de Infância Waldorf e não tem acesso a telas, portanto, durante o período de isolamento social, esteve sem contato direto ou virtual com as professoras, mas teve contato virtual, muito esporadicamente, com familiares e alguns amigos.

Passamos os três primeiros meses sem sair de dentro do apartamento, apenas meu marido saía uma vez por semana para fazer compras. Durante alguns meses, a Isabela e eu vivenciamos apenas o dentro. Meu marido e eu dissemos a ela que não poderia sair nem voltar para a escola, porque havia um "bichinho" lá fora, tão pequeno que não podíamos vê-lo, e que precisaríamos ficar dentro de casa para ficarmos longe dele. A Isabela sorriu largamente e disse que, então, poderia brincar o dia todo.

Logo, a observação me pareceu indispensável e muitas perguntas foram tomando meus pensamentos: Ela não estava brincando antes? O tempo de brincar era menor do que a necessidade que ela tinha? Ou ter o dia todo para brincar foi comemorado com esse sorriso largo porque, quanto mais tempo brincando, melhor?

Em paralelo, outras questões me inquietavam: Como será que ela iria vivenciar o tempo de isolamento social? Como e quanto a falta de interações sociais, com familiares, amigos, professoras e, até mesmo, pessoas desconhecidas seria sentida por ela? Será que o não uso de telas poderia comprometer os vínculos da Isabela com as pessoas de fora? Como ela iria receber e elaborar as informações e os sentimentos que poderiam circular ao seu redor sobre a pandemia?

E como sou perita em formular perguntas que me tiram o sossego: Como fazer para, de fato ouvir, ver e perceber o que ela dizia, com seus diferentes modos de dizer? E como conciliar essas observações com todas as demandas impostas pela quarentena, sejam elas familiares, sejam do trabalho?

Muitas perguntas passaram por minha cabeça desde que comecei a observar a fundo o brincar da Isabela, mas, se eu tinha uma certeza, era a de que precisaria me aproximar mais dela. O distanciamento social de fora nos aproximou dentro, da casa e de nós. Passei a escutar e a observar sua brincadeira com mais atenção, pois sabia que essa linguagem, tão natural nela, poderia me ajudar a entender o que ela estava me comunicando. Como Friedmann (2020, p. 77) diz, foi um convite para "olhar através e além dela":

> O brincar constitui uma linguagem, é a necessidade vital das crianças e oferece a oportunidade de se expressarem espontaneamente a partir de seus potenciais individuais. [...] O brincar é a linguagem essencial das crianças, um meio pelo qual os seres humanos se comunicam e se expressam, que nos convida a olhar através dela, além dela. (Friedmann, 2020, p. 76-7)

Dessa maneira, iniciei a observação, querendo, de verdade, aproximar-me da Isabela, das suas expressões, da sua arte e do seu brincar, na tentativa de entender e de aprender mais sobre ela, além de compreender os caminhos que ela usa para demonstrar quem é, elaborar suas questões e comunicar-se consigo e com o mundo que a rodeia. Nesse movimento, ela interagiu e modificou o ambiente e o ambiente a acessou em seu íntimo, nos sentimentos que vivem dentro dela. Gandhy Piorski (2016, p. 71) descreve esse movimento ao escrever que:

> Permanentemente, a criança transforma, altera, cambia, adéqua, para que a interioridade seja plasmada em intimidade com a intimidade do exterior experimentado. No interior do mundo, a criança reencontra seu mundo interior. Dentro das pequenas coisas, vive um mundo do imenso que a imaginação conserva sem reservas para quem chega a ela.

Segundo Elaine Marasca, médica e doutora em Educação, ao brincar, a criança se entrega profundamente a si mesma, e era dessa entrega da Isabela que eu estava buscando me aproximar:

> Entende-se que o brincar seja a principal atividade da criança pré-escolar. Ao contrário do folguedo do adulto, não é uma atividade de lazer, mas um processo de muita seriedade, tal qual o trabalho para este último. No brincar, a criança usa e desenvolve todos os seus impulsos advindos do corpo físico e da imaginação, dando liberdade à sua fantasia numa entrega profunda a si mesma. (Marasca, 2009, p. 100)

Segundo Luiza Lameirão, em seu livro *Criança brincando! Quem a educa?* (2007, p. 23), "Tudo o que ela [criança] elege para imitar é muito significativo, pois é um processo de identificação que revela seu próprio ser de forma autêntica".

Isabela e minha observação

> – Mamãe, é bom inventar... É dar comida pra cabeça!
> – A doutora falou que, quando a gente faz 5 anos, é mais claro dentro do nosso corpo.
> *Isabela*

Ao acompanhar mais de perto seu brincar, notei que os desenhos e a própria linguagem oral da Isabela compunham a brincadeira e auxiliavam o meu entendimento sobre ela, pois revelavam muito de quem ela é, do que se passava no seu interior e do que expressava no ambiente de casa, então, passei a escrever algumas frases que ela falava e a observar suas produções.

Mantinha minha agenda sempre por perto para escrever na primeira oportunidade, sem deixar de viver o momento com ela e tendo, ainda, a experiência viva em minha memória. No primeiro dia, peguei a agenda e mostrei para a Isabela; disse que seria ali que eu iria escrever as brincadeiras e algumas coisas que ela me falasse. Sorriu e disse:

– Tá bom!

No início, pedia para eu ler o que tinha escrito, mas logo parou. Contudo, sempre que eu pegava minha agenda, ela dizia:

– Lá vai a mamãe escrever o que eu tô falando!

Isabela parecia se sentir importante com a minha atitude.

Tendo a clareza da seriedade e da entrega que o brincar representa, assim como todas as emoções e vivências deste mundo interno e externo que a Isabela partilhou durante o período da quarentena comigo; e considerando que o brincar era a atividade dela, pedi seu consentimento para que ele fosse registrado.

Após uma conversa sobre minha vontade de escrever sobre o que fez durante o tempo de quarentena, para que mais pessoas pudessem também saber, pedi seu consentimento e falei sobre a agenda em que registrei suas falas e suas brincadeiras, e que tinha muita coisa lá. A Isabela, então me respondeu:

– Você pode escrever tudo o que você quiser que tiver no seu coração. O que você sentir, pode escrever no livro da Isabela e da Fernanda. No começo, as coisas da minha mãe, no meio, sentir/escrever, e, no final, as brincadeiras. Quem ler pode escrever o que sentiu e o que tem dentro do coração.

Perguntei se gostaria que eu escrevesse seu nome ou outro, e ela disse que queria seu nome mesmo.

Passei, então, a selecionar e fazer alguns recortes de momentos de brincar da Isabela, pois foram muitas vivências que registrei. Priorizei o tema mais recorrente para escrever, no intuito de entender o que determinado tema movimenta na Isabela e por que ele aparece sempre em seu brincar. Convido o leitor a mergulhar comigo nesta pesquisa que passa pelo sentir da Isabela, pelo meu e, a convite dela mesma, pode passar pelo sentir de quem lê.

Observando o brincar e brincando na observação

> – Toda vez que chove eu sinto a chuva no meu corpo...
> – Eu sei por que o trovão faz barulho. Uma nuvem cinza bate na nuvem branca, e a nuvem cinza tá molhada, e a branca tá seca. O barulho é da nuvem secando a outra.
> *Isabela*

Ao iniciar minha observação do brincar livre da Isabela, percebi dois momentos bem marcantes: um do brincar livre pelo apartamento, quando ficava compenetrada em seu brincar, construindo narrativas, cenários, personagens e, muitas vezes, chamando-me para participar, remontando vivências e criando situações de brincar; e o outro momento percebido foi o da imitação do meu fazer cotidiano, quando se aproximava para fazer o que eu estava fazendo, ou seja, lavando, passando, limpando, arrumando, varrendo, cozinhando ou cuidando das plantas. Nesses momentos, percebi o impulso do querer estar junto e de fazer comigo uma ação iniciada por mim, mas seguida atentamente e transformada por ela no momento presente.

Apesar da distinção que fiz entre os dois momentos de brincar, ambos têm o impulso da imitação e partem da liberdade de escolha da Isabela. Nesta observação, escolhi descrever o primeiro momento de brincar livre, que partiu de uma vivência real e teve muitos desdobramentos nos dias e nos meses posteriores. Também priorizei brincadeiras que ocorreram nos meses em que não saímos de casa.

Poucos dias antes da quarentena, fui com a Isabela visitar uma amiga que havia ganhado um bebê, Lucas.[1] Percebi que o brincar da Isabela encontrou, nessa visita, um solo fértil para florir, iniciando com

[1] N. do E.: nome fictício.

uma imitação fiel, nos mínimos detalhes, de tudo o que vivenciou na visita e se estendendo pelos caminhos de sua imaginação e fantasia.

A Isabela estava na sala, brincando silenciosamente. De repente, entrou na cozinha com um "bebê" (uma boneca) e duas sacolas na mão, pedindo para que eu segurasse a criança, entrou na área de serviço e fechou a porta. Depois, bateu na porta e, quando eu a abri, ela se apresentou com um sorriso, um bom-dia, disse que foi ver o bebê que acabara de nascer e que trouxe um bolo e um presente para ele. Entregou para mim os dois pacotes, eu a convidei para entrar e mostrei o recém-nascido nos meus braços. Perguntei se queria tomar um café, e ela disse:

– Sim, com dois bolos!

Fomos até a sala, Isabela pegou o bebê no colo, perguntou do quarto do bebê, indicou-me o local onde estava o berço, ao lado da minha cama, e mostrou os brinquedinhos dentro. Em seguida, pediu para que eu abrisse o presente e o bolo que trouxe, mostrando um local no qual o lanche já estava organizado, assim como toda a casa do Lucas.

Quatro dias depois, a Isabela brincava de visitar o Lucas, ainda conservando cada detalhe da visita, mas, dessa vez, acrescentou a preparação da festa da Mariana[2] em um restaurante (outra vivência que teve com uma amiga da escola, antes da pandemia), em que eu e o bebê fomos convidados a participar. Pegou muitas panelas do armário, potes, toquinhos de madeira coloridos, pratos, copos, talheres. Montou uma mesa para a refeição com toalha de mesa, utensílios e duas cadeiras, para que eu e o "Lucas" pudéssemos sentar-nos, um ao lado do outro, e um balcão, a fim de que eu fizesse o meu pedido. Também havia um cardápio diferenciado para o bebê, e a Isabela nos serviu à mesa.

No dia seguinte, Isabela montou um mercado com itens para crianças, como lencinhos umedecidos, carrinho de bebê, papinhas, fraldas, babadores e brinquedos; também havia talheres, pratos e copos, comidas

[2] N. do E.: nome fictício.

variadas, frutas e água. Ela era a dona do mercado, e me chamou para fazer as compras, dizendo que preciso comprar o presente do Lucas para levar à casa dele depois. Orientou-me sobre os produtos em exposição, apresentando cada um, depois, sentou-se ao caixa, passou todos os produtos pelo leitor de código de barras, colocou-os em uma sacolinha, para que eu os levasse para casa, e recebeu o pagamento.

No outro dia, Isabela montou uma "casa" no meu quarto: deixou a cozinha em um canto; o quarto tinha as camas sobre a minha; a sala era do outro lado da cama; e o banheiro na área do quarto. Pediu para o pai escrever os nomes dos cômodos da casa em etiquetas e as colou em lugares visíveis. Levou-me para visitar sua casa e mostrou seu filho, Lucas, dormindo na cama ao lado da sua e descreveu cada objeto que colocou em cada cômodo. Passou grande parte do dia nessa brincadeira, levou o pai para visitá-la e arrumou sua casa primorosamente. Levou e trouxe Lucas a passeios; dessa vez, os dois com máscaras e seguindo os protocolos de higiene ao chegar em casa, com limpeza de calçados, retirada deles na porta de entrada e ida ao banheiro para lavar as mãos e tomar banho. Depois, levou os objetos da casa para fora do quarto, montou um mercado na sala, chamou-me, disse que sua casa estava vazia e que precisava fazer compras. Comprou os produtos do mercado, passou no caixa e pagou com cartão de crédito na maquininha, colocou os produtos nas sacolas e os levou para sua casa, remontando-a após a higienização de cada item.

No período subsequente, continuou com o tema do nascimento do Lucas e foi dando um colorido novo a cada dia, acrescentando elementos, narrativas, personagens e cenários: em alguns dias, amanheceu já cuidando do Lucas, trocando sua fralda e sua roupa, dando-lhe de mamar, levando-o para passear um pouco e tomar sol juntos. Em outros dias, tinha muitos filhos e passava horas cuidando deles. Noutros, ainda, dividia metade de filhos para ela e metade para mim. Também os incluiu em todas as profissões que assumiu, desde caixa de mercado e cozinheira no restaurante, nos quais sempre esteve com o "Lucas" ao seu lado, até outras funções que foram aparecendo, como sorveteira, padeira, médica, dentista, cabeleireira, professora e feirante. Em cada uma, construía o cenário com afinco, com todos os instrumentos, os materiais e os produtos necessários para assumir o papel.

Houve dias em que arrumou muitas malas, colocou roupas, produtos de higiene e cosméticos, brinquedos, fraldas, carrinho de bebê, levou para o elevador (dentro do armário), depois, para o porta-malas do carro (área do quarto ou da sala); em seguida, convidou-me para viajar com eles, como a "tia do Lucas". Dirigiu até a casa dos avós em alguns dias, e para a fazenda, na maioria deles, passando por muitas lombadas, curvas e buracos na rua. O "carro", em geral, ficava na cama do meu quarto, diante da janela, local em que podíamos viajar e desfrutar da paisagem com vaquinhas, árvores e montanhas. As "crianças" sentavam-se na cabeceira da cama, e as malas iam no porta-malas (na área do quarto). Às vezes, o carro era no sofá da sala; as crianças sentavam-se ao nosso lado, em cadeirinhas especiais, e o porta-malas era ao lado do sofá. Teve, ainda, carro feito de cadeiras da sala, organizadas uma ao lado da outra, com banco traseiro para as crianças e bagageiro para as malas, na parte traseira.

Isabela passou, durante muitos dias, viajando para a fazenda. Vale ressaltar que havíamos viajado para uma fazenda em janeiro de 2020, e foi uma experiência marcante para ela, observada no seu brincar. Nessas "viagens", a cada dia acrescentava um aspecto novo: teve dias em que foi de carro, outros, de avião; em alguns, a brincadeira se estendia à chegada à fazenda e todos os pormenores de pegar a chave na recepção, de colocar as malas no quarto e de organizar suas coisas, em outros, o desenrolar se aprofundava na visita aos animais e na alimentação; houve dias em que a fazenda se transformava em zoológico, e ela imitava os animais, ou em uma fazenda-zoológico, que misturava animais do campo e silvestres num mesmo ambiente, houve momentos em que a piscina foi a atração principal, com direito a tapete para representá-la e maiô para ela e o "Lucas" mergulharem.

Além disso, a brinquedoteca também apareceu, em forma de cabana, montada no meio da sala, sobre o tapete. Precisam ser recordados, também, o passeio de trator e os momentos de refeição com o Lucas. Houve dias em que um lobo aparecia, e tínhamos a necessidade de correr para o quarto, a fim de que ele não nos pegasse. Um fato observado todos os dias foi o cuidado e o carinho com o Lucas e a inclusão deste e dos demais filhos em todas as atividades realizadas.

Depois de um longo tempo nesse brincar, por alguns dias, a Isabela colocou uma boneca em frente à minha barriga e amarrou com tecido. Depois, arrumou minha cama com um tecido e com instrumentos médicos (madeirinhas, perfume, pomada e adesivos). Disse que já estava na hora de o meu filho nascer, pediu para que eu me deitasse na cama, em cima do tecido, tirou o bebê da minha barriga e disse para eu voltar em três dias. Falou que eu teria que trocar a fralda do bebê quando estivesse vazando ou quando ele colocasse a mão na fralda e chorasse. Ademais, disse-me para dar leite ao "Lucas" quatro vezes por dia e, se chorasse, poderia ser várias coisas: poderia querer colo, ou mamar, ou estar com a fralda cheia, mas, se chorasse por 18 dias, era para eu voltar, a fim de ver o bebê. Então, voltei, e Isabela disse que o bebê estava ótimo, e que eu já podia colocá-lo no chão para brincar.

Nos dias que se seguiram, outra brincadeira recorrente apareceu e se intercalou com a anterior. Nela, Isabela pediu para que eu me sentasse no sofá de casa, então, enrolou-se em um cobertor e deitou-se no meu colo, bem encolhida, dizendo que era um bebê na minha barriga. Ela ficava quietinha inicialmente e, depois, começava a se mexer devagar, a estender os braços e as pernas, a "crescer", até que, em determinado momento, disse que tinham se passado 100 meses e que eu precisava ligar para a médica. Eu "liguei", e disse que estava na hora de o meu bebê nascer, então, Isabela assumiu o papel da médica ao telefone e disse para que eu fosse ao hospital. Eu, então, dirigi até chegar ao hospital e, lá chegando, assumi o papel de médica e fui tirando a coberta da Isabela, que foi aparecendo, bem quietinha, dormindo e se aconchegou em meus braços. Ficamos alguns minutos nesse movimento de acolhimento, e menciono "ficamos" porque foi recíproco: eu acolhendo meu bebê, e ela acolhendo a mãe.

Neste ínterim, a Isabela encontrou um álbum de fotos de quando era bebê. Inicialmente, perguntou-me muitas coisas sobre o que viu, onde era cada lugar, o porquê de cada objeto da casa retratado na foto. Depois, montou seu quarto com a mesma disposição dos móveis e os objetos (substitutos parecidos) que viu na foto. Arrumou o móvel apoiador, fez um trocador e amarrou um tecido na cama para fazer um berço. Amarrou um "bebê" em frente à barriga com tecido, esperou o dia do parto, pediu para que eu fosse a médica e tirasse o bebê de sua barriga. Quando ele nasceu, ficou cuidando dele, amamentando no peito, dando banho e trocando suas fraldas e roupas quase o dia todo. Essa brincadeira também se tornou bastante recorrente.

A resiliência e a brincadeira

> – Doeu mais que cortar o rabo do cachorro, mais que cortar o nariz do elefante... Na hora que eu caí, estava doendo muuuito, agora, ainda dói, mas já melhorou um metro... Vou pegar uma faca e cortar todos os meus machucados e jogar fora!
>
> *Isabela*

Poderia passar o dia descrevendo situações das brincadeiras da Isabela, mas irei parar um pouco para refletir sobre o que já foi descrito até aqui. A própria seleção das ações do brincar, feita pela recorrência de seu aparecimento, já traz uma narrativa e um tema: o nascimento, uma vida nova que chega ao mundo, o mistério contido no bebê e, por que não dizer, um mundo de infinitas possibilidades que se inicia!

O recorte da *resiliência* que faço parte da observação do brincar da Isabela, porém, considero importante esclarecer, primeiro, o que chamo de *resiliência*:

> [...] é a capacidade humana de responder, sobrepor-se, enfrentar ou superar as adversidades, os desafios e as dificuldades da vida, com flexibilidade e/ou capacidade de recuperação, podendo, até mesmo, ser transformado ou fortalecido por elas. (Santos, 2022, p. 40)

Uso como fonte o livro *Salutogênese e autocultivo: uma abordagem interdisciplinar*, de Wesley Moraes (2015), no qual o autor define a resiliência como um termo utilizado na Física e na Engenharia, referindo-se à resistência de alguns materiais ao sofrerem pressões externas, deformarem-se e, depois, voltarem à sua forma original, respondendo de forma flexível ao que o ambiente lhes impõe.

Aaron Antonovsky (1979), médico e sociólogo, considerado o pai da salutogênese, estudou as condições e os recursos que podem determinar que uma pessoa seja resiliente ou não, e caracterizou esses recursos como elementos básicos da salutogênese, que "parte do princípio de que o ser humano vive num constante equilíbrio dinâmico entre as suas funções orgânicas, as psíquicas e as espirituais" (Moraes, 2015, p. 23).

Segundo Elaine Marasca (2009, p. 116), a salutogênese:

> [...] propõe um enfoque na pesquisa das condições que o ser humano desenvolve ou precisa desenvolver ao longo de toda a sua vida, por meio do aprendizado constante desde a mais tenra idade, e cuja bagagem o capacita a desviar e/ou lidar de maneira adequada com situações críticas, mantendo sua saúde. Ela supõe que essas experiências, utilizadas de maneira coerente, protejam integralmente o ser humano, sendo responsáveis pelo grau de resiliência frente a adversidades de qualquer espécie.

Antonovsky (1979) descreve a noção de *senso de coerência* como a capacidade do ser humano de administrar diferentes maneiras de lidar adequadamente com conflitos que poderiam se tornar estressores. Moraes (2015) esclarece que o senso de coerência é composto por três elementos básicos: *compreensibilidade*, quando a pessoa entende e confia que a existência tem uma ordem de significados, é explicável, compreensível e ordenada; *significabilidade*, quando a existência apresenta um sentido, um propósito; e *manuseabilidade*, quando se movem recursos de forma hábil para sair de situações de conflito e de sofrimento.

Victor Frankl (2020), psiquiatra, professor e pesquisador que observou prisioneiros e foi, ele próprio, preso pelos nazistas durante a Segunda Guerra Mundial, estudou as forças de sobrevivência à violência e deduziu que o diferencial entre as pessoas, seria sua intuição individual de um "sentido da vida", isto é, de encontrarem um significado para suas existências e serem capazes de recorrer a recursos internos para transcenderem situações-limite. Frankl (2020) considera a existência da força do *noos*, do espírito humano, ou *logos*, para se referir ao indivíduo que se coloca acima da alma ou do ego animal comum, denominados por Moraes (2015, p. 21-2) como

> [...] metaindividualidade, ou seja, à transcendência de si mesmos. Neste campo, o indivíduo armazena, ao longo da sua existência, valores e capacidades, disposições, que lhe darão uma força maior para se recompor ou para se manter intacto diante de agressões graves.

Rudolf Steiner (1980), filósofo e educador, reitera que o ser humano possui um Logos e, segundo Moraes (2015), a compreensibilidade constitui-se na esfera cognitiva (pensar), a significabilidade, na afetiva (sentir), e a manuseabilidade na volitiva (agir), fatores que atuam de forma indissociável no ser humano. Segundo o autor:

> Steiner, nos anos 1920, considera que a criança necessita sentir a bondade primordial do nascimento até os 7 anos, acrescida da beleza primordial, entre 7 e 14 anos, e da veracidade das coisas, dos 14 aos 21 anos. Estes três elementos pedagógicos – bondade, beleza e veracidade – contribuiriam para a estruturação de uma individualidade aparelhada de uma força imagética interna de resistência e de sensibilidade e disposição para uma maior qualidade de vida. (cf. Maraska, 2003). (Moraes, 2015, p. 29-30)

Com esse panorama geral, volto ao brincar da Isabela, que teve momentos que parecem fazer parte de algo muito maior, que envolve o brincar de "ser" criança, talvez porque exista algo que as une de forma universal ou pelo fato de serem recém-chegadas a este mundo, como o brincar com o "bebê" e transitar entre os papéis de filha e mãe, num movimento do cuidar, muito comum nas crianças dessa idade. Em outros momentos, percebi movimentos muito próprios e individuais da Isabela, como sua forma única de lidar com aquele bebê, que não era um bebê qualquer, era o "Lucas", e sua forma singular de ressignificar suas experiências, de olhar, de segurar, de conversar, de passear e de cuidar de seu bebê.

Com relação à resiliência, penso que o mesmo processo ocorra, havendo disposições mais gerais, ligadas ao ser humano universal, como a força de sobrevivência, a procura por uma saída que atenda às suas necessidades e a própria transcendência de si mesma, observada no brincar da Isabela quando, usando sua fantasia, existente em todas as crianças, demonstra sua força para superar os obstáculos encontrados pelo caminho. Essa força humana é somada às disposições específicas ou individuais, sejam herdadas, sejam vivenciadas no meio ambiente, sejam construídas intimamente por situações muito específicas de cada criança, que, no caso dela, puderam ser vistas em sua saúde e em seu ambiente familiar, por exemplo, que propiciaram seu livre brincar e contribuíram para o seu desenvolvimento adequado e para a construção interna de segurança e confiança em si mesma e em seu entorno, para que pudesse dar asas à imaginação. Essas duas disposições, gerais e específicas, somam-se, e ambas se retroalimentam em um fluir interior e exterior intermináveis.

Essas elucubrações e hipóteses do "macro" pairam sobre mim, mas só podem ser de fato vistas quando olho para o "micro", para a Isabela, para esta criança que está diante de mim e para esta resiliência que se revelou no seu brincar, assim como um pouco do que se passava em seu interior. Considerei o próprio brincar da Isabela como ação da resiliência, quando esta se manifestou nas múltiplas expressões do seu brincar. Ao mesmo tempo, a resiliência se construiu na brincadeira, quando, ao brincar, precisou lidar com as adversidades do meio.

O impulso da imitação, sendo também um movimento de significar e ressignificar uma experiência, pode ser entendido como a força da resiliência atuando no brincar. Isabela experienciou uma situação real e compreensível a que atribuiu significado, elaborando-a interiormente e se expressou na ação da brincadeira, manuseando essas forças. Ao brincar livremente, todo e qualquer aspecto conflituoso ou difícil de ser elaborado pôde ser reinventado e ressignificado.

Um exemplo disso são as repetições que nunca são iguais: o tema se repete, mas a brincadeira é sempre nova. Quantas e quantas vezes foi necessário visitar a casa do Lucas? Quantas vezes foi preciso viajar para a fazenda? Quantas vezes Isabela teve que voltar ao meu ventre e sentir-se una comigo? E, a cada vez que repetia, fazia diferente, acrescentava, tirava, mantinha, deslocava, experimentava de inúmeras formas. No exercício de flexibilidade de seu brincar, primeiro, o Lucas era meu filho, e ela, a visita; depois, Isabela era a visita que organizou uma festa; mais algum tempo, e o Lucas passou a ser seu filho, e eu o visitava; depois, passou a ser a tia dele numa viagem; mais adiante, estava grávida, e Isabela era a médica obstetra; em outro momento, ela estava grávida, e eu era a médica; e, em seguida, ela era o bebê, e eu, a mãe, remontando todas essas vivências comigo.

A cada brincadeira, a Isabela se movia internamente, elaborava algo que não pude acessar, apenas toquei de leve: foi uma construção inteiramente própria, auxiliada por um ambiente externo, sim, mas totalmente gerida por ela. E, nesse recorte específico, partiu de uma experiência real, vivenciada fora de casa, passeou lindamente pelos caminhos da fantasia e voltou para sua realidade, agora, vivenciada na intimidade do lar, no aconchego do abraço, da entrega e da inteireza.

Considero todo esse ir e vir da brincadeira da Isabela como exercício da resiliência, pois, em algum momento do próprio brincar, não cabia mais aquela formatação, algo mudou, e a brincadeira também precisou mudar, ao mesmo tempo que, ao mudar a brincadeira, novas relações e vivências também se transformaram. Um exemplo dessa força interna de transformações foi o dia em que tudo estava leve e tranquilo na fazenda, para onde viajamos, a Isabela e o "Lucas" brincaram com leões e elefantes, além dos carneirinhos, galinhas e vacas, mas, de repente, um lobo apareceu assustando a todos, e foi necessário correr e se esconder no quarto, para que ele não nos pegasse. Não seria esse um exercício de desenvolvimento das capacidades para lidar e enfrentar as adversidades? Não estaria a Isabela desenvolvendo seu equilíbrio dinâmico, fortalecendo-se e transformando a si mesma nessa brincadeira? Não seria o brincar uma construção com base no movimento de resiliência existente na Isabela?

Segundo Friedmann (2005, p. 71-2):

> Tanto as crianças quanto os adultos têm um saber sobre o potencial da sua alma. Como é possível ativar essas forças vitais do si mesmo de cada um? Manifestações do inconsciente – sonhos, imaginação, fantasias de todo tipo – podem dar-nos algumas pistas.
>
> Por isso, criar espaços livres e protegidos onde a criança possa ser ela mesma e expressar-se é tão importante.

Outro fato que chamou minha atenção foi o caminho pelo qual a pandemia entrou no brincar da minha filha, imitando minhas ações e as do seu pai ao adotar protocolos de higiene idênticos aos nossos com seu "filho", Lucas, e a preocupação em colocar a máscara em si e nele e, em outros momentos, em outros "filhos" também, para "saírem de casa". Em paralelo, suas brincadeiras exploraram intensamente visitas, viagens em diferentes meios de transporte, passeios, festas e comércios dos mais variados. Interpreto esse movimento de estar fora, mais uma vez, como a força da resiliência expressa em seu brincar, por estar vivenciando apenas situações de dentro de casa, sem contatos sociais ou qualquer possibilidade de sair e, na sua brincadeira, na sua fantasia e na sua imaginação, tudo era permitido.

Na brincadeira de voltar a ser um bebê, no ventre de sua mãe, também percebo essa necessidade de acolhimento, de abraço, de recomeço, de retomada do início da existência e do sentido da vida como forma de resiliência e resistência às imposições ditadas pela pandemia. Imposições, essas, que não foram sentidas apenas pela Isabela, mas também por mim, e, nessa brincadeira, o seu sentimento me atravessou e me fez refletir sobre a vida, a maternidade e sobre essa transcendência implícita e explícita, e tenho certeza de que o que penso, sinto e minha forma de agir a atravessaram também, assim como atravessaram seu brincar como expressão do seu íntimo.

O que percebi nessa brincadeira de retorno ao útero foi a necessidade do aninhar-se, somada à vivência de calor humano, do reencontro comigo e consigo mesma, ao mesmo tempo que houve a conexão com esse lugar de onde vêm as crianças, como se o macrocosmo interpenetrasse e se integrasse ao microcosmo da gravidez. Uma brincadeira que revelou, para a mãe/observadora a conexão que temos uma com a outra e o calor que esta relação tem, mas que também resultou na separação de corpos físicos, ilustrando a individualidade da Isabela, essa semente que germina e precisa de cuidados, segurança, proteção, liberdade, tempo e espaço para que sua essência se revele.

Considero as crianças seres altamente resilientes, só não digo que são mais resilientes do que os adultos por entender que se trata de uma resiliência muito mais sentida e vivida corporal do que cognitivamente, portanto, considero-a diferente. Nas crianças, notamos que o desequilíbrio, ou a situação desarmônica, dentro do que são capazes de elaborar, é de superação mais fácil e frequente do que ocorre com o adulto. Isso não quer dizer que não sintam ou não sofram, mas, talvez, por viverem com mais presença, e não se desgastarem remoendo o passado, ou por terem o movimento como inerente aos seus corpos, e esse convite a se movimentarem, o enfrentamento ou o caminhar adiante seja facilitado. Ou, ainda, por estarem tão envolvidas no brincar, tão entregues a esse impulso e a esse mundo da imaginação e da fantasia tudo à sua volta pareça menor ou menos importante.

Na brincadeira, o que é pesado pode tornar-se leve: o lobo pode ser deixado do lado de fora, pois, dentro, estamos seguras. O trovão assustador pode ser um ato de gentileza de uma nuvem secando a outra, ou um ovo que se quebra pode ser apenas um ovo maduro, pronto para partir sua casca. O machucado dói, mas pode ser jogado fora após ser retirado com uma faca, e a barata não precisa ser um animal nojento se receber outro nome. E isso acontece porque inventar é dar comida para a cabeça! A fantasia, expressa nas brincadeiras e nas expressões da Isabela, é mágica, é fantástica, é sanadora.

Considerações finais

– Não sou padeira, sou "restaurandeira"!
– O ovo tava tão madurinho que quebrou quando meu pai foi lavar!
Isabela

Acredito que a brincadeira é importante para o desenvolvimento infantil, é uma forma de se relacionar e compreender o mundo que rodeia a criança e, por isso, o que é significativo para cada uma irá aparecer, de alguma forma, em seu brincar, e irá se repetir, assim como se repetiram as brincadeiras da Isabela. Acredito que o brincar é o que movimenta as crianças interna e externamente. Brincar é viver, ser, criar, recriar, inventar, reinventar, significar e ressignificar a vida.

Pude observar a necessidade e a sede de brincar somadas à potência e à força que esse impulso exerce dentro da Isabela. Percebi o quão grandioso é o brincar para ela, nessa espécie de reconstituição de situações vividas, pelo seu olhar, acrescido da sua imaginação e da fantasia que transbordaram ao experimentar e viver diferentes papéis e sentindo a repercussão dessas vivências em sua intimidade.

A exploração do espaço e os objetos da casa também foram registrados, pois, durante o brincar livre, a Isabela recorreu a seus brinquedos, armários, roupas, papéis, livros, panelas, potes plásticos, utensílios de cozinha, panos, cobertores, enfim, a todo e qualquer objeto da casa que coubesse em sua brincadeira. A casa ganhou uma exploradora, e, a cada dia, um novo mundo se abria, com flexibilidade e harmonia.

Flexibilidade e harmonia que me faltaram por diversas vezes durante a pandemia, e que não faço ideia das consequências desse momento, mas sei que foi percebido pela Isabela e exteriorizado, não apenas pela fala: "*Mamãe, eu vou te dar um pouco de calma!*", mas, em especial, pelo seu brincar, e, nesse ponto, faço um paralelo desse brincar com a resiliência que ele revelou.

Essa reflexão sobre o brincar da Isabela e a resiliência que identifiquei nele me fizeram questionar meu papel como o adulto que cuida do ambiente de uma criança, e algumas indagações apareceram: Será que consigo proporcionar um ambiente adequado à livre expressão da Isabela? Ela é realmente livre em casa? Até que ponto meu ambiente interno auxilia e até que ponto ele cria entraves para minha filha ativar-se e movimentar sua fantasia? Como proporcionar esse ambiente de afeto, de calor e de segurança para que ela construa sua própria resiliência? Não tenho respostas para essas questões, mas estou disposta a permanecer atenta aos sinais que a Isabela me dá.

Um desses sinais apontou para minha dificuldade em me adaptar a situações novas, que me tiram do conforto do conhecido, e senti que Isabela resolve seus conflitos, encontra formas de reestabelecer o equilíbrio e tem muito mais facilidade de adaptação e flexibilidade do que eu. Ela constrói sua resiliência com os recursos que tem disponíveis no momento, e o faz lindamente.

Nos primeiros dias da quarentena, percebi na Isabela um movimento de imitação bastante forte, querendo me ajudar nos afazeres domésticos e imitando meus gestos e meus sentimentos, que nem sempre estavam explícitos para mim, porém, para ela, pareciam estar. Imitou desde cuidar de seu "filho", fazer mercado, dirigir seu carro, até momentos de nervosismo, inquietações e medos meus.

Acredito ter sido essa a parte mais desafiadora, porque, ao brincar, Isabela me mostrou, e me mostra, quem sou para ela, o que faço, como me comporto, como me sinto, meu estado de ânimo, e nem sempre isso é tão agradável de se ver, sobretudo por perceber minha filha como um espelho dos meus atos e do que eu carreguei dentro de mim durante esse tempo de quarentena.

Segundo Lameirão (2007, p. 36), "O verdadeiro encontro com o outro pressupõe o encontro consigo mesmo". Um processo de observação que começou com a busca pela aproximação de minha filha e, quando me propus a encontrá-la, acabei *me* encontrando pelo caminho e trilhando, *com ela*, muitos outros.

Outro dado de pesquisa foi refletir sobre a qualidade da minha observação, no sentido de deixá-la livre, sem antecipar, julgar nem subentender algo que não fosse da Isabela, mas, sim, meu. Tenho ciência de que, perto da mãe, Isabela se comporta como filha, e tudo bem. Entretanto, percebi que ser a filha não a limitou nem trouxe dificuldade em seu brincar; ela apenas revelou o que é esse brincar dentro de casa e junto da mãe. A dificuldade foi minha, como mãe/observadora, em tentar manter o ambiente (interno e externo) o mais livre possível de interferências, e, nesse ponto, foi bastante desafiador.

Ainda estou tateando esse ser observador que habita em mim e convive, hoje, com a mãe, há mais tempo instalada, mas que já carregava suas inseguranças. Assim como o Lucas, a observadora é uma recém-nascida ainda, no entanto, a cada dia, aprendo um pouquinho mais, assim como a maternidade me ensina diariamente, e a grande mestra das duas, neste momento, é a Isabela.

Todo esse processo de escuta, de observação, de escrita e de reflexão sobre as brincadeiras da Isabela foi, aos poucos, crescendo e tornando-se parte do meu cotidiano, ao mesmo tempo que eu percebia que muitos momentos passavam sem que eu estivesse, de fato, presente para percebê-los. Não é fácil, mas é possível, e, com disponibilidade, abertura ao inesperado, respeito, cuidado, atenção e determinação, é sempre muito gratificante.

Parafraseando Friedmann (2020), ao estarmos atentos às emoções, às expressões e às falas das crianças, poderemos oferecer caminhos para elas canalizarem suas dores, suas feridas, seus prazeres e suas alegrias. "Brincadeiras podem favorecer a cura psíquica e física. E traçar caminhos de conhecimento e descoberta de potenciais, incentivando a autonomia, a livre escolha e a tomada de decisões" (Friedmann, 2020, p. 79).

Ao olhar para esse processo de observação do brincar, tentar entender, aproximar-se e desvendar os mistérios da Isabela, sinto que mais perguntas saltam aos olhos, aos ouvidos, à percepção e, por que não dizer, à intuição e à imaginação...

Minha ideia com estas observações não foi a de formular nenhum conceito, muito pelo contrário; o que fiz foi um exercício que apontou caminhos, despertou-me para algumas atitudes práticas e para muitas reflexões!

Carta à Isabela

Querida Isabela,

Quero agradecê-la por sua generosidade e por sua abertura para me deixar entrar em seu mundo e em sua brincadeira. Agradecê-la por apresentar seu universo com coragem, verdade e amorosidade. Agradecê-la por me conduzir pelas tramas de sua imaginação com alegria e bom humor. Agradecê-la por compartilhar comigo tantas emoções e tantos sentimentos que carrega secretamente em seu ser. Agradecê-la por mergulhar comigo em memórias tão delicadas, envolventes e calorosas, que me trazem ao presente toda a esperança e todo o amor que, no passado, eu nem imaginava poder sentir um dia.

Obrigada por confiar em mim para trilhar contigo este caminho.

De sua eterna admiradora,

Fernanda

Referências

ANTONOVSKY, A. *Health, stress and coping*. San Francisco: Jossey-Bass, 1979.

FRANKL, V. E. *Em busca de sentido*: um psicólogo no campo de concentração. Petrópolis: Vozes, 2020.

FRIEDMANN, A. *A vez e a voz das crianças*: escutas antropológicas e poéticas das infâncias. São Paulo: Panda Books, 2020.

FRIEDMANN, A. *O universo simbólico da criança*: olhares sensíveis para a infância. Petrópolis: Vozes, 2005.

LAMEIRÃO, L. H. T. *Criança brincando! Quem a educa?* São Paulo: João de Barro, 2007.

MARASCA, E. *Saúde se aprende, educação é que cura*: da pedagogia Waldorf à salutogênese. 2. ed. São Paulo: Antroposófica, 2009.

MORAES, W. A. *Salutogêneses e autocultivo*: uma abordagem interdisciplinar – sanidade, educação e qualidade de vida. Belo Horizonte: ABMA, 2015.

PIORSKI, G. *Brinquedos do chão*: a natureza, o imaginário e o brincar. São Paulo: Peirópolis, 2016.

Santos, F. *O ambiente da escola de educação infantil da cidade de São Paulo e sua influência no desenvolvimento saudável da criança de quatro a seis anos*. 2022. 137 p. Monografia (Especialização em Educação Infantil Waldorf) – Faculdade Rudolf Steiner, São Paulo, 2022.

Steiner, R. *Ciência espiritual e medicina*. São Paulo: ABMA, 1980.

4

A importância do brincar livre: criança brinca com o quê?

Jacqueline Nara de Assis

Este capítulo se baseia nas minhas reflexões sobre a relação das crianças com o livre brincar com objetos de largo alcance na escola. Ao longo de cinco encontros que aconteceram no período de novembro a dezembro de 2019, na Escola Municipal de Educação Básica (Emeb) Professora Leny Bomtorin, no município de São Pedro (SP), pude observar um grupo de cinco crianças do Pré I, as quais aparecem no texto final da pesquisa com nomes fictícios: Thor (4 anos e 9 meses), Homem de Ferro (4 anos e 5 meses), Brisa (5 anos e 3 meses), Sol (4 anos e 5 meses) e Lua (5 anos e 1 mês).

As crianças frequentavam a escola em tempo integral; no período da manhã, ficavam com uma agente cuidadora e, à tarde, com a professora. Considerando o caráter da minha pesquisa, relacionado ao livre brincar, preferi fazer a observação no período da manhã, pois, na rotina desse grupo, esse momento com a cuidadora era diferente de quando estavam com a professora, por não ter a pretensão de ser pedagógico. Eu queria que as crianças estivessem o mais livres possível, porque meu objetivo era oportunizar espaço, materiais e tempo para que pudessem explorar e fazer suas próprias escolhas.

No percurso da pesquisa, em minhas observações do grupo, fiz registros escritos, em fotografias, em áudios e em vídeos, com a intenção de resgatar posteriormente, de maneira mais precisa, as narrativas das crianças enquanto brincavam. Enquanto exploravam os objetos, veio à tona um repertório construído na vida cotidiana nos espaços em que essas crianças habitam: casa, escola, rua, tornando-as, portanto, sujeitos produtores de cultura. Para redigir as autorizações dos responsáveis, segui um modelo já existente (Silva, 2017), no qual constava que a identidade dos participantes da pesquisa seria preservada. De tal modo, por questões éticas, os nomes das crianças foram alterados. Contei com a ajuda da agente cuidadora do grupo, pois, em razão do início da pandemia de Covid-19, a escola estava fechada, e eu não tinha mais acesso direto às crianças.

Nas mãos das crianças, os objetos de largo alcance se transformaram em brinquedo, embora não tivessem sido feitos para essa finalidade. A caixa virou um trem, um carro e, até mesmo, um navio. Os diferentes objetos serviam à fantasia que criavam e eram a "comidinha" que alimentava os "filhos".

Ao longo da pesquisa de campo, ficou evidente o quanto esses objetos desafiam as habilidades de manipulação nas mãos das crianças. Durante as observações, percebi um variado repertório de gestos feitos com as mãos e, por extensão, com o corpo todo: encaixar, empilhar, colocar, tirar, torcer, puxar, empurrar...

Mais do que desafiar os corpos das crianças, do ponto de vista motor, os objetos de largo alcance desafiam a capacidade de pensar, de imaginar e de criar significados para que sejam usados em suas narrativas do faz de conta.

Pensar quem são as crianças, como podemos nos relacionar com elas e percebê-las em suas singularidades é fundamental, e o meu convite foi para que, juntos, pudéssemos refletir sobre qual é a concepção de criança que ressoa dentro de nós. Transcrevo, a seguir, um trecho das Diretrizes Curriculares para a Educação Infantil (DCNEI), que reconhecem a criança como

> Um sujeito histórico e de direitos que, nas interações, relações e práticas cotidianas que vivencia, constrói sua identidade pessoal e coletiva. Brinca, imagina, fantasia, deseja, aprende, observa, experimenta, narra, questiona e constrói sentidos sobre a natureza e a sociedade, produzindo cultura. (Brasil, 2010, p. 12)

É para esse sujeito histórico e de direitos que pretendi dar as mãos na pesquisa. Cada vez mais, busco essa criança real, distanciada de uma ideia romantizada que ainda existe, tanto na ficção quanto no imaginário da sociedade nos diferentes contextos da vida cotidiana em que as crianças vivem.

Na sequência, trarei outros aspectos conceituais importantes para a contextualização do que me guiou na trajetória da pesquisa e, em seguida, compartilharei alguns recortes do que vi, do que ouvi, do que senti, dos pensamentos que me ocorreram enquanto observava as crianças nas interações entre si e com os materiais.

A escola de Educação Infantil e o brincar livre

É necessário – e urgente – repensar o conceito de escola de Educação Infantil. Ao longo da História, esse espaço assumiu um forte caráter opressor no qual impera a ideia de que é necessário controlar, limitar os corpos e os desejos. Um dos primeiros espaços de convívio social para uma criança, a escola, ainda hoje, tem se organizado em práticas que privilegiam o controle e o monitoramento dos sujeitos que habitam esses espaços.

Uma das grandes tensões relacionadas à escola da Primeira Infância diz respeito ao uso do tempo. A prática comum é a de que o tempo em que as crianças permanecem no espaço deve ser organizado em rotinas, com o intuito, na maioria das instituições, de preparar as crianças para as etapas seguintes da Educação Básica (Ensino Fundamental).

Essas rotinas baseiam-se mais nas necessidades dos adultos e pouco consideram as reais necessidades das crianças, que, por sua vez, vivem em outro ritmo, em outro tempo, que não é o tempo do relógio, do trabalho, da produção, como afirma Maria Carmem Silveira Barbosa (2013).

Nesse contexto de uma vida cotidiana sendo vivida dentro de um espaço institucional, temos o brincar, que se configura como a principal expressão das crianças. Esteja onde estiver, uma criança provavelmente brincará. Estudiosos da Educação, da Psicologia e de áreas afins têm dedicado atenção ao tema do *brincar*, e é incontestável a contribuição do brincar para o desenvolvimento de habilidades corporais, linguísticas e cognitivas das crianças, sobretudo nos primeiros sete anos de vida (Lameirão, 2015, p. 64).

Além dos benefícios para o desenvolvimento das habilidades citadas, é importante reforçar que, no Brasil, há diversos documentos que apresentam os eixos norteadores das práticas na Educação Infantil e que validam o brincar como um direito garantido legalmente a todas as crianças. Em um desses documentos, é considerado fundamental "[...] garantir à criança acesso à brincadeira, à convivência e à interação com outras crianças" (Brasil, 2010, p. 18).

Nesse contexto de vida coletiva em que as ações das crianças são reguladas por um tempo fixo para diferentes tarefas e momentos do dia, como sono, alimentação, brincadeira, na maioria das instituições, não sobra tempo para uma das atividades mais importantes na vida das crianças: o brincar livre.

É justamente no brincar livre que cada criança pode saber de si mesma com base em seus interesses, suas ideias e seus desejos. Ao fazer esse exercício de subjetivação, ela conta muito de si, por meio de gestos, falas e imagens. Definitivamente, não é pela imposição do que os adultos acham que é melhor ou mais conveniente para eles, por questões da vida prática, que as crianças terão espaço para exercerem as suas potencialidades.

As crianças amam a liberdade. Convido a todos que estão lendo este texto a lembrar de algum momento, quando criança, em que puderam experimentar a liberdade ao brincar. Sem a preocupação com o tempo do relógio ou se iria aprender algo com aquela atividade. Apenas ser. Ser criança.

> A infância, nesse sentido, é aquela que propicia devires, um vir-a-ser, que nada tem a ver com um futuro, com um amanhã ou com uma cronologia temporalmente marcada, mas com aquilo que somos capazes de inventar como experimentação de outras coisas e outros mundos. A infância, em suas experimentações, está associada à criação, trabalha dentro de mais de um regime de tempo, o que está dado, que lhe é dado a conhecer, linear ou circular, com um tempo mais estendido, generoso – um tempo do acontecer e da invenção. (Abramowicz, Levcovitz e Rodrigues, 2009, p. 180)

Os objetos de largo alcance favorecem o exercício da liberdade por parte da criança, na medida em que esse tipo de proposta permite que a criança explore livremente esses materiais, exercitando sua criatividade e dando vazão à curiosidade e à postura investigativa, característica inata das crianças.

Objetos de largo alcance e o brincar livre

É possível oportunizar às crianças momentos em que sejam livres para brincar do jeito que quiserem, com objetos variados, e que não tenham uma função predefinida. Nessa pesquisa, escolhi usar a nomenclatura *objetos de largo alcance*, e a principal referência para o uso desse termo é o estudioso Aléxis Leontiev, em seu texto clássico *Os princípios da brincadeira pré-escolar* (1989).

Nesse texto, Leontiev (1989) defende que, no período que antecede o ingresso da criança em uma rotina propriamente escolar, a brincadeira acontece de acordo com as propriedades dos objetos que a criança manipula. Por se tratar de um período da vida da criança em que a curiosidade trabalha a favor da exploração, qualquer objeto se torna atrativo para o brincar.

No entanto, meu primeiro contato com esse conceito do largo alcance se deu pela pesquisadora Adriana Klisys (2007), que desenvolve um importante trabalho de formação sobre as vivências lúdicas de adultos e de crianças mediante cursos, livros, artigos e exposições pelo Brasil:

> É interessante que se tenha materiais versáteis que podem se transformar em muitas coisas, tal como panos, tocos de madeira, sucatas etc. O psicólogo Leontiev, estudioso do jogo infantil, dá um nome interessante para tais materiais, os chama de objetos de largo alcance, pois pela própria plasticidade da forma pode prestar a diferentes modos de uso. (Klisys, 2007, p. 29)

Existem outros dois termos comumente usados, que se relacionam com o conceito de objetos de largo alcance, tendo em vista as suas características similares:

- *Materiais não estruturados*: deriva do termo em inglês *Theory of Loose Parts* (teoria das partes soltas), que é uma teoria inicialmente elaborada pelo arquiteto norte-americano Simon Nicholson, com base na ideia de que peças soltas auxiliam o desenvolvimento da criatividade. Assim como os objetos de largo alcance, nesta categoria, estão incluídos todo tipo de embalagens de papelão, latas, tampas, descartes de indústrias, como bobinas, caixas, tecidos, peças plásticas e de outros materiais.
- *Brincar heurístico ou jogo heurístico*: esses termos são atribuídos a duas teóricas da Educação, Elinor Goldschmied e Sonia Jackson, no livro *Educação de 0 a 3 anos: o atendimento em creche* (2006). No Brasil, um dos principais representantes deste tipo de abordagem do brincar é o educador Paulo Fochi que, em 2018, lançou o livro *O brincar heurístico na creche: percursos pedagógicos no Observatório da Cultura Infantil (Obeci).*

> Nas propostas do brincar heurístico, prioriza-se o uso de elementos da natureza, como folhas, pedras, madeira, sementes, objetos de couro ou cerâmica e outros que remetam à natureza. Em geral, não se recomenda o uso de plástico nessas propostas, porém, é comum que, na prática de muitos educadores, acabem se misturando objetos de plástico, latas etc. aos objetos naturais.

Sob a denominação objetos de largo alcance, cabe uma infinidade de materiais, tanto naturais quanto os restos industriais, mais conhecidos como sucatas. As considerações a seguir se baseiam em leituras e pesquisas que tenho feito nos últimos anos e na minha prática como educadora, resultado da observação de crianças brincando com esses objetos. São aspectos que considero relevantes ao se trabalhar com esse tipo de proposta:

- Permitir a livre exploração dos materiais. Confiar nas crianças. Não direcionar o brincar.
- Disponibilizar os materiais do jeito que achar mais adequado para o grupo de crianças e observar como elas brincam. O apelo estético é muito importante nesse tipo de proposta. Por isso, é importante pensar no espaço, nos materiais, nas quantidades e nas variedades.
- Não é necessário brincar com as crianças. Convém-se experimentar ser esse mediador observador, assumir uma postura de pesquisador. Pode-se descobrir muito sobre as crianças nesse exercício de escuta ativa. Se alguma criança convidar o adulto a participar, ele deve aceitar o convite e, logo que for possível, voltar à sua posição de observador.

Em nossa cultura ocidental, consumista, há tantos brinquedos tecnológicos, com luzes a piscar para todos os lados. Nesse contexto, oferecer às crianças objetos diversos, que não são brinquedos, é dar a elas a oportunidade de saírem de uma postura de observadoras passivas para a de investigadoras, exploradoras, criadoras. Qualquer adulto que já tenha parado para observar crianças brincarem certamente deve ter percebido os diálogos imaginários delas com algum objeto inanimado.

> As crianças são mestres em transformar objetos. Como em um passe de mágica gravetos viram varinhas de condão, materiais aparentemente sem utilidade se tornam brinquedos inventivos [...] os objetos utilitários, brinquedos, diferentes materiais servem como elos entre a criança e o meio. Proporcionam oportunidades para ela representar ou expressar seus sentimentos, preocupações ou interesses e se constituem em um canal para a interação social com os adultos ou com as outras crianças. (Klisys e Cayubi, 2004, p. 20)

Referente ao benefício desse tipo de proposta para o pleno desenvolvimento das crianças, busco respaldo nos princípios do brincar livre difundidos pela médica húngara Emmi Pikler, representada por Éva Kálló e Györgyi Balog, algumas das responsáveis por continuar a difusão das ideias de Pikler no mundo:

> Quando se permite que a criança experimente um objeto e tente todas as ações diferentes que pode fazer com ele, ela descobre suas potencialidades. Percebe que o mundo tem sentido e se dá conta de que é capaz de entendê-lo. Em todos os níveis de seu desenvolvimento, sua própria ação a ajuda a aprender a fazer coisas que lhe dão, de alguma maneira, um sentimento de êxito. Isso lhe abre virtualmente possibilidades ilimitadas de experimentar, através da atividade, algo parecido com a competência. A criança que vive essas experiências ganha confiança em si mesma [...], depende claramente do adulto que o interesse da criança pelo mundo que a rodeia se mantenha de forma bem-sucedida; e é também o adulto que deve continuamente criar os requisitos e

> condições para que uma brincadeira livre e independente possa prosperar. (Kálló e Balog, 2017, p. 18)

Esse brincar espontâneo com objetos precisa ser conhecido pelos adultos para que possam talvez descobrir a alma de cada criança que habita este mundo. A pesquisa realizada por mim pretende contribuir para lançar luz nesses tesouros que as crianças trazem para o mundo quando brincam.

Sobre a escuta de crianças e a Antropologia

Cada vez mais, há pessoas dedicadas a pensar, estudar e pesquisar sobre as infâncias e buscando se conectar com as potências das crianças. Diferentes segmentos da sociedade interessados em conhecer como as crianças vivem, o que pensam, sentem, desejam.

Trata-se de uma grande e importante tarefa, a de garantir que as vozes das crianças, muitas vezes sufocadas, ecoem na sociedade. Não basta ser apenas uma linda teoria, precisa ser uma prática real, cotidiana. O adulto que se engaja nesse movimento de valorização das expressões infantis deve estar comprometido em honrar as crianças e disposto a realizar uma quebra de paradigmas pois,

> [...] a aceitação da voz das crianças como expressão de sua participação na sociedade demanda esforço por parte dos adultos, que ultrapassa a simples habilidade de escutá-las, pois requer empenho ainda maior para aceitar que as crianças tem muito a nos dizer, que tem vontades, sentimentos, pensamentos e, para tal reconhecimento, torna-se necessário que admitamos a nossa incompreensão no que se refere a seu modo singular de ser e assim construamos formas múltiplas e plurais para nos comunicarmos com elas. (Martins Filho e Martins Filho, 2013, p. 56)

Ao olhar para a história das infâncias ao longo do tempo, percebo a urgência de sair de uma perspectiva em que a criança é considerada como um "vir a ser", uma folha em branco na qual se depositam conteúdos, e partirmos para uma perspectiva radicalmente oposta, em que os adultos compreendam as infinitas potências das crianças no agora, na vida presente vivida por elas, de maneira individual, neste mundo.

> Temos de nos despir de hábitos, preconceitos e tabus para de fato ver e, principalmente, ouvir nossos semelhantes; para nos mantermos maravilhados, abertos, como as crianças nos ensinam, pois elas sempre estão inteiramente presentes nas relações. (Lameirão, 2007, p. 37)

A escuta ocorre não apenas com os ouvidos, mas com os olhos, com o corpo todo. Na relação do adulto com cada criança e com o grupo como um todo. Nesse processo complexo, se o adulto possibilitar tempo e espaços para a livre expressão das crianças, poderá perceber qual é o repertório delas e quais as descobertas que estão acontecendo, identificar interesses e preferências. Adentrar em seus universos.

> "Escuta" do latim *auscultare*, significa "ouvir com atenção". Escuta é presença, vínculo, conexão, respeito. Mergulho no mundo do outro: não só em sua fala, mas no olhar, no gesto, no tom, nas emoções alheias que podem nos tocar. Escutar é estar plenamente presente. Acolher o momento do outro. Adentrar a paisagem do outro, conhecer e reconhecer o outro em sua singularidade, em seu momento e em seu tempo. Escutar é doar-se, entregar-se ao outro. (Friedmann, 2020, p. 131)

Como parte do crescente interesse das Ciências Humanas pelas infâncias, a Antropologia começou a estudar os universos das crianças entre as décadas de 1920 e 1930, com destaque para a antropóloga Margaret Mead, norte-americana que questionou a ideia do determinismo biológico e do desenvolvimento da criança em fases preestabelecidas, teoria defendida, até então, por estudiosos da Psicologia (Cohn, 2005).

Não apenas Mead, mas também para outros antropólogos com atuação relevante nessa época de grandes descobertas para a pesquisa etnográfica com crianças, como o francês Marcel Mauss, ficava cada vez mais evidente que a cultura se sobrepunha ao biológico e exercia grande influência na formação da criança como um sujeito (Delalande, 2011).

Desde então, muitos pesquisadores que se dedicam a estudar crianças, em diferentes contextos culturais, utilizam a pesquisa etnográfica como metodologia por reconhecerem

> [...] ser esse o melhor meio de entendê-las em seus próprios termos porque permite uma observação direta, delas e de seus afazeres, e uma compreensão de seu ponto de vista sobre o mundo em que se inserem. (Cohn, 2005, p. 9)

Embora eu já tivesse contato com a perspectiva de ser uma educadora que observa as crianças e se posiciona no cotidiano com elas como uma pesquisadora de suas expressões e narrativas, ainda não havia realizado uma pesquisa de campo de maneira formal e do ponto de vista da Antropologia, que tem características próprias:

> A antropologia é uma ciência que não tem suas técnicas predeterminadas rigidamente, sendo necessário escolhê-las a cada vez, conforme as características e natureza dos problemas, construídos abstratamente pelo pesquisador, e que conformam o próprio objeto de estudo. (Souza, 2015, p. 141)

Antes da minha ida a campo, os sentimentos eram de curiosidade, de ansiedade e de um pouco de receio pelo que me aguardava. Em meio às incertezas e aos temores, lancei-me ao desafio com muitas ideias sobre como realizar esse exercício de escuta e de observação que vai além do olhar, e mobiliza a minha sensibilidade, tendo em vista que a escuta das crianças não se dá apenas com os ouvidos.

Ao realizar esta pesquisa no ambiente escolar, o maior desafio foi limpar o meu olhar do que é familiar com relação às crianças e aos espaços, tendo em vista que um estudo, para ser considerado antropológico,

> [...] não é necessário que seja apenas sobre crianças de outras culturas e sociedades: pode ser sobre fenômenos e temas próximos do próprio meio social do pesquisador [...]. Ele deve ser capaz de reaprender o que lhe parece natural. (Friedmann, 2011, p. 228)

Após uma conversa preliminar com a diretora da instituição, ficou definido que a pesquisa seria feita com um grupo de crianças de 4 a 5 anos e 11 meses (Pré I), que frequentam a escola em tempo integral e que, no período da manhã, ficam com uma agente cuidadora.

Uma parte importante da minha preparação para a ida a campo diz respeito às autorizações e aos consentimentos. Como é de praxe em uma pesquisa, elaborei diferentes autorizações: para a Secretaria de Educação, para a diretora e a coordenadora da escola, para a agente cuidadora do grupo de crianças e para os responsáveis por estas.

Além dessas autorizações destinadas aos adultos, e por todas as questões éticas envolvendo o respeito à criança e ao seu estar no mundo como um sujeito pleno e de direitos, era inconcebível para mim não ter o consentimento delas. Ao buscar modelos de consentimento para crianças (principalmente as não alfabetizadas), encontrei apenas um documento que se aproximou do que eu pretendia realizar (Silva, 2017).

Com relação a essa temática do consentimento de crianças participantes de pesquisas, Sonia Kramer (2002) contribui com importantes reflexões ao analisar que,

> [...] muitos pesquisadores têm buscado conhecer a infância e as crianças com um conceito de infância e uma prática de pesquisa que podem ter enfoques teórico-metodológicos diversos, mas com os quais as crianças jamais são vistas ou tratadas como objetos. (Kramer, 2002, p. 45)

Meu percurso na pesquisa foi marcado por muitas inquietações, sendo uma delas relacionada ao uso dos nomes das crianças no texto final. É comum a prática de trocar os nomes dos sujeitos das pesquisas, a fim de preservar suas identidades e, em alguns contextos, por questões de segurança dos participantes. Novamente, recorro a Kramer (2002, p. 47) para referenciar meu desacordo com essa prática:

> [...] recusamos alternativas tais como usar números, mencionar as crianças pelas iniciais ou as primeiras letras do seu nome, pois isso negava a sua condição de sujeitos, desconsiderava a sua identidade [...].

Ao redigir as autorizações para os responsáveis, segui um modelo, entre os muitos disponíveis, no qual constava que a identidade dos participantes da pesquisa seria preservada. Portanto, os nomes das crianças não poderiam ser divulgados. Encontrei-me diante de um impasse: acreditar no uso do nome da criança como uma validação do sujeito que é, mas ter que respeitar o que foi autorizado pelos responsáveis.

A minha inexperiência com as questões burocráticas de uma pesquisa me conduziu a esse impasse, e levo comigo o aprendizado da importância que se deve ter à etapa que antecede o início de uma pesquisa. No planejamento de uma pesquisa de campo, o pesquisador deve sempre buscar respaldo conceitual para estabelecer as diretrizes que irão guiá-lo em todas as etapas dessa pesquisa.

Foi assim que, em razão do início da epidemia de Covid-19, que fechou as escolas e tornou inviável a substituição das autorizações, fui obrigada a buscar uma alternativa sem poder consultar as crianças. Para essa tarefa, contei com a ajuda da Maria,[1] a agente cuidadora, que tinha um forte vínculo com o grupo de crianças. Assim, surgiram Thor (4 anos e 9 meses), Homem de Ferro (4 anos e 5 meses), Brisa (5 anos e 3 meses), Sol (4 anos e 5 meses) e Lua (5 anos e 1 mês).

[1] Nome fictício escolhido pela funcionária.

Após a ida a campo, revisitei meus registros (anotações, fotos, vídeos, áudios) e, com base nesse exercício de olhar para essas impressões do que observei durante a pesquisa, elaborei um relato dos encontros que tive com as crianças, como parte do texto final da pesquisa e que compartilho, de maneira resumida, neste capítulo.

Relato dos encontros com as crianças

Ao chegar à escola, no dia do primeiro encontro, Maria (agente cuidadora do grupo) contou-me que as crianças já tinham me visto circulando pela escola em dias anteriores, e estavam curiosas para me conhecer. Nesse primeiro dia, das sete crianças autorizadas pelos pais a participarem da pesquisa, compareceram: Thor, Homem de Ferro, Brisa e Sol.

Nesse primeiro contato com a proposta dos objetos de largo alcance, escolhi um local fechado, em uma sala de aula bem ventilada e relativamente ampla, com um bom espaço livre para as crianças se movimentarem. No chão e em mesas, disponibilizei materiais que pensei serem atrativos, que poderiam despertar a curiosidade do grupo, organizados no ambiente de maneira a favorecer a livre exploração das crianças. Foram utilizados: argolas de plástico; cones de plástico; cones de papelão; CDs; rolhas; pedaços de madeira; embalagens de ovo; embalagens de batata frita; pegador de macarrão; pegador de gelo; potes plásticos. Trata-se de materiais cujo apelo estético para as crianças era representado por suas cores variadas e, também, suas diferentes texturas, por exemplo, a porosidade das rolhas, o toque mais frio do alumínio dos pegadores de gelo e o formato oval de algumas embalagens.

O cuidado ao distribuir esses materiais pelo espaço, as combinações feitas (na mesa: potes de diferentes tamanhos e formatos com pegadores de gelo e rolhas e pedaços pequenos de madeira; no chão: pedaços de madeira maiores e em grande quantidade, acompanhados por cones grandes de papelão com argolas de plástico e CDs) denotavam a minha intencionalidade como educadora e pesquisadora. Essa intencionalidade existe e não impede a livre expressão das crianças, na medida em que asseguro a elas, quando estão brincando com esses materiais, a liberdade de escolher com o que brincar, com quem brincar, como brincar e pelo tempo que quiserem.

Defini que, durante os encontros, haveria uma máquina fotográfica fixa no tripé, em um ponto da sala que julguei ser neutro, para não chamar muito a atenção das crianças, mas que permitisse o registro da interação delas com os objetos. Em geral, eu ligava a câmera antes de as crianças entrarem na sala e deixava gravando até que a bateria acabasse.

Como parte dos registros, usei, também, meu celular para produção de fotos, vídeos e áudios. Às vezes, deixava o celular em alguma mesa, próximo das crianças, apenas captando o áudio; em outros momentos, sentava-me em alguma cadeira perto delas, colocando-me como observadora, sem interferir, mas respondendo quando falavam comigo.

No primeiro dia, ao entrarem na sala onde montei a proposta com os objetos, percebi olhos curiosos e algumas crianças um pouco tímidas. Fui recebida com muito carinho por todas e pela agente cuidadora. Ganhei beijos e abraços. Sentamo-nos em roda no chão, para uma conversa inicial. Não fiz um documento formal de consentimento das crianças. Entendo que o consentimento delas vai além de uma formalidade de adultos, acontece com o corpo todo, com a vontade (ou não) que demonstram em participar. Esse momento inicial foi um forte indício do que eu já sabia por intuição. A seguir, transcrevo um trecho dessa conversa inicial em que busquei o consentimento das crianças.

Pesquisadora: – Meu nome é Jacqueline e eu sou professora em outra escola, de crianças menores [...]. Por que eu estou aqui hoje?

Brisa: – Pra mostrar um negócio pra gente.

Pesquisadora: – Além de professora eu também sou aluna, como vocês. Eu sou aluna de uma escola que fica lá em São Paulo, e, nessa escola, eu estudo as crianças. Como elas brincam, do que elas gostam de brincar.

Sol: – De parquinho.

Pesquisadora: – Nessa minha escola, eu tenho que fazer uma pesquisa. Eu vou estudar como as crianças brincam com coisas que não são brinquedo. Eu vim aqui, conversei com a diretora, e ela me deixou pesquisar com vocês. E, então, eu vou ficar aqui junto com a Maria, e vocês vão poder brincar. O papai e a mamãe de cada um de vocês já assinaram o papel autorizando também, mas eu quero saber se vocês querem participar da minha pesquisa.

Todos ao mesmo tempo: – Eu quero! Eu quero! Eu quero!

Pesquisadora: – Que bom! Vamos fazer uma coisa? Eu vou tirar uma foto com cada um de vocês e, quem topar participar da pesquisa, dá um "joinha"!

Thor: – Com as duas?

Pesquisadora: – Você que sabe. Se você quiser fazer com as duas, pode ser.

[...]

Pesquisadora: – Eu vou falar pra vocês quais são os dias que vou estar aqui na escola [...]. Eu vou vir aqui na escola quatro dias.

Sol: – Por que não vem cinco dias? [...] Ou seis?

Todos ao mesmo tempo: – Cinco! Cinco! Cinco! Cinco! Cinco!

Pesquisadora: – Eu venho cinco dias.

Todos ao mesmo tempo: – Eba! Eba!

Após essa conversa inicial, acompanhei as crianças, totalmente entregues àquele momento, eufóricas, falando alto e movimentando-se pela sala, descobrindo os objetos. Ao mesmo tempo que eu sabia da importância de não conduzir a exploração das crianças, sentia-me ansiosa em ver se a proposta seria bem-aceita pelo grupo. Não me recordo de ter ouvido: *O que é isso? Para que serve isso? Com o que vou brincar?*

Embora tenha ocorrido interação entre todos, percebi que as duas meninas (Brisa e Sol) brincaram a maior parte do tempo juntas, e os dois meninos (Thor e Homem de Ferro) também juntos. As crianças brincaram por cerca de 1h25min, e o único combinado foi feito com a agente cuidadora. Respeitando a rotina do grupo, encerramos antes das 10 horas da manhã, para que as crianças pudessem almoçar. Desde o início, optei por deixá-las livres para brincar pelo tempo que quisessem, e a brincadeira teve fim conforme fui percebendo um menor interesse pelos objetos.

Nos encontros seguintes, as crianças brincaram quase pelo mesmo tempo, com exceção do segundo dia, em que escolhi a área externa, perto do tanque de areia, com a intenção de observar como aconteceria o brincar delas com os objetos em um espaço aberto. Disponibilizei materiais diferentes dos que foram usados no primeiro dia (caixotes de madeira; tubo plástico sanfonado; espanadores de pó; embalagens de lata ovais; embalagens de acrílico quadradas; tampas coloridas pequenas; cesto de vime; caixa de papelão; cones de papelão com imagens) e, logo, o grupo se espalhou pelo espaço. Em determinado momento, Brisa afastou-se um pouco do grupo, e a observei mexendo em umas embalagens ovais de lata. Surpreendi-me ao ouvi-la conversar sozinha, em voz alta, enquanto cantarolava:

– Eu vou pesquisar o ovo!

Ao usar a palavra *pesquisa*, a menina demonstrou muita sagacidade, ao se apropriar de um conteúdo do mundo dos adultos.

Como eu já previa, o fato de estarem em um espaço aberto contribuiu para o menor interesse das crianças pela proposta. Nesse dia, em vários momentos, elas pediram para ir ao parque. Apesar de me sentir um pouco frustrada, achei muito positivo que tenham expressado esse desejo e ofereci à cuidadora a possibilidade de interromper a pesquisa após 30 minutos do início.

Revendo os registros da pesquisa, considerei a hipótese de que essa aparente falta de interesse pudesse estar relacionada ao fato de que as crianças estão mais acostumadas a brincadeiras dirigidas ou a passar muito tempo diante de telas, o que as faz terem um repertório limitado de brincadeiras. Trata-se de uma hipótese que não tive a oportunidade de comprovar e que abre campo para uma nova pesquisa.

Ao mesmo tempo, questionei-me sobre a minha necessidade em manter as crianças envolvidas por um tempo que pensei ser o mais adequado. Confrontei as minhas próprias expectativas e me pareceu uma incoerência diante do tema fundamental da pesquisa – a liberdade. O exercício da liberdade não estaria justamente na criança vivenciar esse tempo de interesse? Por que eu quero entender, controlar, mudar esse interesse das crianças? Estariam as crianças desinteressadas, ou seria a minha dificuldade em ver, ou, como provoca a Apresentação do Mapa da Infância Brasileira (2016, p. 4), "Com que olho eu olho?".

Ainda sobre olhar e ver, em todos os encontros, adotei a estratégia de mudar meu ponto de observação. Às vezes, eu estava em uma cadeira, perto das propostas que eram oferecidas no chão; em outros momentos, posicionava-me do outro lado da sala. Nessa minha exploração do espaço da sala, o Diário de Campo me acompanhava e, nele, anotei impressões do momento, trechos de falas das crianças que me chamavam a atenção, gestos, intenções, narrativas.

Para finalizar esse relato, destaco um momento, no último encontro, em que presenciei uma situação que já tinha percebido nos dias anteriores, mas que, naquele dia, pude observar com mais atenção, pois estava ao lado da criança. O Homem de Ferro brincava sozinho quando teve um breve momento de hesitação diante dos objetos, como se não soubesse o que fazer, como continuaria brincando. Cruzamos o olhar rapidamente, não houve qualquer palavra e, logo, ele se afastou. Parecia que tinha resolvido algo, e a brincadeira seguiu. Ao observar esse momento, tive a impressão de que não importava muito com o que estava brincando, o importante era brincar. Era como se, ao não saber o que fazer com aquele objeto, o menino tivesse, diante de si, um desafio novo, de criar algo diferente, um enredo diferente, uma função diferente para aquele objeto.

Próximo do horário limite para estarmos juntos, convidei as crianças para se sentarem no chão e expliquei que aquele tinha sido nosso último encontro. De maneira informal, conversamos sobre como tinha sido para elas participar da pesquisa:

Pesquisadora: – Minha pesquisa acabou... Agora, vou encontrar com a minha professora e vou mostrar pra ela o que eu pesquisei. Vou mostrar pra ela como vocês brincaram esses dias que eu vim aqui. Quero agradecer vocês por me deixarem pesquisar vocês brincando!

Brisa: – Eu queria seis dias.

Lua: – Tia, pode vir dez dias?

Pesquisadora: – Eu volto no ano que vem pra mostrar mais da pesquisa pra vocês. Depois que eu escrever meu trabalho, eu volto. Eu ficava olhando vocês, e sabem o que eu percebi? Eu percebi que o Homem de Ferro gosta muito de construir coisas!

Homem de Ferro: – É!

Pesquisadora: – E você, Brisa? Do que você mais gostou de brincar?

Homem de Ferro: – Eu gostei de castelo.

Brisa: – Eu gostei do ovo!

Ao rever os registros feitos durante a pesquisa, percebi o quanto pode ser fácil distrair-se e não ver o que acontece de relevante no universo das crianças. Por exemplo, um forte indício dessa espécie de cegueira para as narrativas apresentadas pelas crianças durante o brincar e o que as afeta foi o interesse da Brisa pela pesquisa com o ovo, algo que se evidenciou para mim, com força e encantamento, apenas na terceira vez que revisitei os materiais.

É realmente necessário distanciar-se, dar um passo para trás e olhar de novo, de novo e de novo. Ao fazer esse exercício, a minha sensibilidade é mobilizada e serve como uma espécie de instrumento que precisa ser afinado constantemente nessa busca por transcender a primeira camada de percepção.

Essa conversa final representou uma espécie de devolutiva minha para as crianças. Eu pretendia voltar à escola depois da apresentação da pesquisa, mas não foi possível, por causa do início da pandemia de Covid-19. Como alternativa, no início do segundo semestre de 2020, escolhi duas fotos de cada criança e, com um bilhete de agradecimento, deixei na escola, para serem entregues às famílias na retirada das atividades escolares enviadas pelas professoras.

Considerações finais

Em diferentes momentos desse percurso, senti que estava tateando, sem muitas certezas, em uma luta entre a atenção máxima para não perder nada e o esforço em deixar que a escuta acontecesse de maneira orgânica em mim, no meu corpo. Viver a experiência da pesquisa de campo etnográfica com crianças exigiu de mim uma conexão com o que Gabriela Romeu (2016, p. 46) chama de "poética do olhar", que me permitiu "emprestar das crianças lunetas, lentes e olhos da primeira vez".

Tornou-se evidente a complexidade da prática da escuta e da observação, e o quanto ir a campo é estar sujeito ao imprevisível. Nem sempre é agradável, fácil. O exercício de observar me provocou e me incomodou. Não bastou sentar-me, olhar o que as crianças faziam e descrever de maneira objetiva em um caderno. Esse exercício mobilizou algo dentro de mim que nem sempre está disponível: a disposição para ver além do que os olhos alcançam.

Se é possível alguma conclusão, afirmo que cheguei ao final desse percurso de pesquisa com mais perguntas do que respostas. Espero que este trabalho contribua com o crescente movimento de valorização da escuta de crianças em contextos escolares e que tenhamos cada vez mais adultos engajados em práticas que considerem as crianças como seres autônomos e capazes de, por si mesmas, dizerem aos adultos sobre os seus mundos.

Referências

ABRAMOWICZ, A.; LEVCOVITZ, D.; RODRIGUES, T. C. Infâncias em Educação Infantil. *Pró-Posições*, Campinas, v. 20, n. 3, p. 179-197, set./dez. 2009. Disponível em: http://www.scielo.br/pdf/pp/v20n3/v20n3a12.pdf. Acesso em: 15 ago. 2022.

BARBOSA, M. C. S. Tempo e cotidiano – tempos para viver a infância. Revista *Leitura*: Teoria e Prática, v. 31, n. 61, p. 213-22, nov. 2013. Disponível em: https://ltp.emnuvens.com.br/ltp/article/view/185/122. Acesso em: 15 ago. 2022.

BRASIL. Ministério da Educação. Secretaria de Educação Básica. *Diretrizes curriculares nacionais para a educação infantil*. Brasília: MEC/SEB, 2010.

COHN, C. *Antropologia da criança*. Rio de Janeiro: Zahar, 2005.

DELALANDE, J. As crianças na escola: pesquisas antropológicas. *In*: MARTINS FILHO, A. J.; PRADO, P. *Das pesquisas com crianças à complexidade da infância*. Campinas: Autores Associados, 2011.

MARTINS FILHO, A. J.; MARTINS FILHO, L. J. *Educação infantil*: especificidades da docência. Florianópolis: Udesc, 2013.

FOCHI, P. (org.). *O brincar heurístico na creche*: percursos pedagógicos no Observatório da Cultura Infantil (Obeci). Porto Alegre: Paulo Fochi Estudos Pedagógicos, 2018.

FRIEDMANN, A. *A vez e a voz das crianças*: escutas antropológicas e poéticas das infâncias. São Paulo: Panda Books, 2020.

FRIEDMANN, A. História do percurso da sociologia e da antropologia na área da infância. *Veras*: Revista Acadêmica de Educação do ISE Vera Cruz, v. 1, n. 2, p. 214-235, 2011.

GOLDSCHMIED, E.; JACKSON, S. *Educação de 0 a 3 anos*: o atendimento em creche. Porto Alegre: Artmed, 2006.

KÁLLÓ, E.; BALOG, G. *As origens do brincar livre*. Tradução de Taís Cesca. São Paulo: Omnisciência, 2017. (Coleção Primeira Infância: educar de 0 a 6 anos).

KLISYS, A.; CAYUBI, R. Construções lúdicas. *Avisa Lá*, São Paulo, n. 17, p. 20-34, jan. 2004.

KLISYS, A. Faz de conta: invenção do possível. *Revista Criança*, n. 43, p. 27-9, ago. 2007. Disponível em: https://www.caleido.com.br/uploads/2/2/8/0/2280950/revista_43_pgs27-29.pdf. Acesso em: 15 ago. 2022.

Kramer, S. Autoria e autorização: questões éticas na pesquisa com crianças. *Cadernos de Pesquisa*, n. 116, p. 41-59, jul. 2002. Disponível em: https://www.scielo.br/j/cp/a/LtTkWtfzsbJj8LcPNzFb9zd/?lang=pt&format=pdf. Acesso em: 15 ago. 2022.

Lameirão, L. H. T. *Criança brincando! Quem a educa?* São Paulo: João de Barro, 2007.

Lameirão, L. Panorama das conquistas da criança durante a primeira infância. *Arte Médica Ampliada*, v. 35, n. 2, p. 64-70, 2015. Disponível em: http://abmanacional.com.br/arquivo/8de388b72c2c5fa62fc6975d4faa2861ae798cd6-35-2-panorama.pdf. Acesso em: 15 set. 2022.

Leontiev, A. N. Os princípios psicológicos da brincadeira pré-escolar. *In*: Vygotsky, L. S.; Luria, A. R.; Leontiev, A. N. *Linguagem, desenvolvimento e aprendizagem*. São Paulo: Ícone, 1989.

Mapa da Infância Brasileira (org.). *Quem está na escuta?* Diálogos, reflexões e trocas de especialistas que dão vez e voz às crianças. São Paulo: Blucher Open Acess, 2016. Disponível em: https://www.fmcsv.org.br/pt-BR/biblioteca/quem-esta-escuta-dialogos-reflexoes-especialistas-dao-vez-voz-criancas/. Acesso em: 15 ago. 2022.

Romeu, G. Narrativas do olhar (notas de um diário). *In*: Mapa da Infância Brasileira (org.). *Quem está na escuta?* Diálogos, reflexões e trocas de especialistas que dão vez e voz às crianças. São Paulo: Blucher Open Acess, 2016. Disponível em: https://www.fmcsv.org.br/pt-BR/biblioteca/quem-esta-escuta-dialogos-reflexoes-especialistas-dao-vez-voz-criancas/. Acesso em: 15 ago. 2022.

Silva, O. H. F. D. Termo de assentimento livre e esclarecido na pesquisa com crianças na Educação Infantil. *Pensar a Educação*, 29 nov. 2017. Disponível em: https://pensaraeducacao.com.br/pensaraeducacaoempauta/termo-de-assentimento-livre-e-esclarecido-na-pesquisa-com-criancas-da-educacao-infantil-exclusivo/. Acesso em: 15 ago. 2022.

Souza, E. L. D. *As crianças e a etnografia*: criatividade e imaginação na pesquisa de campo com crianças. *Revista Iluminuras*, Porto Alegre, v. 16, n. 38, p. 140-64, jan./jul. 2015. Disponível em: https://seer.ufrgs.br/index.php/iluminuras/article/view/57434/34489. Acesso em: 15 ago. 2022.

5

Cada passo de uma vez: as simplicidades profundas que habitam os percursos com as crianças

Isabela Pinho Gomes Assêncio

Miraíra Noal Manfroi

Para visualizar em cores as imagens deste capítulo, acesse o *QR code*:

Ponto de partida ou de chegada?

Nós, Isabela (Isa) e Miraíra (Mira), começamos o curso de especialização *A vez e a voz das crianças: a arte de escutar e conhecer narrativas, linguagens e culturas infantis*, juntas, em 2019. Tínhamos um encontro presencial a cada mês, aos poucos, fomos nos aproximando e, com muita frequência, acabávamos fazendo parte dos mesmos grupos de trabalho durante as aulas. Esse fato permitiu que conseguíssemos trocar e experimentar os momentos propostos pelos professores, na maioria das vezes, juntas, gestando uma trajetória de amizade e de reflexões.

Em um dos nossos muitos encontros, conversamos em escrever o Trabalho de Conclusão de Curso (TCC) juntas; depois, acabamos desenvolvendo pesquisas individuais, que, por fim, têm aproximações e particularidades. Neste texto, contaremos sobre elas.

Falamos sobre os percursos das crianças: eu, Mira, no ônibus urbano circular, e eu, Isa, no chão. Os fios que conduziram nossos desejos de olhar as crianças em seus caminhos estão ligados, profundamente, às nossas crianças internas...

> Quando meus pés não tinham o tamanho todo de hoje, eles pontuavam o chão do sítio dos meus avós. Ali era mais fácil perceber suas marcas. Os sinais eram recíprocos: haviam pegadas na terra e terra nas solas dos pés. Linhas curiosas se formavam na grama, "carreadores" dizia minha mãe, as vacas – e as pessoas – sempre passam no mesmo lugar e deixam, escritos no chão, os caminhos. (Assêncio, 2020, p. 3)

> Andei um bocado de ônibus, e tenho uma recordação sensitiva da primeira viagem. Foi uma diversão. Como filha única, minha mãe não perdia nenhum "*flash*", mesmo que ainda estivéssemos na era das câmeras dialógicas e dos filmes de 36 poses. Nesta primeira viagem, estava acompanhada da Maridalva, a grande mulher que esteve conosco em nossa casa antes do meu nascimento até meus dezoito anos. Neste dia, dormi em sua casa e, na manhã do dia seguinte, fizemos essa primeira viagem. Depois, houve outras e mais outras, cada uma com suas histórias e fatos pitorescos. Penso que o desejo de estudar as crianças nos ônibus emergiu no contato com essa memória latente, das experiências vividas por um corpo pequeno no transporte coletivo. (Manfroi, 2020, p. 13-4)

Essas lembranças e muitas outras que dizem de quem somos, como crianças/mulheres, são fundamentais para conseguir falar dos nossos caminhos como pesquisadoras, que se somam e se misturam às tantas outras facetas que temos. Eu, Mira, comecei a circular de ônibus pela cidade de Campo Grande com a grande vontade de escutar as crianças em seus movimentos. Eu, Isa, deixei que meus olhos me levassem para caminhar junto das crianças que passavam por mim nas vias de São Paulo. Tudo isso antes da pandemia. A gente ia, vinha, parava, ficava, saía... Vamos contar um pouco dos nossos passos, descobertas e esconderijos...

As nossas pesquisas foram desenvolvidas inspiradas na Antropologia da Infância, que, desde a década de 1980, coloca em evidência o fato de que as crianças têm linguagens e culturas próprias, como atores sociais que circulam e constituem seus mundos de acordo com as suas necessidades diversas (Friedmann, 2015). Durante o curso de especialização, fomos convidadas a despertar o nosso olhar antropológico para as pesquisas com as crianças. Segundo Friedmann (2015, p. 41):

> Assumir um olhar antropológico implica, de forma constante, "se colocar na pele do outro", acolher, ler o mundo das crianças desde o lugar delas, em diálogo com as nossas percepções adultas e com a nossa criança interior. Não é tarefa fácil, pois significa um permanente e profundo processo de autoconhecimento, uma conexão e presença, colocando as crianças à nossa frente; implica silenciar nossos impulsos e ouvir nossos *insights*. Trabalho para uma vida!

Passamos a refletir sobre nosso papel como pesquisadoras, para conseguirmos experimentar o silenciamento interno, a fim de atender ao que Soraia Saura (2014, p. 165), professora e pesquisadora, propõe: "[...] um dos princípios da Antropologia contemporânea é a descentralização da figura do pesquisador para o universo do pesquisado".

As nossas formas de fazer são singulares, mas prezamos por respeitar o tempo do desenrolar das coisas. Saíamos de nossas casas sem a intenção de provocar mudanças de comportamentos, interferências de rotas, proposições de ações às crianças com as quais nos encontrássemos. Havia, sim, um desejo latente de olhar para elas e apreender o presente vivido, de forma a registrá-lo em um território precioso, que, para nós, denominou-se *pesquisa*. Assim, as nossas intenções/objetivos corresponderam ao:

> [...] exercício de entrar nesse novo estado, de presença e investigação para com as infâncias; é o objetivo deste trabalho, é com a existência desses elementos-infâncias que ele se escreve. Bastaria que crianças e seus acompanhantes carregassem meu olhar com seus movimentos e que eu buscasse conduzir o leitor através dos meus movimentos resultantes. (Assêncio, 2020, p. 4)

> [...] registro das narrativas vividas e construídas pelas crianças em suas passagens e jeitos de ocupação do transporte público coletivo – os ônibus, a fim de compreender um pouco mais as crianças que habitam a cidade na qual nasci e moro. Considerando os tempos de deslocamento, os ônibus urbanos circulares têm latentes as mais diversas possibilidades de encontros e desencontros. Há as esperas, os atos de subir, os deslocamentos, as permanências, as surpresas, os imprevistos, as descidas... (Manfroi, 2020, p. 10)

Com base em nossos objetivos, colocamos-nos no fazer em diálogo com o proposto por Márcia Gobbi (2018, p. 11), professora e socióloga, em suas pesquisas com crianças: "[...] não se trata de falar por elas, mas contar com metodologias que escutem e considerem suas vozes e modos de ver e registrar o visto". Contaremos um pouco de nossos percursos, como aconteceram...

Caminhos percorridos

Parar para olhar os deslocamentos das crianças pela cidade foi nossa motivação. Não havia uma rota traçada, certa, exata, demarcada, com tempo e hora para acabar. Assim, o percurso metodológico foi sendo elaborado a partir dos nossos encontros e desencontros, recheado do reencantamento com as inúmeras novas possibilidades de olhar para a cidade. Às ruas, saímos abertas a encontrar as crianças em suas andanças. O nosso labor foi feito por meio da observação. Os(As) leitores(as) podem perguntar:

– Mas vocês "*só*" observaram?

Responderemos:

– SIIIMMMMMM!

As nossas pesquisas, se desenrolaram do "só observar". Fomos percebendo que dentro desse "só", cabem muitas peculiaridades e muitas possibilidades, como eu, Mira, escrevi:

> Que esse "só" é muito, que esse "só" depende de presença constante, que esse "só" é possível com o reconhecimento de mim e do outro, que esse "só" se faz na delicadeza e na profundidade. Que o "só" é tão "só", que, de tão simples, é tão precioso. (Manfroi, 2020, p. 20)

Eu, Mira, fui ao ponto de ônibus. Mas qual? Esse foi um dilema que, ao longo da pesquisa, descrevo em detalhes (Manfroi, 2020). Adianto que decidi ir a um ponto próximo de uma escola municipal localizada no bairro onde cresci. Cheguei à tarde, perto do horário da saída das crianças. Sentei-me e, aos poucos, foram passando os alunos que estavam andando de bicicleta em direção às suas casas ou a outros lugares. Quando chegaram Rara[1] e sua mãe, decidi que iria pegar a linha de ônibus que elas pegassem, independentemente do lugar para onde se dirigiam. Assim, fui experimentando ser uma pesquisadora-passageira... Não seria necessário haver uma interação entre mim e Rara, mas, se houvesse, tudo bem. Eu não queria saber a sua idade, aonde ia, de onde vinha, qual a sua cor favorita; queria ver como ela se colocava no percurso, como seria aquele dia, seria sobre o trajeto... Conto mais detalhadamente adiante.

Um fato é que eu, Mira, pensava que todas as linhas de ônibus tivessem um ponto inicial e um final. Gradativamente, fui percebendo que, por vezes, a linha não se dá como uma reta, mas, sim, como um círculo, ônibus circular, que se repete inúmeras vezes ao longo do dia. Quem estabelece o início e o fim são as pessoas. Naquelas circunstâncias, o tempo de observação foi sendo definido, não por esse ponto final linear, como imaginado no início, mas por compromissos, por destinos escolhidos, às vezes, de forma fixa, outras, mais flexíveis. As linhas dos ônibus se misturam com as linhas dos trajetos que desenhamos em nossa caminhada de vida, como também unem nossas pesquisas.

---

[1] Nome fictício, dado por mim, Mira, para a criança que encontrei com sua mãe. Essa escolha está mais bem explicada em meu TCC (Manfroi, 2020).

Eu, Isa, sentei-me às beiras de vias movimentadas da cidade e comecei a acompanhar os caminhos e os "caminhares" das crianças com quem me cruzava. Existia um contraste entre os pequenos caminhantes e seus acompanhantes adultos, mas como conceber essas possíveis diferenças? As passagens rápidas me deixavam sem saber como observar todos aqueles movimentos, ou, ainda, como contar a respeito do que via. Percebi, então, que deveria deixar que seus movimentos passassem, também, pelo meu corpo, para, assim, melhor percebê-los. O olhar para as linhas deixadas no ar pelas crianças, cada uma delas, virou traçado no papel. As curtas histórias viraram linhas de desenho que passaram a carregar os meus gestos junto daqueles que eu observei. Entendi que a escolha pela linha também possibilitava que as pessoas que vissem meu trabalho pudessem reconstituir o movimento com seu próprio olhar, viver um pedaço dessa experiência de movimento e dessa escuta que atravessa corpos.

Como a Mira, eu, Isa, deixei-me seguir os caminhos que estavam contidos entre os inícios e os fins, seguindo os desenhos, interessada não em "ligar o ponto A ao B, mas (n)a dança que se faz entre os dois" (Assêncio, 2020).

Assim fomos percorrendo nossas linhas de vida-pesquisa. As escolhas feitas contêm um sabor que mistura intuição, encantamento, leituras, coragem, escuta. Os percursos seguiam o fluxo da experiência, como coloca Larossa Bondía (2002, p. 28):

> [...] a experiência não é o caminho até um objetivo previsto, até uma meta que se conhece de antemão, mas é uma abertura para o desconhecido, para o que não se pode antecipar nem "pré-ver" nem "pré-dizer".

Como guardador de memórias, eu, Mira, utilizei o celular para registrar as possibilidades de ocupação dos espaços do ônibus e as falas na maneira como foram ditas – narrativas percebidas por mim, bem como minhas sensações, meus *insights*. Eu, Isa, também usei o *smartphone*, a fim de gravar registros em vídeo, para que as rápidas passagens pudessem durar o suficiente para as análises. Ele também serviu como gravador de ideias de meio de caminho e como caderno de campo.

Há diversos caminhos construídos e encontrados pelos pesquisadores para registrarem as suas andanças e que podemos ousar, como coloca Friedmann (2015, p. 43): "Qualquer meio é válido, desde que registremos o que vemos, ouvimos e sentimos".

"Caminhografias"

As crianças nos encantam por tocarem o mundo e darem a ele outras texturas. Há um pertencimento ao presente que, quando olhamos para elas, notamos. Colocam-se assim no mundo não por quererem convencer que esse é o caminho: simplesmente seguem sendo... Registrar essas formas como elas se colocam é o nosso exercício de reflexão conosco mesmas e para quem mais chegar, fazendo pensar sobre: *O que fazemos com o/no presente?*

No desafio de traçar imagens com base em encontros com as infâncias, eu, Isa, vi-me cercada por traços e linhas. E, depois de um tempo olhando para elas, as linhas, desenhadas por mim a partir dos "caminhares" das crianças começaram a me evocar algum tipo de escrita: "caminhografias" (Figura 5.1). Alguns elementos se repetiam, e me vi impelida a tentar traduzi-los, enxergar paralelos e propor interpretações.

Decidi, então, definir alguns pontos de parada para o trabalho. Chamei-os de o *ponto-linha elástica invisível*, a *dobradiça*, as *retas* e as *curvas*. Para cada um deles, usei uma pequena cena entre as recolhidas, com a finalidade de ilustrar um movimento que vi se repetir. Colocarei alguns trechos a seguir.

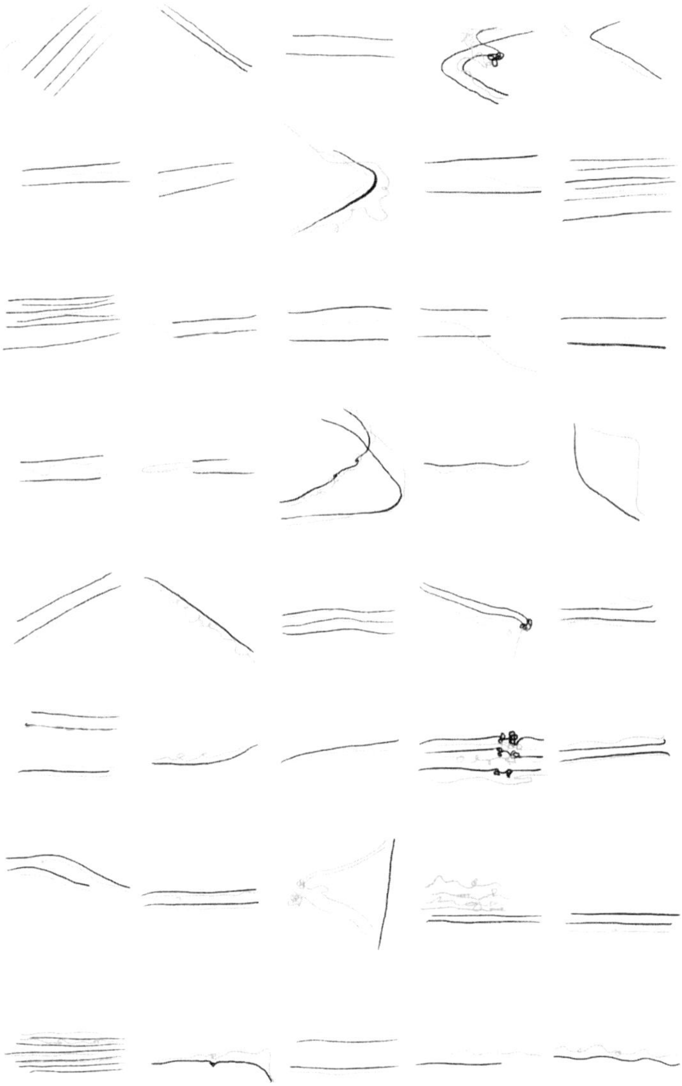

Figura 5.1 – "*Caminhografias*" dos "caminhares" observados: registros do movimento de acompanhar os corpos caminhantes com o olhar, transpostos para traçados feitos à mão. Linhas em cinza representam as movimentações dos adultos, e as amarelas, as das crianças.
Fonte: Assêncio (2020).

Ponto-linha elástica invisível

Fonte: Assêncio (2020).

Caminham perto um do outro, com passos acelerados, dois meninos; um deve ter uns 10 anos, e o outro algo em torno dos 8. O mais velho começa a desviar para a esquerda, e, só depois, percebo o que o atrai: de um ponto na esquina, nascem corpos flutuantes que refletem todas as cores – bolhas de sabão. Ele chega perto do balde e começa a levantar os braços compridos de bastão ensaboado. O outro menino hesita. Seus pés vão em direção ao sabão sem que pareça perceber. Tenta voltar ao caminho anterior, mas para. Sua cabeça não acompanha a tentativa dos pés. Olha. Alinha os passos ao olhar e estende o braço e o balança no ar, enchendo-o de bolhas. O tempo parece ter parado para nós três. Contudo, de repente, seus corpos se estendem de lembrança – como quando algo vem rapidamente à mente, o tronco se enrijece e a cabeça chacoalha, como a de um suricato. O tempo volta a correr. Os meninos o acompanham. Correm como se não percebessem os pedestres e os ciclistas cujos caminhos cruzam. E, enfim, chegam. Há uma mulher adulta parada lá adiante. Só então percebo que eles estavam caminhando com ela desde o começo.

Se não fosse o filme gravado e revisto, não saberia que os caminhares dos três começaram alinhados. Parecia haver um elástico entre seus corpos. Em algum momento, a tensão foi sentida e puxou os caminhares dos meninos de volta.

Figura 5.2 – "*Caminhografias*" que ilustram os movimentos de afastamento e de aproximação pela linha elástica invisível.
Fonte: Assêncio (2020).

A dobradiça

Seu olhar está à altura dos quadris do adulto acompanhante. Uma de suas mãos, assim como parte de seu punho, está contida na mão maior e sustentada por ela. O pequeno corpo cambaleia em uma marcha robótica de iniciante. Os pontos de vista parecem tão afastados verticalmente que, se não fossem as mãos, não pareceriam partes da mesma cena. Os olhos grudados no chão... Seria pela proximidade a ele? Espanto-me ao descobrir uma brisa que passa rente ao asfalto do passeio. Fragmentos de folhas pairam e ondulam ao seu ritmo. A pequena parece tentar desvencilhar-se da mão firme para se dedicar à experiência eólica. Sem sucesso na tentativa, passa a usar a mobilidade ainda possível nos braços ligados. Muitas vezes, fica um pouco para trás, enquanto o adulto segue seu ritmo quase constante em frente, por outras vezes, adianta-se. O adulto conversa com os demais acompanhantes e não olha para baixo. As diferenças

Continua

Continuação

entre os tempos dos dois corpos ligados criam uma imagem: cada junção nos membros superiores passa a funcionar como uma dobradiça, e o corpo da criança se movimenta como uma porta ao se abrir ou se fechar. Os passos curtos mudam sua velocidade com frequência. Nem sempre o equilíbrio recém--conquistado dá conta de manter os pés no chão. Pendurada por um dos braços, reencontra o chão que nunca perdera de vista.

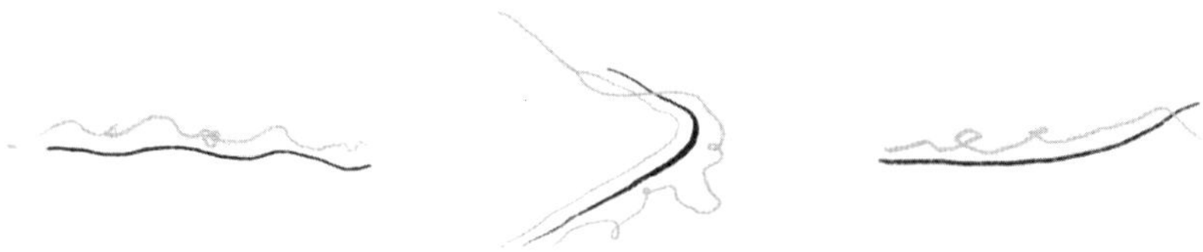

Figura 5.3 – "*Caminhografias*" que ilustram os movimentos de dobradiça.
Fonte: Assêncio (2020).

Retas e curvas

Um pé, o outro; um pé, o outro; um pé, o outro; um pé, ou – uma linha no asfalto – espera, impulso, pulo. Passos e s p a ç a d o s, passos curtinhos. Mudança de direção, as pernas saltitam em zigue-zague. O menino de bermuda listrada olha para seus pés e ensaia seu repertório. Cima, baixo, um lado, o outro; depois, varia as distâncias, alterna pausas e corridelas. Ao lado, na outra ponta da mão do menino, o adulto marcha em constância.

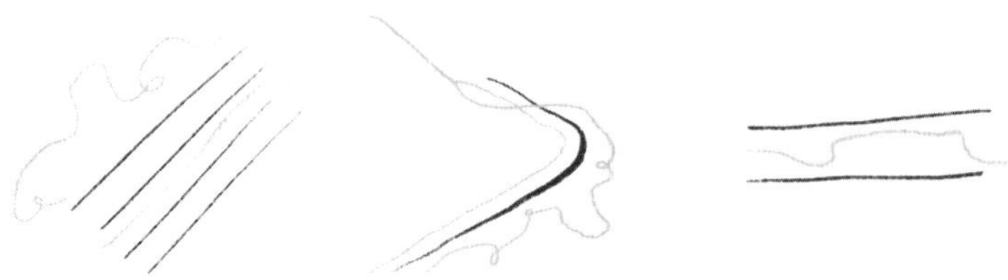

Figura 5.4 – "*Caminhografias*" que ilustram as retas e curvas.
Fonte: Assêncio (2020).

O ambiente em que comecei minhas observações não é o mesmo no final delas, assim como eu também não sou a mesma. Perceber o ambiente por meio dos movimentos das crianças abriu possibilidades e criou espaços aos quais eu não teria acesso de outra forma. As "caminhografias" contaram-me sobre as relações das crianças com os ambientes que as circundam e, também, sobre suas relações com o tempo, com seus acompanhantes e com as nossas origens, relações que detalho na pesquisa completa (Assêncio, 2020).

Movimentos e paradas

Eu, Mira, registrei, em narrativas contadas, escritas e desenhadas, o encontro que tive com Rara. Quando havia feito duas viagens, a pandemia se instalou, a circulação dos ônibus foi interrompida, e a nossa também. Então, a frase "Se puder, fique em casa!" foi trazendo uma nova forma de configuração da vida. Desse modo, nesse período, não fiz mais viagens de ônibus, já que pude trabalhar de casa.

A princípio, olhei o que já havia encontrado em meus trajetos. Achei que era pouco o que tinha em minhas mãos, depois, acalmei-me e fui reler... Como pode ser pouco o encontro com uma criança? Mais uma vez, vi-me no exercício constante de me despir da adulta que me constitui, coberta da necessidade de se ter e não ser... Nessa longa e infindável construção/desconstrução, disponibilizo a história narrada por mim, que pode ser acessada por áudio, e, para aqueles que gostam das letras, escolhi fragmentos escritos dessa viagem, acompanhados de alguns desenhos que eu mesma fiz.

PARA OUVIR, ACESSE.

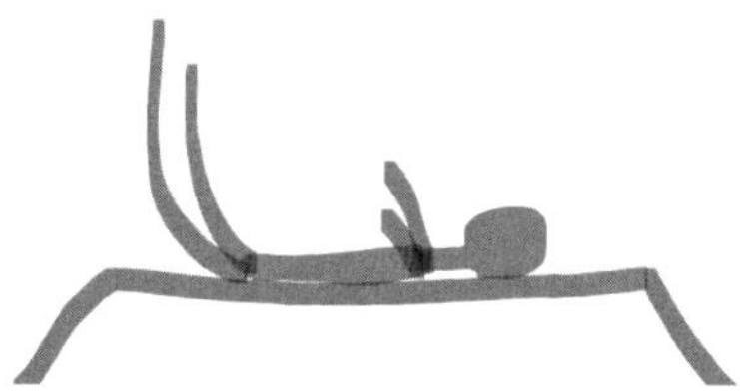

Cheguei às 17h10 no ponto de ônibus. Havia uma menina com a mãe. Outras crianças passaram pelo ponto, umas a pé, em direção às suas casas, outras em suas bicicletas, outras, ainda, em garupas e em carros. A menina e sua mãe estavam conversando sobre a demora do ônibus. Rara estava deitada no banco do ponto de ônibus, com as pernas e os pés para cima.

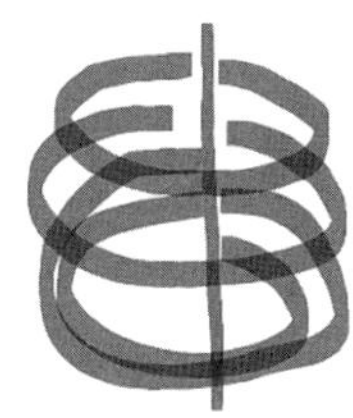

Quando o ônibus fez assim (demonstrou a freada), abriu minha coluna (pegou na costela, mostrando a força que sentiu ao movimento do ônibus).

Quando vi, Rara foi escorregando para os pés da mãe, sentando-se em sua mochila. Acabou ficando ao meu lado, e eu perguntei:

– Tá bom aí?

Ela me fez um olhar de positivo e a mãe disse:

– Já, já, ela vai dormir.

O ônibus continuou. Há uma parte do trajeto em que ele desce uma das únicas ladeiras de Campo Grande. Eu sempre gostei de descer ali. A menina que estava nos pés da mãe, não estava vendo a rua, mas sentia e, rapidamente, foi para o colo e disse:

– Vamos descer! Põe o cinto!

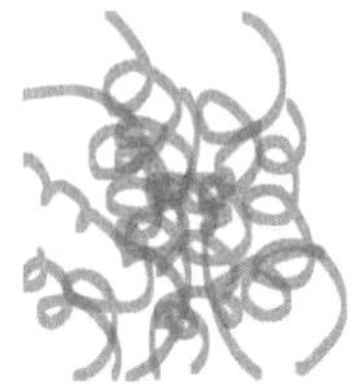

Dentro do ônibus, Rara continuou a sua conversa com a mãe:

– Cabelo cacheado é de "bololoia".[2]

– Quem falou isso para você?

– Eu gosto do meu cabelo.

– Seu cabelo é lindo.

Passamos diante de uma rede de televisão. Naquele local, há uma grande antena de ferro, e a menina:

– Olha a Torre Eiffel de Paris, mãe! A bruxa malvada de Rapunzel pôs ela em uma torre. Eu preciso ir ao banheiro.

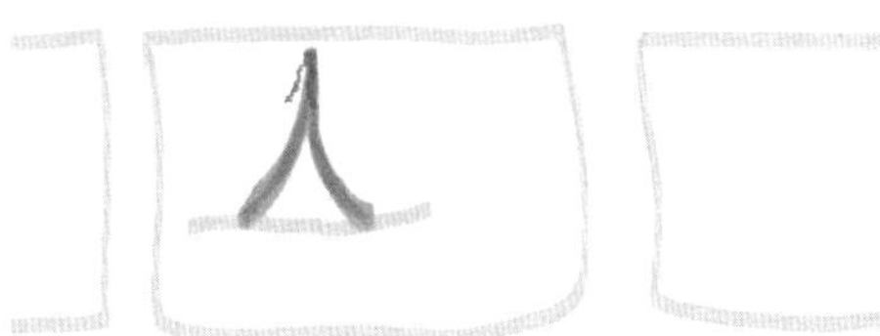

A moça ao lado da mãe dela puxou a cordinha, e o lugar ficou vago. A menina foi e se sentou na cadeira. Passou um tempinho, estava em pé. A mãe:

– Se você ficar em pé e se machucar, vai ficar de castigo!

– Vou ficar aqui pegando um ventinho. Mãe, minha mão virou uma tesoura!

Ao me sentar, meu cabelo ficou um pouco para trás do banco, então, senti Rara com seus dedos "cortando" meu cabelo.

– O ventinho tá bem bom, mãe!

[2] Termo usado por Rara como sinônimo de cabelo encaracolado.

– Você viu o Adão?[3] Estava na calçada.

– Eu vi o Adão. Ele é meu tio?

– É!

Começou a falar a frase:

– Eu vi meu Tio Adão na calçada! Eu vi meu Tio Adão na calçada! Eu vi meu Tio Adão na calçada! Eu vi meu Tio Adão na calçada!

Repetiu muitas vezes, a frase foi ganhando ritmo, sonoridade... Ela começou a cantar... Uma moça que estava mais à frente do ônibus, olhou e deu uma risadinha. Olhou para mim, viu que eu estava rindo e sorriu. Trocamos sorrisos. Tudo isso porque: "*Tio Adão estava na calçada*".

– Já vamos descer?

– Logo, logo.

– A hora que ele virar, você fala "*1, 2, 3, e já*", que eu vou apertar o botão do ônibus.

Quando chegou na última curva para entrar no Terminal Morenão, a mãe disse:

– 1, 2, 3, e já!

Ela apertou o botão:

– Chegamos! Descemos!

Esses fragmentos contam da subversão que Rara fez do ônibus. Ela tocava, e as coisas pareciam que estavam em estado de mágica, podendo transformar-se em tudo e mais um pouco. Nessa viagem de todo dia, ela vai descobrindo a cidade; seu corpo sabe quando a descida se aproxima mesmo sem usar os olhos. Mostra a importância de se ter um lugar para se sentar, ficar em pé, sentir o vento, um lugar que é seu, que pode ser usufruído por todos, cada um da sua forma particular. Permite a aproximação de pessoas que nunca se viram por meio de uma música que inventa na hora. Olha para a torre e constitui enredo, com personagens,

[3] Nome fictício.

com vida. Fala de cabelos, de suas histórias do dia. Envolve sua mãe em rituais de viagens. Elas já têm "brincares" para alguns lugares específicos, como a ladeira. Rara coloca-se como um sujeito da experiência, tal qual aponta Larossa Bondía (2002, p. 24):

> [...] seja como território de passagem, seja como lugar de chegada ou como espaço do acontecer, o sujeito da experiência se define não por sua atividade, mas por sua passividade, por sua receptividade, por sua disponibilidade, por sua abertura.

Rara estava plena e entregue.

Ela demonstrou a profunda possibilidade de se colocar no mundo em "[...] 'exposição', nossa maneira de 'ex-pormos', com tudo o que isso tem de vulnerabilidade e de risco" (Larossa Bondía, 2002, p. 24). Abertas às transformações. Na presença dessas cenas, aproximo-me do que Gobbi (2018, p. 10-1) coloca em um estudo por meio das fotografias, feitas por Zé Carlos, do caminho da escola para sua casa:

> [...] convicção de que as crianças são seres inventivos, criativos e capazes, sendo o que é entendido em estudos sociológicos como agentes que negociam e criam novos modos de ser e viver a cidade, por que não, também afetando as relações citadinas.

Com a constante renovação dos significados, Rara foi me mostrando que o chá poderia ser servido a qualquer momento durante a viagem, que o botão de parada poderia ser outra coisa, que o braço de sua mãe, rapidamente, tornar-se-ia um cinto de segurança, que trocando o motor do ônibus poderíamos andar mais rápido, bastava o desejo. Palavra intensa para a criança Rara, foi uma viagem guiada pelos *desejos*... As crianças desejam muito, o tempo todo. O desejo é, para elas, a mola propulsora da sua existência no mundo, que se revela nos seu brincar...

Ao acompanhar Rara seguindo seus desejos, percebemos a potência de suas criações: ela cria brincando; não poderia ser diferente, pois o brincar "[...] se expressa como linguagem e como processo de elaboração de significados e sentidos coletivos, contextualizados e enraizados no universo social que o legitima" (Debortoli, 2004, p. 20). No brincar, seu corpo se desenha no desejo e na entrega, ficando evidente o que, sabiamente, Maria Amélia Pinho Pereira (2013, p. 53), professora, pesquisadora e idealizadora da Casa Redonda, escreveu: "O espaço da criança que brinca é o aqui, o tempo é o agora, e a sua ação é o seu eu que se manifesta através do corpo, afirmando a vontade e a liberdade de ser".

Rara, na cidade, demonstra o movimento pulsante da vida. Rara rompe com a sua condição de vir a ser e se coloca como quem já é. A observação singela do percurso de Rara me fez pensar em seu corpo no universo do ônibus, como uma fagulha potente, capaz de incendiar, no processo de conectar coisas tão separadas, como periferia e centro da cidade, fortalecendo o processo de conquista e garantia de direitos das infâncias com relação aos espaços da cidade, mas também aos nossos, como adultos. Mário de Andrade, precursor dos Parques Infantis, em 1935, quando olhava e escutava as crianças ao planejar mudanças urbanas (Faria, 1999), e Tonucci (2005) escreveram e falaram que, se a cidade estiver boa para uma criança, ela estará boa para todos. Nesse sentido, são caminhos de mão dupla nos quais as crianças também colaboram para a luta geral pelo direito à cidade, pela mobilidade urbana, pela ressignificação e pela requalificação dos espaços de vida.

Aqui, trouxemos um pouco, bem brevemente, do que escrevemos em nossos TCCs completos (Assêncio, 2020; Manfroi, 2020). No entanto, ao colocarmos os nossos achados, temos a oportunidade de mostrar sobre as linhas que nós conectamos, que seguem como linhas pulsantes de vida, de entrega, de ouvir crianças em seus cotidianos subversivos. Linhas de vida de duas pesquisadoras que são sensíveis a qualquer encontro com qualquer criança, em qualquer lugar que seja, a qualquer hora que aconteça.

Seguindo sem fim

> Como criaturas que caminham, falam ou gesticulam, os seres humanos geram linhas por onde vão.
> *Ingold* (2015, p. 143)

Escrevemos nossos TCCs, registramos o que encontramos dos nossos jeitos. Com certeza, o(a) leitor(a) teria muitas outras maneiras de dizer sobre o que contamos ou, até mesmo, falar dos seus próprios encontros. Se sentir, escreva-nos, diga o que quiser... A continuação desta pesquisa pode ser gestada por mim, Mira, por mim, Isa, por você... Destacamos que este convite é feito todos os dias pelas crianças que estão incessantemente apreciando o trajeto, afinal, ao certo, ninguém sabe onde irá chegar... Eu, Isa, escrevi em meu TCC que,

> Quando nasce uma criança nasce também uma linha, um fluxo de vida. Começa como espessura em cima de tantas outras. Uma linha que passa a habitar um mundo igualmente feito de linhas e, assim, vai se enlaçando e se enovelando àquelas que compõem o seu redor. (Assêncio, 2020, p. 17)

Sentimos que escrever juntas possibilitou o registro do encontro de nossas linhas de vida, de pesquisa. Desejamos que o nosso caminhar e o seu, leitor, consigam deixar linhas mais flexíveis, correspondendo, cada dia mais, às subjetividades que nos compõem. Que nossas linhas sejam lambuzadas do presente e da presença. E, se um dia a gente, por qualquer motivo, esquecer como se faz, devemos nos lembrar que tem sempre uma criança por perto para dizer como pode ser.

Referências

Assêncio, I. P. G. *Caminhografias*: linhas das crianças que passam. 2020. 25 f. Monografia (Especialização em Educação Infantil) – Faculdade de Conchas, São Paulo, 2020.

Larossa Bondía, J. L. Notas sobre a experiência e o saber de experiência. *Revista Brasileira de Educação*, São Paulo, n. 19, p. 20-28, jan./abr. 2002.

Debortoli, J. A. O. Brincadeira. *In*: Gomes, C. L. *Dicionário crítico do lazer*. Belo Horizonte: Autêntica, 2004. p. 19-24.

Faria, A. L. G. A contribuição dos parques infantis de Mário de Andrade para a construção de uma pedagogia da educação infantil. *Educação e Sociedade*, São Paulo, ano 20, n. 69, p. 60-91, dez. 1999.

Friedmann, A. O olhar antropológico por dentro da infância adentrando nas casinhas das crianças. *In*: Meirelles, R. (org.). *Território do brincar*: diálogo com escolas. São Paulo: Instituto Alana, 2015.

Gobbi, M. A. Entre a casa, a rua e a escola: o que o menino viu? Itinerários de uma criança em São Paulo. *Revista Teias*, Rio de Janeiro, v. 9, n. 52, p. 8-27, jan./mar. 2018.

Ingold, T. *Líneas*: una breve historia. Barcelona: Gedisa, 2015. *E-book* (256 p.) (Libertad y Cambio). n. 132.

Manfroi, M. N. *Ônibus(ando)*: buscando pistas no percurso da criança. 2020. 46 f. Monografia (Especialização em Educação Infantil) – Faculdade de Conchas, São Paulo, 2020.

Pereira, M. A. P. *Casa redonda*: uma experiência em educação. São Paulo: Livre, 2013.

Saura, S. C. O imaginário do lazer e do lúdico anunciado em práticas espontâneas do corpo brincante. *Revista Brasileira de Educação Física e Esporte*, São Paulo, v. 28, n. 1, p.163-75, jan./mar. 2014.

Tonucci, F. *Quando as crianças dizem*: agora chega! Porto Alegre: Artmed, 2005.

Parte II

Escutar adultos para escutar crianças

6

Rastros: o que pode emergir quando escutamos as crianças que nos habitam?

Elisa Schuler

Porque sem memória,
Esquecemos quem somos.
Porque sem utopias,
Acaba o mundo.
Porque sem sonhos,
Morremos para a vida.
Porque sem escuta, teremos que silenciar.
Adriana Friedmann (2020, p. 172)

Escuta.
Uma palavra.
Tantas vozes.
Guardiã de olhares,
Vozes e silêncios.

Abertura que faz calar,
Deixar o outro apenas ser
Porque se é.

Uma pergunta.
Como vou até onde o outro está,
Se o outro chega aonde sou?
Escutar a si mesmo
Quando o outro não fala.
Escutar o outro quando se fala
Ainda sem dizer.

Escuta.
Fecha os olhos.
Pétalas amarelas,
Achados de uma tarde quente de chuva.
Asas desenhando o céu recém-nascido.
O vento dançando os cabelos mal-amarrados.

Escuta.
Tudo isso fala.
Sabedoria do silenciar.
Abra teus olhos novamente
À tua voz.

Este texto nasce com a intenção de permitir decantar a experiência de uma jornada de vivências, de estudos, de trocas, de afetos e, sobretudo, de mergulhos nos universos das crianças que os adultos guardam dentro de si. Lugares e tempos de vazão e de nutrição, de horizonte e de nascedouro perene de nós mesmos. É tarefa de colheita do que nos habita e nos move, de abertura de espaços dentro de si. Caminhada inescapável e permanente para aquele que deseja aprender a escutar com as crianças.

***

Escuta. Uma comunicação outra, da troca de olhares, do sentir, de deixar a água fluir, de se reconhecer, de se misturar. No canto de uma casa cheia de lembranças, quantas crianças perseveram. Ainda que com medo, não desviam o olhar, esperam-nos. Sentada ao chão, tenho aprendido, pouco a pouco, do meu caminho na pesquisa das infâncias, o de escutar as crianças que moram nos adultos.

Tarefa que me impõe constantemente acordar minhas falhas, buscar virtudes maiores, refazer-me em uma outra profundidade, de forma a abarcar a singeleza do belo e da dor que impulsionam seus movimentos. Inspiram-me a deixar morrer minhas expectativas que teimam em brotar e, em troca, em um outro tempo, lento, oferecem-me pequenas flores, prontas para amar.

A escuta pede um mergulho em si mesmo, uma reconexão que nunca está pronta ou finita. Exige uma entrega e, também, uma dedicação intensa de estudos, da prática inteira, do fazer. A observação, por si só, nada tem a nos acrescentar. Tampouco perguntas previamente pensadas, formuladas sozinhas: perdem-se no vento. Talvez nos induzam a enxergar apenas aquilo que queremos ver. De outra forma, se nos permitirmos ser atravessados, cuidando, com muita cautela e paciência, de nos aprofundarmos no real, afinaremos o olhar para enxergar as riquezas que as crianças muito generosamente insistem em nos oferecer. Perseguir a coerência entre o pensar e o fazer é gesto que forja o escutar.

Os olhos obedecem com frequência nossas mentes,
mais do que nossas mentes aos nossos olhos.
Boris Cyrulnik e Edgar Morin (2012, p. 40)

Revisitar o trabalho de conclusão do curso de pós-graduação *A vez e a voz das crianças*, coordenado pela professora doutora Adriana Friedmann, toca-me e emociona-me profundamente. Percorrendo o desafio de, aqui, colher um pouco do que me marcou, pressinto que uma nova camada se anuncia, dentro, a cada palavra que me chega.

Volto ao convite feito por nossa mestra querida Adriana para percorrermos caminhos nas artes de escutar as crianças. *A vez e a voz das crianças*. Uma oportunidade única, a do presente, a da presença. Do conhecimento que habita o afeto, que se faz no deixar-se afetar. E, no momento em que escrevo este capítulo, privada da presença física de familiares, de amigos, vivenciando tantos desafios, tantas perdas de pessoas queridas ou, até mesmo, desconhecidas pela pandemia da Covid-19, sinto que o recebimento desse convite, há mais de dois anos, ganha uma força outra, indizível.

À medida que caminhávamos nos encontros, guiadas pela Adriana, resgatamos em nós preciosidades ocultas, latentes. Mergulho, descida profunda, movimentos, silêncios. A arte da escuta é lavoura de todo dia, que é sempre nova e se renova em si mesma. Infindável, convoca-nos a dedicar o corpo e a alma, sob amparo de uma luz tênue e delicada.

Das sombras acolhidas, tecíamos luz.

Da observação dessa costura, foram nascendo lentamente, como que no canto da página, rabiscos, anotações, desenhos. Imagens que brotavam de dentro. Registros de uma gestação. Eles mesmos me sussurraram o que eram: *rastros*.

Rastros que me habitam e me constituem. Diziam da minha identidade, de quem sou hoje ao mesmo tempo que me indicavam uma direção. Rastros da criança que me habitava. Fragmentos de memórias, sensações e sentimentos da minha criança, até então, não vistos. Já existiam, mas por algum motivo, não os percebia.

Deles, brotaram perguntas, questionamentos, dúvidas que permanecem abertas e viram outras. Ainda sem respostas. Desconfio do caminho que apontam, inquietam-me a prosseguir dando passos.

Quem me trouxe a essa jornada foi a minha criança, e, a ela, sou eternamente grata. Criança que me espiava por entre brechas, e que, por detrás das palavras, fitava-me profundamente, de corpo inteiro. Nas pausas. Nos silêncios, mesmo os ruidosos. Convocava-me. Invisível, posso descrevê-la minuciosamente, e, ainda assim, gentilmente, escapa-me. O cheiro de sua pele, longe de ser nostalgia, é vida pulsante.

Pulsação ritmada sentida nas vivências, nas reflexões e nos encontros que pude usufruir no percurso. Algumas leves, outras mais intensas, sempre profundas.

Uma narrativa que nasceu do meu ser, recém-nascido de uma profunda transformação, regeneração, resgate e criação de um sentir que pariam em mim, também, novas formas de ler o mundo e a necessidade de novas formas de me expressar.

Escolho, aqui, cuidar de compartilhar alguns achados meus nessa pesquisa. Descobertas, tesouros. Longe das certezas, alerto que gostam de se avizinhar a outras dúvidas. Assim, enredando-se, talvez na distância do tempo e do olhar, hão de se ligar a outras tantas narrativas que me acompanham, compondo uma linda mandala.

Dediquei-me à pesquisa à escuta de duas educadoras participantes como alunas no processo de formação de como estavam sendo vistas e ouvidas, e como esse processo de escuta interno reverberava em suas relações, especificamente, com as crianças que têm dentro de si.

O tempo da escuta foi, também, o tempo de um processo de gestação íntimo, delas e meu também, durante o percurso.

Revisitar a trajetória, sentir o que me implicava verdadeiramente naquela jornada. A escolha do tema foi um encontro com a minha própria trajetória, e me exigiu revisitar os meus próprios passos, para que pudesse enxergar um caminho. Caminhos.

Percebi no primeiro passo que ensaiei dar, que *a pesquisa começa quando escuto a minha voz*. Inquietações me encontravam: conseguiria escutar a voz do outro quando não escuto a minha? Ao pesquisador, permite-se ser parte da pesquisa? Como me ouvir? Como alcançar o silêncio que possibilitaria em mim o atravessamento de outras vozes?

Como deixar que as pesquisadas me falassem o que realmente importava e não o que gostaria ou imaginava ser necessário ouvir. Pesquisar sem perguntas, sem direcionar, sem roteiro. Uma voz me soprava ao mesmo tempo que tantos receios me acompanharam desde então.

Será que conseguiria colher algo ao final dessa escuta?

Qual o meu papel, se não pergunto, se não proponho?

Estou pesquisando se eu só escuto?

Deixar que as pesquisadas me levassem onde elas escolhiam me deixar ir. Percebi a delicadeza e a sacralidade do território que estava adentrando e o quanto fui privilegiada por essa oportunidade.

A fala, alongada no tempo, entrecortada pelos cantos dos passarinhos. Pisar nas mesmas pedrinhas do seu quintal de sonhar. Comer da mesma comida preparada pelas mãos de sua mãe.

Palavras que quiseram ganhar cores e um papel. Dedicadas a uma carta que nunca foi enviada. Sonhos compartilhados, imagens de dentro nascendo fora.

Como cada uma escolheu se expressar ou silenciar, os materiais, as fotos, as lembranças, as músicas, os filmes, os sonhos que me trouxeram. Tudo isso dizia delas e das crianças que as habitavam. *O território da pesquisa se revelou um campo de ressonância íntima: uma escuta que parte do corpo e dos sentimentos que afloram e reverberam entre aqueles que dela participam.* Exigem um olhar atento às palavras e à ausência delas.

Ser canal de escuta para o que precisa ser dito, sem julgamentos, sem expectativas. O caminho, quem aponta são as crianças. Observá-las em sua espontaneidade me ensinou que escutar as vozes das crianças dos adultos é ter o privilégio de visitar lugar de intimidade preciosa. Pedir licença, ajoelhar, ser ouvinte.

Não aprendi a escutar crianças. Aprendo a escutar com elas. Aprendo que escutar é algo sempre novo. Se penso que já sei, já não ouço. Se deixo que meus sentidos me contenham, já sou outra.

Elas me ensinam que escuto perseguindo rastros. Como uma colagem ou uma costura de fios tão diversos. Imagens, lembranças, emoções, sabores, sonhos, música, tudo se entrelaça, formando um lindo mosaico que acolhe tanto tesouros preciosos quanto sabores amargos que queremos esquecer.

Elas me ensinam que os rastros querem ser vistos. São marcas preservadas pelo tempo, atravessam passado, presente e futuro. Ainda assim, sofrem a ação do tempo, ressignificam-se, regeneram-se, cicatrizam-se, ardem, por vezes, ferem e agem também sobre ele, empurram ou ralentam os ponteiros.

Elas me ensinam que os rastros somente se revelam no encontro. Olho no olho, ainda que se escolha baixá-los em reverência à corajosa abertura de quem os expõe. Aí mora o verdadeiro aprendizado: no afeto, na compaixão, na sabedoria de silenciar e do acolher. Exige, portanto, a dedicação de um tempo outro que, por vezes, escapa-nos em ruídos de nós mesmos.

Não aprendi a escutar crianças. Aprendo a escutar com elas. Aprendo que escutar é algo sempre novo. Se busco o que já sei, já não vejo. Se deixo que meus incômodos e meus encantamentos me contenham, já sou outra.

Elas me ensinam que os rastros, uma vez revelados, acordam memórias guardadas, escondidas ou esquecidas. Descortinam territórios que banimos de nós mesmos. Ampliam horizontes, desvendam sincronias, multiplicam-nas em vida.

Elas me ensinam que os rastros das palavras tanto quanto dos silêncios e da solidão são matérias do brincar. Buscando, em águas mais profundas, o mergulho na imaginação e o voo das mãos que cultivam a semente.

Elas me ensinam que os rastros podem ser verdadeiros portais para nos reconectarmos à nossa essência, à nossa identidade, à nossa forma de ler o mundo.

Elas me ensinam que os rastros mesmo longe da vista, empoeirados, pulsam, vivem, alimentam-nos.

Não aprendi a escutar crianças. Aprendo a escutar com elas. Aprendo que escutar é algo sempre novo. Se caminho o que já sei, já não sinto. Se deixo que meus tropeços e intuição me contenham, já sou outra.

Elas me ensinam que os rastros existem a qualquer tempo e em todos os espaços e que, por isso, sempre é tempo de escutá-las. Percebida a mínima brecha, fazem atravessar-nos um rio.

Elas me ensinam que os rastros são, em sua essência, únicos, porque são forjados pelas experiências de cada um, ao mesmo tempo que são fruto de mestiçagem de raízes profundas, invisíveis.

Elas me ensinam que os rastros guardam em si o embrião para fazer nascer uma linguagem outra que não é a de quem os observa nem do observado. Criadouros de vida nova.

Elas me ensinam que os rastros se alimentam dos rastros de quem se aproxima deles. Por vezes, também escapam destes quando o receio das sombras acordadas é tamanho.

Não aprendi a escutar crianças. Aprendo a escutar com elas. Aprendo que escutar é algo sempre novo. Se fujo do que sinto, já não sou. Se deixo que meu silêncio me conte, já sou outra.

Quem desperta a minha pausa, convida-me a olhar para cima, exige que eu respire profundamente, cruze os braços, deixa que me abra ou me recolha?

> Para o criador, com efeito, não há pobreza nem lugar mesquinho e indiferente. Mesmo que se encontrasse numa prisão, cujas paredes impedissem todos os ruídos do mundo de chegar aos seus ouvidos, não lhe ficaria sempre sua infância, esta esplêndida e régia riqueza, esse tesouro de recordações? Volte a atenção para ela. Procure soerguer as sensações submersas deste longínquo passado: sua personalidade há de reforçar-se, sua solidão há de alargar-se e transformar-se numa habitação entre o lusco e fusco diante do qual o ruído dos outros passa longe, sem nela penetrar. Se depois desta volta para dentro, deste ensimesmar-se, brotarem versos, não mais pensará em perguntar seja a quem for se são bons. (Rilke, 2013, p. 23)

Infinitas são nossas formas de expressão, e tão únicas. As crianças que vivem em nós estão sempre dispostas a acordar a nossa humanidade se nos abrirmos a aprender junto com elas. Sementes esperando água para brotarem.

Percorrer rastros na escuta com elas, as crianças das pesquisadas, transformou-me profundamente, apontou-me lugares de nutrição primeira, para os quais posso sempre voltar, ainda que sejam outros. Uma escrita de mim mesma, uma forma de ver, de ler e de dizer o mundo que me aguardava há tempos. O processo de escuta inflamou-me uma coragem de pôr no mundo uma linguagem tanto minha quanto delas. Feita pura poesia, tesouro forjado das pedras miúdas enraizadas no quintal, que nos permitem escutar o vento que lhes esculpe, em todos os tempos, e dos esconderijos que alargam horizontes e se fazem chão para atravessar os medos e os anseios. Da abertura e da coragem dos adultos que se curvam a ouvir as suas próprias crianças, quantas hão de despertar?

Reafirmo, aqui, minha escolha de seguir trilhando na profundidade da escuta, a buscar o fio condutor que liga os rastros de nossas crianças, que nos liga a todos.

– Mãe, você sabe que a gente decide o nosso destino quando é criança, né?

Disse Eduardo, meu filho, aos seus 7 anos, lembrando-me da força que tem a semente que carregamos em nós.

Referências

FRIEDMANN, A. *A vez e a voz das crianças*: escutas antropológicas e poéticas das infâncias. São Paulo: Panda Books, 2020.

CYRULNIK, B.; MORIN, E. *Diálogo sobre a natureza humana*. Tradução de Edgard Assis Carvalho. São Paulo: Palas Athenas, 2012.

RILKE, R. M. *Cartas a um jovem poeta. A canção de amor e de morte do porta-estandarte Cristóvão Rilke*. Tradução de Paulo Rónai e Cecília Meireles. 4. ed. São Paulo: Globo, 2013.

7

Caminhos para uma escuta sensível: o acolhimento no cotidiano da Educação Infantil

Gláucia Sales Paez Fernandez

Teresa Andréa Ferrara

O que entendemos por acolhimento

Acolhe... para colher
Refúgio, aconchego, esperança, frutos do acolhimento.
Silvia Matumoto (1998, p. 4)

"Acolhimento é o ato ou efeito de acolher", receber, agasalhar, escutar, aceitar, dar refúgio (Ferreira, [199-?] *apud* Matumoto, 1998, p. 10). Trata-se da maneira como nos relacionamos com as pessoas à nossa volta e o interesse demonstrado por tudo aquilo que expressam. Pressupõe uma relação de empatia, na qual a escuta aberta, despida de definições preconcebidas, tem uma importância fundamental, contribuindo diretamente para a compreensão daquele com quem nos relacionamos, "[...] do outro em sua radical alteridade" (Mèlich e Bárcena, 2000 *apud* Richter e Barbosa, 2010, p. 90). Dessa perspectiva, o acolhimento pode ser entendido como uma atitude de celebração e de respeito à diversidade entre as culturas e os modos de vida, bem como o reconhecimento daquilo que nos aproxima, possibilitando o convívio cada vez mais harmônico entre os membros de uma comunidade.

A complexidade do momento histórico que estamos vivendo, em que o diverso é assumido como algo ruim, a intolerância toma conta dos discursos, certas lideranças políticas incitam, mediante manifestações públicas de ódio, o extermínio de toda e qualquer forma de expressão que contrarie sua visão de mundo, incentivando comportamentos racistas, misóginos e discriminatórios, torna urgente ampliar o debate sobre o lugar do acolhimento na construção de uma sociedade mais justa e igualitária, reforçando o seu caráter ético, político e estético.

Durante nossa pesquisa, constatamos que uma parte significativa dos estudos dedicados ao tema do acolhimento se vinculam à área da Saúde. Na Educação, apesar de ter suma importância para a consolidação das relações no ambiente escolar, ainda é escasso o referencial teórico dedicado a esse tema, e a discussão, quase sempre, gira em torno da diferença entre acolhimento e adaptação, ponto que abordaremos mais adiante.

Procurando aprofundar um pouco mais o debate em torno dessa temática e tendo em vista o caminho já percorrido pelos profissionais da Saúde, mais especificamente, do Sistema Único de Saúde (SUS), voltamos nosso olhar para a Política Nacional de Humanização (PNH) do referido programa. Na cartilha ***Acolhimento nas Práticas de Produção de Saúde*** (Brasil, 2010, p. 6), o ato de acolher é definido como "uma ação de aproximação, um 'estar com' e um 'estar perto de'. [...] Essa atitude implica, por sua vez, estar em relação com algo ou alguém", e segue afirmando ser o acolhimento:

> [...] uma das diretrizes de maior relevância ética/estética/política da Política Nacional de Humanização do SUS:
>
> - ética no que se refere ao compromisso com o reconhecimento do outro, na atitude de acolhê-lo em suas diferenças, suas dores, suas alegrias, seus modos de viver, sentir e estar na vida;
> - estética porque traz para as relações e os encontros do dia a dia a invenção de estratégias que contribuem para a dignificação da vida e do viver e, assim, para a construção de nossa própria humanidade;
> - política porque implica o compromisso coletivo de envolver-se neste "estar com", potencializando protagonismos e vida nos diferentes encontros.

Ainda que sejam afirmações oriundas de estudos voltados à área da Saúde, as definições de ética, de estética e de política apresentadas nesse documento servem muito bem para pensarmos o acolhimento na Educação.

No que tange à ética, também temos, na escola, o "compromisso com o reconhecimento do outro" (Brasil, 2010, p. 6) – a criança, o bebê, a educadora, a diretora, a cozinheira, a coordenadora etc. –, acolhendo-o em suas singularidades, em seus modos únicos de habitar a vida, de estar no mundo, validando suas angústias, suas alegrias, suas frustrações e respeitando suas limitações.

A dimensão estética se apresenta, em nosso dia a dia, no encontro dos adultos entre si e deles com as crianças e os bebês. É do olhar sensível dos profissionais que atuam na escola, capazes de perceber o outro e compreender suas necessidades, que surgem possibilidades para a reinvenção diária da rotina, garantindo o atendimento às necessidades de cada um e, por conseguinte, contribuindo para a "dignificação da vida" (Brasil, 2010, p. 6) e a conquista do próprio bem-estar.

Por fim, o caráter político do acolhimento na escola se apresenta à medida que, nela, também houver um compromisso assumido coletivamente que busque possibilitar, com base na consolidação de relações genuínas e interessadas entre os membros que constituem a comunidade escolar, a valorização das singularidades, a conquista de diferentes níveis de autonomia e a apropriação da vida.

Considerando o que foi, até aqui, exposto, fica evidente a importância do acolhimento na instituição escolar. Também podemos perceber, com mais clareza, a diferença entre *adaptar* e *acolher*. A *adaptação* pode ser entendida como:

> O esforço que a criança realiza para ficar, e bem, no espaço coletivo, povoado de pessoas grandes e pequenas, todas desconhecidas, enfrentando relações, regras e limites diferentes do espaço doméstico a que ela está acostumada. (Ortiz, 2000)

O *acolhimento*, no entanto, não se restringe às crianças ou aos bebês, nem tem tempo para acabar, devendo acontecer o ano inteiro, sempre que um dos membros da comunidade escolar precisar – bebês e crianças serão acolhidos pelos educadores, que, por sua vez, serão acolhidos pelos membros da equipe gestora, assim como os profissionais que trabalham na limpeza, na alimentação e na segurança escolar. E quem acolherá a equipe gestora? Quando se dedica a acolher os funcionários da escola, além de contribuir com a construção de um ambiente saudável, prazeroso e rico em experiências, ela também cria condições para ser, por eles, acolhida. Portanto, uma equipe gestora que ampara, escuta e apoia seus colaboradores, certamente receberá deles o mesmo tratamento. Entretanto, essa não é uma tarefa simples, e encontrar recursos para que isso ocorra é um grande desafio.

Esse é um tema vasto, abordado de diferentes perspectivas no ambiente escolar. Neste capítulo, iremos tratar das relações que têm lugar dentro da sala referência entre educadores e bebês, para, em seguida, falarmos do papel da gestão escolar no acolhimento dos educadores.

As relações de acolhimento na escola: o encontro entre bebês e educadores

Ao propor uma reflexão sobre a importância do acolhimento no ambiente escolar, mais precisamente nas relações que se originam na sala de referência, entre bebês e educadores, é preciso, inicialmente, apresentar o conceito de educação e tratar da função ocupada pela instituição escolar em nossa sociedade. De acordo com o *Currículo integrador da infância paulistana* (São Paulo, 2015, p. 7), a educação é a "relação das novas com as velhas gerações e com o mundo". Isso significa que é no encontro com o outro, com as suas ideias, as suas formas de pensar e de agir no mundo que vamos nos constituindo como sujeitos, criando e recriando, ao longo da vida, a nossa humanidade. Com base nesse pressuposto, a instituição escolar pode ser entendida como o espaço que possibilita o encontro e a troca de experiências dos bebês e das crianças entre si, e deles com os educadores, condição imprescindível ao desenvolvimento do processo educacional

Aqui, fica mais claro que o educador – profissional que atua dentro da sala de referência, seja o professor regente, seja o auxiliar –, no processo de aprendizagem vivido pelos bebês, não se resume a um transmissor de conteúdos a serem aprendidos. Pelo contrário, trata-se de um ser relacional, que se reconhece e se transforma no contato com o outro (Fernandez, 2014). Portanto, é fundamental que, ao se ocupar de um bebê, faça-se isso por inteiro, atentos aos sinais emitidos, procurando respondê-los da melhor forma possível. É com base nessa troca efetiva que o bebê começa a se entender como indivíduo, pois cada ação dele provoca uma reação responsiva no educador. Como colocou Falk (2016, p. 22, grifo nosso),

> A partir da expressão das necessidades e da resposta recebida, o recém-nascido aprende a perceber a necessidade e, também, o fato de que é a sua própria pessoa que a experimenta. Ao mesmo tempo, aprende que, apesar de ser o adulto quem satisfaz suas necessidades, também ele – o recém-nascido pode contribuir, se emitir o sinal adequado. Se, durante os cuidados, o adulto presta atenção para os sinais emitidos pela criança e os *toma em consideração*, cria, desde um primeiro momento, a possibilidade de que o recém-nascido intervenha também no processo dos cuidados e na forma de satisfazer suas necessidades [...]. Se o recém-nascido pode contar com a possibilidade de influenciar no que está passando, isto contribui a reforçar seu sentimento de eficácia, o que constitui a base da sua integração social afetiva.

Além de estar atento àquilo que o bebê lhe comunica, o educador precisa respeitar seu tempo e seu ritmo. Ao antecipar o que vai fazer e aguardar a reação do bebê, ele cria condições para que este se sinta cada vez mais confiante em sua capacidade de atuar no mundo. Para Tardos (2016, p. 64),

> A maneira como a educadora trata a criança transmite para ela muitas informações. Os movimentos ternos e delicados expressam atenção e interesse, ao passo que os gestos bruscos e rápidos são sinais de indiferença, desatenção ou impaciência. [...]
>
> O gesto calmo e lento, enquanto pega a sua cabeça e seu tronco, pode não só evitar que a criança se crispe após o movimento rápido e inesperado, mas, também, dar-lhe-á a entender que ela espera sua participação e que conta com sua cooperação em tudo que vai acontecer.

A preocupação em entender o que o bebê está dizendo e respondê-lo adequadamente deve permear todos os momentos vividos por ele na instituição, desde sua chegada na porta da sala até a hora da saída, quando nos despedimos.

Entendendo que a educação só é possível quando a relação entre gerações tem como pressuposto um sentimento genuíno de interesse pelo outro e pela sua forma de agir no mundo, acreditamos que a qualidade das relações que os bebês constroem no ambiente escolar está diretamente relacionada à maneira como são acolhidos pelo educador. Isso, porque ***acolhimento*** diz respeito à maneira como nos relacionamos com as pessoas à nossa volta e ao interesse demonstrado por tudo aquilo que expressam.

Conforme colocou Adriana Friedmann, durante uma aula do curso de pós-graduação *A vez e a voz das crianças*, no caso do trabalho realizado na escola de Educação Infantil, dada a especificidade da relação de dependência que existe entre os bebês e o educador, para acolhê-los, este precisa estar aberto a uma escuta atenta, o que lhe possibilitará compreender os sinais emitidos pelos bebês, agindo de maneira adequada à satisfação de suas necessidades. Dessa forma, além de criar condições para que eles experimentem uma sensação de bem-estar, a atuação do educador também pode contribuir para o aumento do sentimento de confiança, por parte dos bebês, em sua capacidade de "realizar ações competentes" (Tardos, 2008), influindo no meio à sua volta.

Para ampliar o debate proposto, relataremos, a seguir, os resultados de uma pesquisa de observação realizada em uma escola de Educação Infantil da rede municipal de São José dos Campos (SP) entre os meses de setembro a novembro de 2019, com uma turma de berçário, do período da manhã, composta por 16 bebês, cuja idade, no início do ano letivo, variava entre 10 meses e 1 ano e 10 meses. Acompanhavam essa turma uma professora regente e duas auxiliares de sala.

Caminhos para uma escuta sensível

No princípio do mês de setembro, quando teve início a referida pesquisa de observação, os bebês já estavam bem familiarizados com o ambiente da escola – seus espaços internos e externos –, com as educadoras da sala e com os diferentes momentos que constituíam sua jornada. Entretanto, para alguns, despedir-se de seus pais na porta da sala, quando chegavam na escola, continuava sendo muito doloroso, e o choro era, quase sempre, inevitável. Como essa era uma situação muito frequente, foi preciso observá-los com mais atenção, procurando entender o que estava acontecendo e atuando, com base nisso, para ajudá-los a passar pelo processo da despedida com um pouco mais de leveza.

A entrada na escola acontecia diariamente das 7 h às 7h15, e os atrasos não eram costumeiros, ou seja, em um período de 15 minutos, praticamente todos os bebês já estavam na sala. Aqui, vale ressaltar que as reações eram as mais diversas, e nem todos eles choravam nesse momento. A essa altura, caminhando para o fim do ano letivo, alguns bebês entravam sorrindo e cumprimentando todos os que já se encontravam na sala;

outros chegavam mais devagar, um pouco tímidos; e havia aqueles que entravam com muito sono e, logo, pediam um lugar para se deitar.

Contudo, alguns bebês deixavam claro que sentiam uma enorme tristeza ao se separar de suas mães ou de seus pais na porta da sala. Choravam e se agarravam aos responsáveis, segurando-lhes com toda sua força, lutando para ficar em seus colos. Para esses bebês, esse momento tão complexo e significativo acontecia de forma apressada, sem que tivessem garantido o tempo necessário à sua despedida. Nesse ponto, fica claro o papel da professora responsável pelo grupo na garantia da existência desse tempo. Porém, o que acontecia era que, após um breve "*Bom dia!*", a professora retirava os bebês do colo de seus pais e os colocava dentro da sala, ainda chorando, ao lado da educadora que a auxiliava no momento da entrada.

Ainda que carregado de carinho e ternura, esse movimento, que se repetiu inúmeras vezes ao longo do ano, não acolhia o sentimento de tristeza que os bebês expressavam pelo choro. Somente em setembro, com o início da pesquisa e do processo de escuta e de observação da turma, a incoerência dessa atitude pôde ser percebida. Mais do que serem transferidos de um colo para o outro, os bebês precisavam ser acolhidos em sua angústia, precisavam de mais tempo com sua mãe, ou seu pai, antes de entrar na sala e, sobretudo, ter seu sentimento de tristeza validado. No entanto, o que acontecia era uma tentativa de distrair os bebês, chamando a atenção para algum brinquedo ou para algum colega que, em vez de chorar, brincava. Não havia, nesse movimento, a predisposição de tentar entender o que eles diziam, e o fato de chorarem ao se despedirem de seus pais era encarado como "birra" ou "manha". Sem que tivessem garantidos o tempo e o espaço necessários para entrar em contato com o que estavam sentindo, a entrada se tornava um momento, cada vez mais, angustiante para os bebês.

Outro fator que chamou atenção durante esse processo de observação nasceu da análise cuidadosa do trabalho realizado pela educadora que acompanhava a professora na entrada, identificada neste texto como Mariana.[1] Seu vínculo com a instituição não era apenas profissional. Seu único filho, aqui identificado como Pedro, de apenas 3 anos, também estava matriculado na escola, e sua sala era exatamente em frente à que ela trabalhava.

Assim como alguns dos bebês que integravam o grupo do berçário, Pedro também sofria ao se despedir de sua mãe na entrada. Ela, por sua vez, aflita para chegar antes das 7 h da manhã na sala em que trabalhava, horário que o portão abria para toda a comunidade, cumpria esse ritual apressadamente. O resultado disso era que seu filho, quase sempre, entrava para sala chorando, deixando Mariana muito angustiada. Nesse estado de espírito, era impossível para ela dar conta de acolher os bebês que, à porta de sua sala, choravam ao se despedir de seus pais. E querer proporcionar a eles aquilo que não conseguia fazer pelo seu filho contribuía apenas para intensificar seu sentimento de culpa e de angústia.

Partindo do princípio de que ninguém pode oferecer aquilo que não tem, concluímos que, para ter condições de acolher, ela também precisaria ser acolhida. Entretanto, por se tratar de um tema extremamente delicado, antes de tomar qualquer atitude, foi preciso conversar com ela, pontuando o que havia sido observado no tocante às dificuldades que enfrentava ao se despedir do Pedro na porta da sala. Foi preciso, também, reforçar que o fato de ele chorar nesse momento era algo absolutamente normal – estava apenas expressando a tristeza que sentia por se separar de sua mãe – e de que era muito complexo, para uma criança de sua idade, entender que a mãe, que estava logo ali na sala da frente, não poderia ficar com ele, pois precisava cuidar de outras crianças. Em uma situação como essa, era fundamental respeitar o tempo e o ritmo do Pedro, agindo com calma e delicadeza, acolhendo suas angústias e criando condições para que ele participasse de forma ativa das diferentes situações vividas.

[1] Os nomes utilizados neste texto são fictícios.

Após essa conversa, ficou combinado, entre a professora e a Mariana que, ao chegar à escola, ela viria com seu filho para a sala em que trabalhava, ficando com ele ali, até o término do horário da entrada, que é um dos momentos mais críticos para todos, bebês e adultos. A intenção era criar condições para que ela conseguisse despedir-se do filho com a máxima tranquilidade possível. Isso, porque, encerrado o período da entrada, não demorava muito para que os bebês que estavam chorando se acalmassem. E, com o ambiente mais tranquilo, ela conseguiria levar seu filho, sem pressa, até a porta de sua sala, sem precisar correr em um momento tão delicado como esse.

A mudança na postura da Mariana foi visível, como se um peso tivesse saído de suas costas. Desse dia em diante, entrava na sala muito mais tranquila, e era assim que recebia os bebês. Até o tom da sua voz ficou mais calmo. O choro na entrada continuou, pois manifestava a tristeza de uma separação que também continuava acontecendo, mas, agora, além de terem mais tempo para se despedir de seus pais, os bebês, quando chegavam na sala, eram acolhidos com toda a ternura que mereciam.

A consolidação de uma rede de apoio no ambiente escolar

Com base nessa experiência, percebemos que o acolhimento não deve ser pensado exclusivamente para os bebês e para as crianças que frequentam a escola, mas para todos aqueles que compõem o ambiente escolar. Desse aspecto, a consolidação de uma rede de apoio entre os profissionais que atuam, direta ou indiretamente, com as crianças abre um significativo espaço para que dificuldades, angústias e conflitos sejam percebidos e cuidados.

Esse movimento, porém, não acontece de forma espontânea. Ele depende da ação efetiva daqueles que, na escola, são os responsáveis pela formação dos funcionários, seja o coordenador, seja o diretor, seja o orientador. Como expôs Mózes (2016), em artigo publicado na *Revista Latinoamericana de Educación Infantil* (*RELAdEI*), é papel da gestão cuidar para que esse apoio emocional aconteça. Nesse mesmo artigo, a autora nos apresenta a imagem da boneca matriosca[2] para ilustrar a maneira como essa relação de acolhimento acontece entre os profissionais que integram o ambiente escolar, afirmando que "os adultos formam uma bolsa protetora, em várias camadas, ao redor da criança, apoiando-se mutuamente" (Lamour, 1998 *apud* Mózes, 2016, p. 34, tradução nossa).

Entrelaçando escutas: o papel da equipe gestora

Diante de tudo o que foi exposto, qual o papel da equipe gestora na consolidação de um ambiente escolar acolhedor? Que medidas práticas podem contribuir com esse propósito?

Ainda hoje, grande parte das instituições escolares estão organizadas em consonância com um modelo fabril de funcionamento, em que a rigidez da rotina, com horários predeterminados para os momentos de alimentação, de sono, de troca de fraldas, de parque, entre outros, não permite que os educadores atendam os bebês em suas reais necessidades. Além disso, essa falta de flexibilidade no cotidiano escolar acaba por "endurecer" os profissionais que ali atuam, que passam a trabalhar de maneira automática, sem conseguirem refletir sobre suas ações no dia a dia da instituição.

Conhecer esses profissionais, saber quais são seus interesses, suas necessidades, suas potências, suas crenças e suas limitações, assim como identificar as potencialidades e fragilidades do cotidiano escolar, são pontos fundamentais do trabalho desenvolvido pelos membros da gestão. É essa escuta atenta das conquistas e das dificuldades de todos aqueles que integram o quadro de funcionários da escola que irá garantir aos gestores a proposta de ações mais assertivas na consolidação de uma rotina que

[2] N. do E.: bonecas tradicionais russas que têm vários tamanhos e são encaixadas uma dentro da outra.

respeite e acolha toda a comunidade escolar. Outro aspecto importante nesse processo é a construção, por parte da equipe gestora, de um percurso formativo com subsídios teóricos que possibilitem aos educadores ampliarem seu olhar sobre a própria prática. Para Placco e Souza (2006, p. 20),

> Aprendemos de muitas formas, por intermédio de múltiplas relações. Entretanto, é só no grupo que ocorre a interação que favorece a atribuição de significados, pela confrontação dos sentidos. Significados da ordem do público, sentidos da ordem do privado. No coletivo, portanto, os sentidos construídos com base nas experiências de cada um circulam e conferem ao conhecimento novos significados – agora partilhados.

Assim, é primordial que a equipe gestora, para além de conhecer os profissionais com os quais trabalha, com base em uma escuta cuidadosa e atenta, crie condições para que eles possam trocar experiências entre si, expandindo seus saberes e fortalecendo a identidade do grupo.

Considerações finais

Pensar o acolhimento na Educação Infantil significa olhar para além das relações que se constituem em sala entre educadores e bebês. É preciso ter a clareza de que, para acolher os bebês diariamente, esses educadores também precisam sentir-se acolhidos. E a equipe gestora tem um papel de grande importância ao garantir, por meio de sua participação efetiva nos diferentes momentos do cotidiano escolar, o desenvolvimento de um ambiente saudável e colaborativo.

Acreditamos que, como em um efeito cascata, quando os membros da gestão se comprometem com o acolhimento dos profissionais que integram a comunidade escolar, estão criando condições para que os bebês e as suas famílias também sejam acolhidos da melhor forma possível.

Referências

BRASIL. Ministério da Saúde. Secretaria de Atenção à Saúde. ***Acolhimento nas práticas de produção de saúde***. 2. ed. Brasília: Ministério da Saúde, 2010. Disponível em: https://bvsms.saude.gov.br/bvs/publicacoes/acolhimento_praticas_producao_saude.pdf. Acesso em: 22 ago. 2022.

FALK, J. (org.). ***Abordagem Pikler***: educação infantil. Tradução de Guillermo Blanco Ordaz. São Paulo: Omnisciência, 2016. (Coleção Primeira Infância: Educar de 0 a 6).

FERNANDEZ, G. ***A escola para além da es-co-la***: um olhar sobre a educação integral. 2014. Monografia (Bacharelado em Pedagogia) – Faculdade de Pedagogia, Centro Universitário Salesiano de São Paulo, São Paulo, 2014.

MATUMOTO, S. ***O acolhimento***: um estudo sobre seus componentes e sua produção em uma unidade da rede básica de serviços de saúde. 1998. 219 p. Dissertação (Mestrado em Enfermagem de Saúde Pública) – Escola de Enfermagem de Ribeirão Preto, Universidade de São Paulo, Ribeirão Preto, 1998. Disponível em: https://www.teses.usp.br/teses/disponiveis/22/22133/tde-14012009-164720/publico/SilviaMatumoto.pdf. Acesso em: 22 ago. 2022.

MÓZES, E. La observación en la Pedagogía Pikler. ***RELAdEI***: Revista Latino-americana de Educación Infantil, v. 5, n. 3, p. 27-35, set. 2016. Disponível em: https://revistas.usc.gal/index.php/reladei/article/view/4929/5286. Acesso em: 22 ago. 2022.

ORTIZ, C. Entre adaptar-se e ser acolhido. ***Revista Avisa-Lá***, São Paulo, ed. 2, 2000. Disponível em: https://avisala.org.br/index.php/assunto/jeitos-de-cuidar/entre-adaptar-se-e-ser-acolhido/. Acesso em: 30 ago. 2021.

PLACCO, V. M. N. S.; SOUZA, V. L. T. (org.). ***Aprendizagem do adulto professor***. São Paulo: Loyola, 2006. p. 10-21.

RICHTER, S. R. S.; BARBOSA, M. C. S. Os bebês interrogam o currículo: as múltiplas linguagens na creche. ***Revista Educação***, v. 35, n. 1, p. 85-95, jan./abr., 2010.

SÃO PAULO (Cidade). Secretaria Municipal de Educação. Diretoria de Orientação Técnica. ***Currículo integrador da infância paulistana***. São Paulo: SME/DOT, 2015. Disponível em: https://www.sinesp.org.br/images/28_-_CURRICULO_INTEGRADOR_DA_INFANCIA_PAULISTANA.pdf. Acesso em: 22 ago. 2022.

Bibliografia recomendada

BARBOSA, M. C. S.; HORN, M. G. S. A cada dia a vida na escola com as crianças pequenas nos coloca novos desafios. *In*: ALBUQUERQUE, S. S.; FELIPE, J.; CORSO, l. V. (org.). *Para pensar a docência na educação infantil*. Porto Alegre: Evangraf, 2019.

DUARTE, E. J.; CALDIN, C. F. Estética: uma dimensão da competência em informação a ser percebida por bibliotecário de biblioteca pública. *Informação e Sociedade*: Estudos, João Pessoa, v. 26, n. 2, 2016. Disponível em: https://periodicos.ufpb.br/ojs/index.php/ies/article/view/29265/16193. Acesso em 22 ago. 2022.

FERNANDEZ, G. *O papel do educador na qualidade das relações que os bebês constroem no ambiente escolar*. 2020. 19 p. Monografia (Especialização em Educação Infantil) – Faculdade de Conchas, São Paulo, 2020. Disponível em: http://biblioteca.acasatombada.com.br/items/show/1599. Acesso em: 22 ago. 2022.

FONTES, I. *et al. Virando gente*: a história do nascimento psíquico. São Paulo: Ideias e Letras, 2014.

FRIEDMANN, A. *A vez e a voz das crianças*: escutas antropológicas e poéticas das infâncias. São Paulo: Panda Books, 2020.

FRIEDMANN, A. *Linguagens e culturas infantis*. São Paulo: Cortez, 2013.

SILVA, A. S. O papel do diretor da escola e sua implicação no processo de gestão democrática. *Revista Magistério*, São Paulo, n. 5, p. 47-51, 2018.

SOARES, S. M. *Vínculo, movimento e autonomia*: educação até 3 anos. São Paulo: Omnisciência, 2017.

8

As relações e os vínculos que permeiam o ingresso das crianças na escola: as (re)adaptações cotidianas

Tânia Fonseca Pinto

Escolho a expressão *aprendizados que marcam meu corpo*
Por acreditar que quem educa marca o corpo do outro.
Porque o que é educar senão ter ousadia, coragem e generosidade
amorosa de interferir no processo do outro?
Fátima Freire Dowbor (2008, p. 31)

Em minha atuação profissional, como professora, coordenadora e diretora, convivi com muitas crianças e famílias, e esse convívio me fez compreendê-las como seres ativos, competentes, construtores do conhecimento e participantes de seus próprios desenvolvimentos, por meio das interações e das situações de vida. A relação que criei com essas famílias permitiu que elas compartilhassem comigo as histórias de suas infâncias, de conceitos que tinham sobre escola, infâncias e relações existentes.

As dúvidas e as angústias que permeavam o momento de ingresso na vida escolar eram tão intensas, e tantas questões envolviam essa situação, que não foi possível apenas observar e esperar para orientar a equipe, realizando, assim, um papel mais burocrático de diretora escolar. Passei a interagir mais ativamente com os professores e as famílias com o objetivo de tentar achar o elo que pudesse ser o ponto fundamental para o bem-estar da criança, que estava no meio de todo esse processo.

Fui compreendendo que, se não criasse um vínculo com as famílias das crianças, não conseguiria compreender os comportamentos e as reações delas diante de situações cotidianas, ainda mais por se tratar de crianças de 0 a 3 anos, que ainda não conseguiam verbalizar seus sentimentos por meio das palavras; isso me fazia ter de compreender seus diversos universos e suas várias manifestações por meio de suas reações corporais e de seus gestos.

Dessa forma, a escuta atenta, ou seja, o olhar da professora a cada criança, em suas reações e suas linguagens não verbais, na busca de compreender seus universos e suas potências, faz-se um possível caminho de chegada às diversas culturas familiares presentes na escola, bem como ao entendimento dos hábitos herdados, às necessidades das crianças e aos seus comportamentos, evitando rotular ou julgar o que está se passando com cada uma delas.

Com o tempo dedicado à educação, mais de 35 anos, fui percebendo que muitas dificuldades que as crianças apresentavam no processo de aprendizagem, assim como na adaptação com as novas pessoas e os novos espaços, estavam diretamente ligadas às condutas familiares, que colidiam com a proposta pedagógica da escola. Propostas, essas, que eram de liberdade, de respeito à rotina e ao tempo de maturação do processo. Tempo e pressa, ansiedade e cautela são questões que aparecem nesse momento e precisam ser acolhidas e dialogadas.

Algumas famílias não conseguiam perceber que as suas ações dificultavam o desenvolvimento emocional ou cognitivo de seus filhos, por serem ou muito controladores, autoritários, ou por repetirem os modelos que aprenderam com seus familiares, por medo ou, ainda, por culpa, e não reconheciam a criança como indivíduo. Partindo dessas questões, não posso deixar de articular um diálogo entre os contextos histórico-culturais dos três elementos fundamentais desta pesquisa: crianças, educadoras e família.

Contextualizando: a construção do conceito de infância

Até o século XII, as crianças não eram reconhecidas como pessoas, não tinham direitos, tampouco suas necessidades eram reconhecidas. Por conviverem com as amas de leite, e não com suas mães, não se constituía vínculo afetivo, nem conhecimento de quem realmente aquelas crianças eram, como pensavam e do que necessitavam. O conceito de infância foi construído pouco a pouco, e, somente a partir da Idade Média, no século XII, a figura de criança/infância começou a ser percebida, como nos apresenta a obra iconográfica produzida pelo historiador francês Philippe Ariès, *História social da criança e da família* (1981).

Após todo esse percurso, muitos aspectos sobre as características, as necessidades e as particularidades da infância passaram a ser discutidos, e surgiram novas visões de infância e de suas relações com a família e a educação.

Uma nova história começa: a primeira escola

No fim do século XVIII e início do século XIX, alguns fatos importantes ocorreram para que a ideia de infância tivesse maior significado. Como os pais começaram a se interessar pelas crianças e pela sua educação, elas passaram a ocupar um lugar na família.

As crianças começaram a ser amamentadas pelas próprias mães, propiciando um estreitamento do vínculo afetivo, um surgimento de novos sentimentos e de novos interesses pelo universo da criança.

Com todo esse processo de mudanças, de adequações e de acomodações nas estruturas sociais, houve um refinamento no pensamento e no comportamento da sociedade, pois não há como dissociar o desenvolvimento da mente humana e a acumulação das experiências do aperfeiçoamento da forma de viver.

Da mesma forma que a família começa a vivenciar todo o processo de desenvolvimento da infância, inicia, nesse momento, o desejo e a preocupação de oferecer às crianças uma preparação para a vida. A tarefa de assegurar tal afirmação é atribuída à escola.

A criança, a família e a escola

No fim do século XVIII, Rousseau (1712-1778) introduz a concepção de que a criança é um ser com características próprias e, desse modo, não podia ser vista como um adulto ou com base em seu pensamento.

Em decorrência da valorização da criança como um ser ativamente social e coautor de sua história e da história de uma sociedade, nasce a preocupação, no século XIX, em se criar um espaço reservado e adaptado para as necessidades da criança pequena.

No século XX, com a entrada da mulher no mercado de trabalho, fator preponderante nesse processo, surge a obrigatoriedade da escola. Além disso, esse cenário se expandiu com o sistema capitalista, a urbanização e o processo de industrialização, como coloca Didonet (2001, p. 12):

> As referências históricas da creche são unânimes em afirmar que ela foi criada para cuidar das crianças pequenas, cujas mães saiam para o trabalho. Está, portanto, historicamente vinculada ao trabalho extradomiciliar das mulheres. Sua origem, na sociedade Ocidental, está no trinômio mulher, trabalho e criança. Até hoje, a conexão desses três elementos, determina grande demanda, da organização administrativa e dos serviços da creche.

Há, nesse trinômio, como cita Didonet (2001), uma relação que deve ser vista e avaliada com muito apreço e cuidado, pois, no meio de duas instituições potentes, como escola e família, há uma criança, que, pelo próprio desenvolvimento humano, ainda não tem autonomia suficiente para prosseguir com seu desenvolvimento sem o auxílio da família e da escola, que, juntas, darão ritmo e consonância a esse processo, fortalecendo as relações.

Por ser reconhecida a fragilidade das crianças, a escola torna-se um meio de protegê-las da vida a que eram submetidas, no caso, tratadas como miniadultos.

Já no século XXI, algumas crianças ocupam um novo lugar e uma posição constituída e legítima. Essas crianças, que começam a ser vistas em suas características e possibilidades, adquirem seus lugares na família e, logo, o respeito pela sua posição. Ainda existem concepções distorcidas sobre o papel da escola, dos educadores e das famílias, isso, porque, muitas vezes, as responsabilidades legítimas de cada instituição são atribuídas de forma equivocada entre elas. Quanto mais a relação entre família e escola for baseada na confiança e na transparência, mais a criança se tornará segura e confiante.

A família é o primeiro ambiente social em que a criança vive após o nascimento. Mesmo que a criança vá para a creche por volta dos 4-6 meses de vida, ela já tem uma vivência, assim como já adquiriu hábitos que seu primeiro grupo social apresentou a ela. Além da rotina, há também as heranças culturais que são os dogmas, as crenças das histórias familiares, os hábitos e as concepções de vida.

Quando a criança passa a conviver com um novo grupo social, muito mais coletivo que o seio familiar, há necessidade de ajustes emocionais e de hábitos. Não podemos pensar na escola apenas como onde se aprende a ler e a escrever. A escola é um local de desenvolvimento integral das crianças, que, diariamente, convivem com toda a complexidade escolar.

Nessa compreensão, entende-se a família e a escola como bases sociais no período da infância e que, ao alinharem seus papéis, têm grande chance de contribuírem para o desenvolvimento integral de cada criança. Ambas, escola e família, têm responsabilidades na formação das crianças, cuidando e educando, mesmo que em funções diferentes.

Como as crianças ainda têm necessidades de cuidados dos adultos, pois sua autonomia é restrita à sua condição humana, os adultos que convivem e cuidam delas precisam estar em sintonia nas ações. Se o grupo familiar e o grupo social (escola) não estiverem em consonância, o risco de essa criança apresentar dificuldades, seja no comportamento, seja no desenvolvimento, é muito grande.

Quando a escola recebe uma criança, recebe também uma família, que tem expectativas, angústias, e vê na escola, formada por seus integrantes, uma parceria na educação e na criação de seus filhos. Isso ocorre prioritariamente quando falamos das crianças que ficam em período integral, em que o convívio diário passa a ser maior com os(as) educadores(as) do que com os próprios pais. Nesse caso, os(as) educadores(as) passam a exercer o papel de figuras parentais.

A escola, os professores e as concepções pedagógicas

A criança de 0 a 3 anos necessita de espaço físico e emocional para se desenvolver, experienciar e vivenciar com o corpo, com todos os sentidos, por meio das relações pessoais e ambientais. Nesse sentido, Winnicott (1982) aponta que o professor precisa perceber que se encontra diante de uma psicologia complexa de crescimento e de adaptação infantis, por isso, ele é fundamental na constituição psíquica do sujeito. O autor complementa dizendo que:

> Se quisermos julgar a maneira como um ser humano trata com seus semelhantes e ver, como se edifica sua personalidade e vida, não podemos dar ao luxo de deixar de fora o que se sucede nos 1os anos, meses e dias de sua vida. (Winnicott, 1982, p. 116)

A criança fará a leitura de mundo mediante as experiências que ela tiver nos primeiros anos de sua vida. Quando o bebê ou a criança bem pequena entra na escola, a função materna passa a ser exercida pela educadora ou pelo adulto educador, porém, não podemos esquecer que ela já teve – e continua tendo – experiência emocional e de cuidados (toque, jeito de cuidar, sensações) com o adulto que cuidou dela.

A vivência da criança com o adulto que cuida dela é uma experiência completamente diferente, permeada pela história, pelos valores e pela cultura de cada um. Assim, a criança já carrega um acervo dessa cultura familiar e, ao ingressar na escola, tem experiências que precisam ser reconhecidas pelos profissionais, em particular, pela professora. Há, nessa situação, um respeito à criança, à sua vida e ao seu contexto histórico, mesmo que por um breve tempo de vida.

Do ponto de vista do bebê, ou de uma criança bem pequena, estar em uma escola não é tarefa simples, pois é preciso descobrir o coletivo, como viver em grupo, como conviver e compartilhar com outras pessoas, como lidar com situações e frustrações diferentes das do contexto familiar. É exatamente por essa nova situação que o professor, embora sem vínculo parental, torna-se uma figura de referência, responsável pela continuidade dos cuidados e do educar.

O afeto é essencial para todo o funcionamento do nosso corpo, dando-nos coragem, motivação, interesse, e contribuindo para nosso desenvolvimento. É pelas sensações que o afeto nos proporciona saber quando algo é verdadeiro ou não. Sobretudo para a criança, o afeto é importantíssimo, pois ela precisa sentir-se segura para poder desenvolver seu aprendizado, sendo necessário que o professor tenha consciência de como seus atos são extremamente significativos nesse processo, porque essa relação aluno-professor é permeada de afeto, e as emoções são componentes estruturantes da inteligência do indivíduo (Wallon, 2005).

Wallon (1879-1962), filósofo, médico, psicólogo e político francês, afirma que a emoção, antes da linguagem, é o meio utilizado pelos bebês ou pelas crianças bem pequenas para estabelecer uma relação com o mundo externo. Os movimentos de expressão evoluem de fisiológicos a afetivos, em que a emoção cede terreno aos sentimentos e, depois, às atividades intelectuais. Acredito que não há como pensar no respeito à primeira infância, no ambiente escolar, se não pensarmos em todos esses aspectos: cultura familiar, reconhecimento do papel do educador, afetividade, vínculo e conhecimento profundo do processo de desenvolvimento humano.

Diante dessa afirmação, e em um diálogo entre os contextos históricos culturais dos três elementos fundamentais desta pesquisa, criança, escola na figura do(a) educador(a) e família, bem como meu desejo de compreender essas relações, a cada dia que passava, muitas perguntas apareciam, e eu comecei, então, a buscar respostas para elas.

Minhas observações me fizeram mudar o lugar que habitava como diretora. Muitas perguntas começaram a permear minha rotina, alimentavam-me de novas descobertas e instigavam-me a buscar conhecimentos mais profundos. Passei a observar, além das crianças e mantendo a tríade da minha pesquisa, os educadores e as famílias.

O olhar do educador

Não eram só as ações e as reações das crianças que me mobilizavam, mas também o comportamento dos educadores. Ainda pensando nas crianças, quis saber como esses educadores enxergavam esse momento de acolhida, o que pensavam sobre esse processo, e até que ponto o discurso pedagógico estava coerente com o comportamento deles.

Parti, então, para as seguintes pesquisas:

- Quais observações e escutas ele(a) faz dessa relação criança-família?
- Que aspectos do comportamento dessa criança é fonte de observação?
- Como enxerga o momento em que está na aquisição de vínculo e o que propicia para essas situações com intuito de aprendizagem mútua?

Fonte de dados: família

Para fechar a tríade da pesquisa, e por saber que não há como investigar a vida da criança se não tivermos acesso a quem delas cuidou, ou seja, diálogo e vínculo com a família dessa criança, fui a campo em busca da maior fonte de dados dessas crianças: a família.

O convívio diário com elas me permitiu a procura das respostas para os questionamentos a seguir:

- Por que a família decidiu colocar a criança na escola e como essa família está sentindo esse processo?
- Quais são suas expectativas em relação à escola? E à educadora?

- O que falam para essa criança ao deixá-la na escola?
- Qual a rotina da família?

Iniciei a pesquisa, em paralelo com as educadoras, pois precisava costurar essas observações e começar a compreender esse processo lindo e rico da trajetória da primeira experiência social das crianças fora do contexto familiar.

Relação escola-criança-família

Sabendo da importância dos primeiros contatos com o mundo externo, das leituras que a criança faz do ambiente em que vive, da minha valorização nas relações de transparência entre escola e famílias, busquei as respostas para as seguintes perguntas:

- Quais são as experiências que a família e a escola estão propiciando para essa criança? Elas se complementam ou se colidem?
- Quais as consequências disso tudo na construção da identidade dessa criança e de seu desenvolvimento cognitivo?

Muitos conhecimentos estão sendo gerados na área da Educação e nas múltiplas disciplinas ligadas a ela, como Psicologia e Neuropsicologia, com o objetivo de contribuir para o reconhecimento dessa criança bem pequena como sujeito e promover o respeito pela sua cidadania. Cito, a seguir, alguns desses pensadores: Emmi Pikler (pediatra húngara – abordagem pikleriana), Anna Tardos (psicóloga e doutora em Psicologia Infantil – filha de Emmi Pikler), Adriana Friedmann (doutora em Antropologia, mestra em Educação e pedagoga – Fundadora do Mapa da Infância Brasileira), Alfredo Hoyuelos (doutor em Filosofia na Espanha, especialista em formação de professores na Educação Infantil).

A importância do olhar para essa criança como cidadã, como autora de seu próprio desenvolvimento, para o brincar livre, para o respeito à individualidade e ao tempo de cada criança, para as descobertas propiciadas pelo espaço pensado para elas, e não menos importante, para as relações com os adultos que estão diretamente ligados a ela são os pontos principais desses estudos.

> A criança é capaz de aprender de forma autônoma, porque realiza ações competentes, aprende a observar, a usar seu corpo de maneira econômica, aprende a aprender de forma competente. Porém, não pode ser competente se não está unida à pessoa adulta da qual, por sua vez, depende; se não tem uma relação profunda com essa pessoa, que lhe dê sentimento de segurança, que é a base para um estado afetivo de bem-estar. (Tardos, 2008, p. 51)

Assim, cabe ao professor e à escola buscarem conhecimentos nas diversas áreas, com a intenção de propiciar espaços a fim de que as crianças bem pequenas e as famílias consigam expressar-se e sentirem-se seguras para se desenvolver de forma global.

O processo

Minha pesquisa foi qualitativa, visto que teve caráter exploratório e buscou aspectos subjetivos, percepções, entendimentos e interpretações sobre as relações entre educador, criança e família. Visou, também, discutir as situações que permeiam a relação cotidiana entre criança, família e escola, compreendendo que a construção do vínculo e da aprendizagem dessa criança é perpassada não apenas pela escola, mas, principalmente, pela relação dela com a família.

Participaram dessa pesquisa duas famílias compostas por pai, mãe e uma criança. Os adultos tinham em torno de 25-30 anos. As crianças, filhos únicos, ambos com 2 anos e 6 meses. Era a primeira vez delas na escola.

As educadoras eram duas professoras que atuavam diretamente com as crianças e as famílias, pois são as titulares das turmas. Ambas ingressaram na escola no mesmo ano da pesquisa (2019). Essa situação, a de serem novas na escola, foi de riqueza tamanha, pois, assim como as crianças, que ingressaram na escola no referido ano, as professoras também o faziam, o que promoveu o elemento motivador da pesquisa: as relações humanas e a criação de vínculos.

A observação sempre foi o ponto de partida desta pesquisa, mas não teria nenhuma lógica pesquisar sobre relações e relacionamentos sem me envolver no diálogo e na troca de conhecimentos. A observação levou-me para o diálogo permeado pelas perguntas norteadoras desta pesquisa, e, assim, fui tecendo os novos passos e as novas inquietações.

Diariamente, eu recebia as famílias e as crianças na entrada da escola, e as acompanhava até o espaço preparado para a acolhida das crianças. Observava as relações entre as educadoras e os familiares/adultos que acompanhavam aquelas crianças.

Observava como os adultos se cumprimentavam, como reagiam com a criança, quais argumentos usavam e se era preciso muito convencimento para a criança se envolver com as propostas e com o espaço. Observava a criança com as educadoras e com os familiares.

Após as observações, buscava afunilar o vínculo, por meio de conversas direcionadas por perguntas, que me traziam subsídios para meu entendimento e que me ajudavam a compreender qual o melhor caminho a seguir, para orientar não só as educadoras e famílias, mas prioritariamente construir o melhor ambiente para as crianças: um ambiente acolhedor e tranquilo.

Eram momentos ricos e de muita profundidade, pois conseguia acolher e apresentar as intenções e a identidade da escola. Momentos de nos conhecermos uns aos outros.

Eu fazia isso com as educadoras. Enquanto estavam com a criança e as famílias em adaptação, perguntava como se sentiam, quais as percepções que estavam tendo em relação à criança e aos familiares. Com as informações e as percepções de ambos os lados, podia ajustar as expectativas e criar possibilidades de diálogos entre educadoras e familiares, pois eu fazia o papel de elo entre eles.

Das inquietações e das observações, surgiram as possibilidades de troca de experiências por meio de reflexões, de entrevistas, e a necessidade de articular um diálogo entre conhecimento e afeto como dimensões mutuamente inseparáveis.

Com base nessa premissa e nas observações que surgiram entre os familiares e mim, assim como com os educadores, pude traçar meus planos e minhas ações. Não havia um rigor na observação, tampouco nos registros, porque a rotina dessas crianças e dessas famílias observadas também não eram rígidas, o que tornou minha pesquisa leve e fluida.

Considerações finais

A intenção da pesquisa, desde o início, não era fazer uma avaliação quantitativa, mas, sim, construir uma narrativa entre teoria, realidade e prática, além de compartilhar elementos importantes entre as relações que envolvem as crianças bem pequenas no momento do ingresso na escola e que, muitas vezes, não são percebidas, gerando novos conflitos entre a escola e os adultos que acompanham a criança nesse processo.

Meu desejo foi trazer informações sobre o que acontece na escola e como eu, como profissional responsável pela direção de uma instituição de ensino e, ao mesmo tempo, pesquisadora da infância, poderia contribuir na orientação das famílias e dos profissionais da Educação.

Não há como falar de crianças sem pensar nos adultos que as cercam. Não há como falar da relação entre educadores, cuidadores e profissionais que atuam na escola de Educação Infantil e as famílias sem reconhecer e validar os processos existentes na construção dessa relação que nasce das crianças.

A relação na escola, representada pelos profissionais que atuam diretamente com as crianças, que são professores e cuidadores, assim como os profissionais que atuam indiretamente com as crianças, como coordenadores e diretores, mas que exercem papel de suporte aos educadores e às famílias, só é constituída por meio do diálogo, do respeito mútuo, da consciência dos papéis que cada um exerce e da transparência nas ações.

Apesar de todos os esforços dos educadores e dos cuidadores em interagir com as famílias na rotina diária e em realizar um bom trabalho com as crianças, haverá sempre uma lacuna se não houver sensibilidade e pesquisa mais profunda sobre a história daquela família, sobre o processo anterior à chegada da criança na escola, e isso só será preenchido se houver diálogo e entrega.

A observação dos comportamentos das famílias, a forma como carregam seus bebês, a maneira como entregam as crianças para as educadoras ou as cuidadoras, os pedidos sobre o modo como gostariam que fossem feitos os cuidados denotam a complexidade que envolve essa relação e validam a necessidade de se conhecer a cultura familiar e a rotina em que os pequenos estão inseridos.

Todo esse processo de análise, de observação e de diálogo tem como único objetivo o bem-estar da criança, que é totalmente dependente dos adultos que a cercam, e resume-se em respeitar o direito dela em se sentir segura num ambiente acolhedor e passível de desenvolvimento humano.

Em resumo, acredito que, para compreender a criança, é necessário o aprofundamento no conhecimento da cultura da família e, assim, desenvolver os microprocessos educativos que envolvem essas relações.

Referências

Ariès, P. *História social da criança e da família*. Rio de Janeiro: LTC, 1981.

Didonet, V. Creche: a que veio... para onde vai... *Em aberto*: Educação Infantil – A creche, um bom começo, Brasília, v. 18, n. 73, p. 11-27, 2001.

Dowbor, F. F. *Quem educa marca o corpo do outro*. São Paulo: Cortez, 2008.

Tardos, A. Autonomia y/o dependência. *In*: Falk, J. (org.). *Lóczy, educación infantil*. Barcelona: Octaedro, Rosa Sensat, 2008. p. 59-68. (Temas de Infancia – Educar de 0 a 6 años).

Tardos, A. A mão educadora. *In*: Falk, J. (org.). *Abordagem Pikler*: educação infantil. Tradução de Guillermo Blanco Ordaz. São Paulo: Omnisciência, 2016. (Coleção Primeira Infância: Educar de 0 a 6).

Wallon, H. ***A evolução psicológica da criança***. Lisboa: Edições 70, 2005.

Winnicott, D. W. ***A criança e o seu mundo***. Rio de Janeiro: LTC, 1982.

Bibliografia consultada

Centro de Referências em Educação Integral. ***Educação integral nas infâncias***: pressupostos e práticas para o desenvolvimento e aprendizagem de crianças de 0 a 12 anos. São Paulo: Associação Cidade Escola Aprendiz, 2017. Disponível em: https://educacaointegral.org.br/especiais/escola-infancia/wp-content/uploads/2017/07/ei-nas-infancias.pdf. Acesso em: 23 ago. 2022.

Chinally, M. Donald Winnicott e a interação entre o bebê e seu meio ambiente. ***Revista Educação***, ed. 237, mar. 2017. Disponível em: https://revistaeducacao.com.br/2017/03/15/donald-winnicott-e-interacao-entre-o-bebe-e-seu-meio-ambiente/. Acesso em: 23 ago. 2022.

Friedmann, A. ***Infâncias sem fronteiras***: interlocução entre história, educação e outras áreas de conhecimento. 2020. Disponível em: shorturl.at/mENS9. Acesso em: 23 ago. 2022.

Friedmann, A. ***Linguagens e culturas infantis***. São Paulo: Cortez, 2013.

Hoyuelos, A.; Riera, M. A. ***Complexidade e relações na educação infantil***. São Paulo: Phorte, 2019.

Maranhão, D. G.; Sarti, C. A. Creche e família: uma parceria necessária. ***Cadernos de Pesquisa***, v. 38, n. 133, p. 171-94, jan./abr. 2008. Disponível em: https://www.scielo.br/j/cp/a/DNKnDj6ttKwgw7FCQWBXR4R/?format=pdf&lang=pt. Acesso em: 23 ago. 2022.

Silva, M. C. P. ***A paixão por formar***: da psicanálise à educação. Porto Alegre: Artmed, 1994.

Vercelli, L. C. A. O professor da educação infantil: a importância de sua postura para o desenvolvimento emocional da criança pequena. ***Centro de Estudos Psicanalíticos***, São Paulo, Ciclo VI, 2014.

Winnicott, D. W. ***A família e o desenvolvimento individual***. São Paulo: Martins Fontes, 2001.

Winnicott, D. W. ***Tudo começa em casa***. São Paulo: Martins Fontes, 1996.

9

Colo literário: conexão entre mãe e bebê por meio do livro de literatura

Daniela Padilha

Para visualizar em cores as imagens deste capítulo, acesse o *QR code*:

De tempos em tempos, vemos ressurgir a discussão sobre a finitude do objeto. O livro, na forma que conhecemos hoje, o códice, com suas folhas encadernadas, persiste há mais de dois mil anos. As palavras, mesmo que postas inicialmente na folha virtual em branco do computador, ganham notoriedade e imponência ao serem transportadas às fibras do papel, às folhas físicas, que, dobradas, refiladas e costuradas, constituirão os cadernos, sustentados pela capa, formando o livro.

No entanto, dados os nossos contextos educacionais e sociais do Brasil, além da permanência do livro, vale discorrermos sobre o acesso a ele e como este permite a instauração de outro tempo, finito, determinado, mas capaz de romper a realidade e de conectar seus leitores.

Neste capítulo, apresentado inicialmente como pesquisa de conclusão do curso *A vez e a voz das crianças: a arte de escutar e conhecer narrativas, linguagens e culturas infantis*, realizado n'A Casa Tombada, sob coordenação de Adriana Friedmann e orientação de Josca Ailine Baroukh, propus-me olhar como a leitura do livro de literatura infantil pode ser um objeto de conexão entre mães e bebês.

A intenção desta pesquisa foi abrir espaço de diálogo e de reflexão sobre a necessidade e a urgência de fomentar o acesso aos livros e às leituras literárias entre mães e bebês para a construção de vínculos. Ainda, pretendia responder se o livro, em sua materialização enquanto objeto, atuava como meio de conexão entre mães e bebês e se este poderia ser um espaço de sublimação e de produção de subjetividades.

Para responder a essas questões, no ano de 2019, Parelheiros foi o local escolhido para a vivência e a escuta de famílias, do Coletivo Mães

Mobilizadoras, projeto do Instituto Brasileiro de Estudos e Apoio Comunitário (Ibeac), com parceria e supervisão do Centro Popular de Cultura e Desenvolvimento (CPCD). O Coletivo, dentro de suas ações, tem a mediação de leitura para mães e bebês como eixo de atuação.

Como fundamentação teórica para este trabalho, recorri ao pensamento do historiador e pesquisador da área do livro e leitura Michel Melot (2012), que questiona a materialidade e a durabilidade do livro, sua persistência em existir concomitantemente às telas, e o fato de sua forma física ser capaz de preencher e de realocar a realidade.

As relações entre mãe e bebê são apresentadas com base nos olhares de Winnicott (2011, 2012). Quanto às suas relações com o livro, como leitores, utilizo-me de Yolanda Reyes (2010, 2017) e Vincent Jouve (2002).

Parelheiros configura-se no Mapa da Desigualdade de 2021 (Rede Nossa São Paulo, 2021) como o distrito com o sétimo maior índice de gravidez na adolescência (proporção de nascidos vivos cujas mães tinham 19 anos ou menos, em relação ao total de nascidos vivos), quinto maior distrito em feminicídio, e maior população infantil entre os 96 distritos da cidade. Ainda está entre os 20 distritos com maior tempo de atendimento em creche. Ademais, é responsável pelo abastecimento de 25% da água do município de São Paulo, com três bacias hidrográficas, tem maior proporção de área verde por habitante e a maior concentração de agricultores da cidade.

Apresento este rápido panorama do distrito para melhor entendimento das ações do Coletivo, que busca enfrentar as violências e as desigualdades cuidando das mulheres, dos bebês e das crianças, além de estimular o empreendedorismo social, sempre tendo a literatura como ponte e eixo norteador.

Na pesquisa de campo, acompanhei as Mães Mobilizadoras em um dos seus eixos de atuação, nas visitas olhos nos olhos. Dessas andanças, selecionei a primeira família visitada para compartilhar meus registros e minhas percepções. Para isso, usei como metodologia a observação etnográfica, de base antropológica, fazendo uso de fotografias e do Diário de Campo.

As visitas olhos nos olhos são realizadas a cada quinze dias ou mensalmente. Quando as Mães Mobilizadoras percebem que a mãe atendida está em uma situação de maior vulnerabilidade e precisando de um acompanhamento mais próximo, as visitas também podem acontecer semanalmente. A cada visita, a depender da idade dos bebês e das crianças, as Mães Mobilizadoras oferecem informações sobre aleitamento materno, conversam sobre a situação atual da mãe, tentam identificar qual a potência da mãe atendida e oferecem encontros para fazer pão, bolo ou algo relacionado a outros interesses. São as comadres de antigamente, que formam uma rede de apoio e cuidado para as mulheres e as crianças.

A cada encontro, as Mães Mobilizadoras fazem a leitura de um livro infantil para a mãe atendida e outro para as crianças. Depois, deixam um ou dois títulos com a família, que são trocados no encontro seguinte.

Segundo a pesquisa da organização não governamental Rede Nossa São Paulo (2021), 1.219.438 mulheres que residem na capital não dividem os cuidados com os filhos com ninguém ou quase ninguém (33%). Isso inclui marido, companheiro, familiares ou ajuda paga. São Paulo tem 1,1 milhão de crianças com idade entre 0 e 6 anos, de acordo com os dados do Mapa da Desigualdade, com base nos números do Instituto Brasileiro de Geografia e Estatística (IBGE).

Localizar as mulheres na sociedade se faz essencial para entender os contextos observados durante o acompanhamento das Mães Mobilizadoras. Nas visitas feitas, encontramos mulheres em dias da semana em casa, cuidando dos seus filhos, sem ajuda, junto com os afazeres da vida doméstica e o trabalho.

***

Chegamos à casa da Jeane, mãe atendida, por volta das 11 horas. Ela nos pediu desculpas porque tinha acordado há pouco, pois Izabelly, de 2 anos, esteve doente durante a noite. A menina estava irritada e chorosa.

Ainda assim, Jeane nos convidou para entrar. Em seguida, entrou no quarto e trouxe no colo Gabrielly, de 9 meses. Também chegou o Bruno, de 9 anos. A casa estava agitada.

A Mãe Mobilizadora Thais escolheu para ler para a mãe o livro *A casa de dentro e outras loucuras*, de Luciana Lhullier, uma obra com ilustrações, destinada a crianças. Trata-se de um texto subjetivo, com o qual Jeane não se conectou.

Em seguida, Thais se abaixou para ler para as outras crianças, na altura delas, o livro *Hugo e a máquina de abraçar*, de Scott Campbell. Nesse momento, então, outra configuração se iniciava na casa.

Logo de início, Jeane se conectou com a história. A bebê se movimentava em seu colo e, com maestria, ela atendia aos seus movimentos, sem interromper sua conexão com o livro. A mãe, de forma natural, fundida com seu bebê, envolvia-se na leitura.

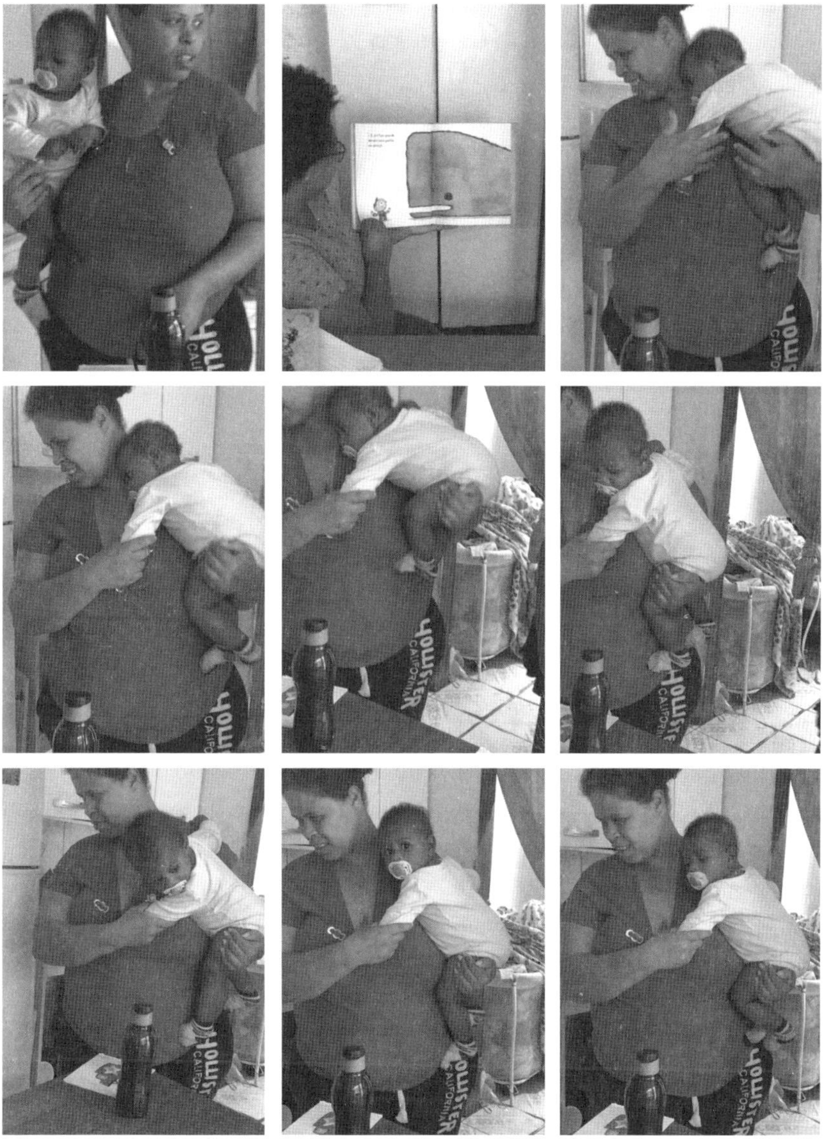

FIGURA 9.1 – Dança de Jeane (mãe) e Gabrielly (bebê) durante a leitura.

Do braço direito, Gabrielly passa para o esquerdo da mãe, olha para a Mãe Mobilizadora e procura abrigo no pescoço da sua mãe, encostando sua cabeça. Começa a escalar a mãe, ambas conectadas à leitura do livro. A mãe, mesmo sem olhar para a bebê, sabe instintivamente como acolhê-la de forma segura, sem medo de deixá-la cair, apenas sustentando-a, dando amparo.

Winnicott (2012, p.15), em *Os bebês e suas mães*, afirma que as mães

> [...] apenas adaptam a pressão de seus braços às necessidades do bebê, movem-se lentamente e, talvez, emitem alguns sons. O bebê sente a sua respiração, e do seu hálito e de sua pele irradia-se um calor que leva o bebê a sentir que é agradável estar em seu colo.

Colo é o lugar de acolhimento, de proteção, no qual o bebê se aninha, encontra calor. No colo, aproximamo-nos do órgão vital de sobrevivência, o coração. Conseguimos ser guiados pelo seu ritmo. Para quem fornece, "dar colo" é dar abrigo, sustentação, segurança. É envolver-se com o calor do outro. É dar invólucro para o corpo do bebê, o que a barriga fez durante a gestação. Dar colo é dar abraço.

O balé da Gabrielly continua. Ao ouvir a voz do irmão, que se juntou à família para ouvir a história, volta-se para ele, olha para mim, e retorna ao seu abrigo materno.

> O olhar e o abraço completam a primeira leitura que as mães oferecem aos filhos. O abraço é o sustento, como foi o ventre, em seu duplo sentido: nutre e sustenta. O aroma do líquido amniótico é substituído pelo da pele, que abriga com segurança e acaricia, pelo leite, que satisfaz. O bebê nasce já preparado para esse exercício de interpretação e apropriação do mundo. (Sanjuán, [2022?], p. 17)

A mãe, pela sua mudança de postura corporal e de fisionomia, também se sentiu amparada, recebendo o colo simbólico da Mãe

Mobilizadora Thais, abraçada pelo livro *Hugo e a máquina de abraços*, o que imediatamente se refletiu em toda a dinâmica da casa. Jeane sorriu.

Há uma mudança de papéis no triângulo amoroso – uma criança, um livro e um adulto – que nos traz Yolanda Reyes (2010), observada nesta sequência de fotos: a mãe ocupa o lugar da criança (bebê Gabrielly), mas não a tira da cena, integra-a, pois são uma coisa só, mãe-bebê, e recebe a leitura da Mãe Mobilizadora, que ocupa o papel do adulto do triângulo amoroso.

A Mãe Mobilizadora, assim, ocupa o lugar da figura materna, e a mãe assistida (Jeane) assume o papel da criança, que se entrega à sua experiência primeira de escuta e de reconhecimento de uma voz de afeto.

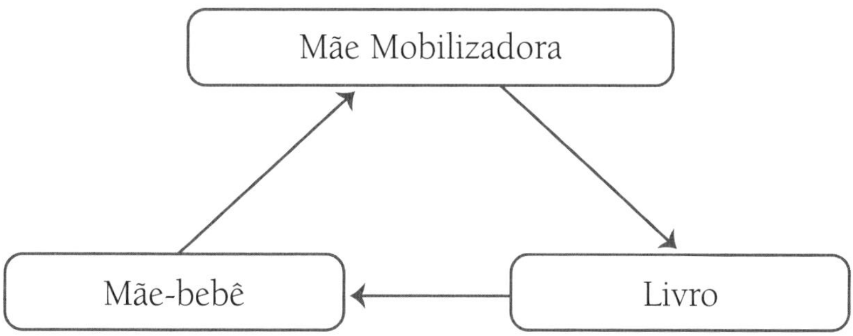

Figura 9.2 – Papéis ocupados durante a leitura.

Em uma rotina que pode parecer desestabilizadora, a da falta, a leitura é um relaxar da vida concreta que o tempo captado pela leitura literária permite. Penso que o fato de o livro lido ser um livro infantil e ilustrado, ou seja, que tem como seu destinatário primeiro, mas não único, a criança, corrobora para a ocupação desse lugar pela mãe.

Michel Melot (2012, p. 48), em sua obra *Livro,* diz que:

> [...] onde o discurso foi rompido, o livro reacomoda. Ele funciona como uma tela de fundo que se aplica nos fragmentos de afresco que se desencaixaram para consolidá-los e os reintegrar em um espaço sólido e fechado. A forma do livro preenche os vazios do discurso, os quais, sem ela, se desintegrariam.

Melot (2012) vem para reafirmar a importância da leitura mediada com o objeto livro. É ao abrir os dois cartões da capa que esse tempo se instaura, o tempo do livro, com o tempo necessário para o virar das páginas, que se abre para a subjetividade e isola da realidade momentânea. A leitura literária em voz alta do livro, nesse caso, chega como acalento da voz materna e como suspensão do tempo e da realidade. É a "materialização da transcendência", como explica o autor:

> A função do livro se assemelha, antes, à do santuário. Para além da disparidade das fontes, às quais um certo grupo deve conferir uma unidade espiritual ou um poder sobrenatural, a forma do livro, ao envelopar o todo com sua geometria perfeita, apresenta-se efetivamente, a exemplo de certas arquiteturas, como a materialização da transcendência. (Melot, 2012, p. 47)

O tempo do objeto livro não é o das telas dos computadores e do seu desenrolar infinito. Ele é ritmado pelo virar das páginas, da narrativa, e determinado por uma capa, pelo seu fechar e findar. A experiência leitora é regida por Kairós, deus do tempo oportuno da mitologia grega, aquele que não pode ser cronometrado, medido. Já a materialidade do livro é regida por Cronos, deus do tempo e da pressão das horas, marcada pelo relógio. O livro acaba no seu fim, mas a leitura e sua existência no outro, no leitor, são eternas. Por sua vez, essa experiência é única para cada leitor no seu tempo e no seu espaço, na sua relação com o objeto e com o que dentro dele é guardado.

O que observei na relação entre mãe e bebê, em um curto intervalo do tempo cronológico, a partir da leitura de um livro destinado a crianças, foi, também, de entrega à experiência e à subjetivação. O enlace dos braços e os olhares sorrindo é o resultado da experiência da recepção do abrir as capas e se entregar aos seus cadernos, às suas dobras, aos seus vincos, e de todas as conexões despertadas e vivenciadas pelo livro. Outro tempo, mesmo que findável, foi instaurado. O tempo da experiência.

Corpos sagrados

Enquanto a Mãe Mobilizadora Thais, a Jeane e a bebê atuavam num primeiro núcleo, outro havia se formado. Quando Thais se abaixou para ler para as outras crianças, Izabelly, de 2 anos, estava envolvida com o episódio do livro deixado na visita anterior. Ao chegarmos à casa, ela mostrou à Thais que o livro foi rasgado. A mãe explicou que ela ficara por muitos dias com o objeto, que acabou estragando. A Thais, então, disse para que ela ficasse com o livro para si, já que havia gostado tanto. Mesmo com o começo da leitura, Izabelly ainda estava envolvida com a questão do livro rasgado e tentou entregá-lo para a Thais, mas não obteve sucesso. Então, seguiu com o seu livro favorito rasgado em direção ao irmão, Bruno.

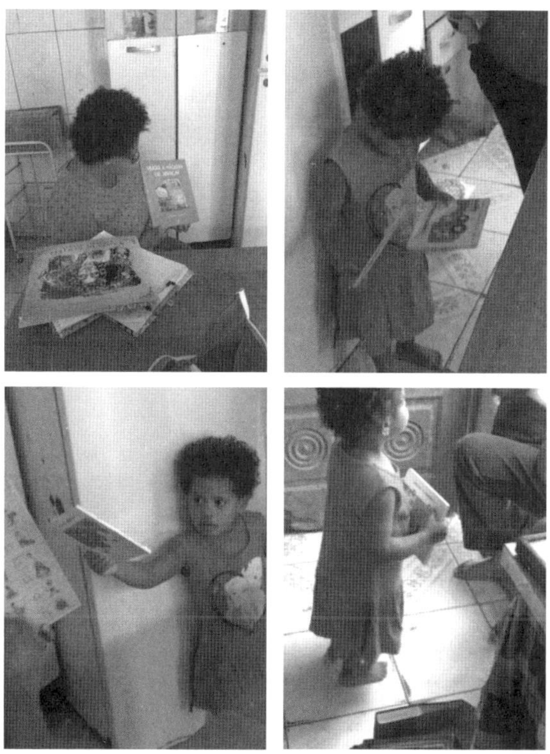

Figura 9.3 – Izabelly e sua interlocução com seu livro.

Nesse momento, além dos olhares, os corpos também se conectaram. Dedos dos pés, mãos, cabeças. O livro, nas mãos, tornou-se extensão do corpo, pedindo licença para chegar e ser lido, como um ato sagrado.

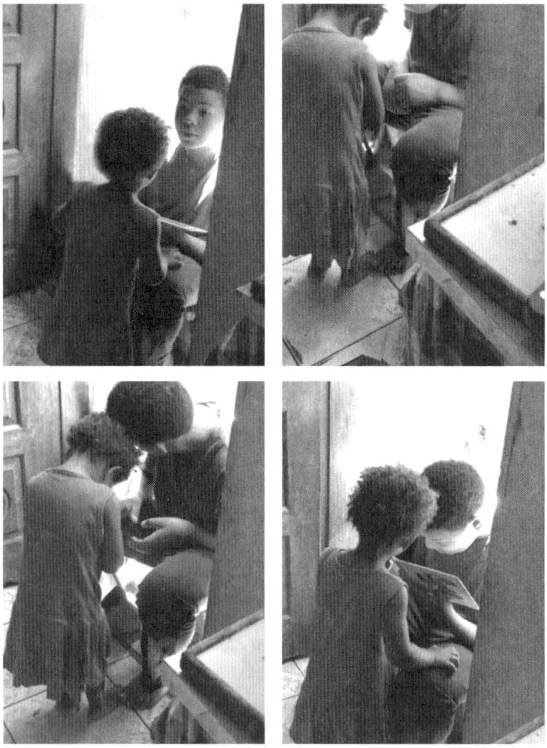

FIGURA 9.4 – Conexão entre os corpos e o livro.

Em seguida, Izabelly pegou novamente o livro, deu uns passinhos para trás e o abriu, ainda de ponta-cabeça, "lendo-o" para o irmão, num gesto de mediação leitora. Bruno recebeu a leitura com um grande sorriso amoroso. Elevou as mãos ao rosto e admirou a irmã.

Figura 9.5 – Mediação de leitura feita pela Izabelly para o irmão.

Acolhida em seu ato leitor, a pequena levou o livro ao irmão, que o abriu e o virou para Izabelly, também num gesto de mediação. Nesse momento, a mãe, atenta à leitura, deu uma risada em resposta ao livro, e Izabelly se virou para ela. Em seguida, novamente, voltou-se ao irmão, que continuava a lhe mostrar o livro, o que nos fez perceber que tanto Bruno quanto Izabelly tinham interiorizada a mediação como modelo de leitura.

Figura 9.6 – A interação dos irmãos por meio do livro.

Em seguida, Izabelly se aconchegou no colo do irmão, para continuar a ouvir a história lida por Thais. Olhares conectados e presentes, corpos enlaçados, colo oferecido e recebido, como um abraço.

Figura 9.7 – Atenção à leitura: conexão e aconchego.

Aqui, também ocorre uma troca de papéis na triangulação proposta pela pesquisadora colombiana do livro e da leitura, Yolanda Reyes (2010), se lembrarmos que, em muitas configurações familiares que contam com pouca ou nenhuma rede de apoio, a criança mais velha pode, momentaneamente, ocupar o lugar do adulto, dessa voz que toca o mundo subjetivo por meio do livro e oferece atenção e afeto à criança menor. Segundo Reyes (2010, p. 49):

> Esse encantamento que permite reter o eco das vozes mais queridas e abrigar-se com invólucros de palavras é o que talvez nos torne leitores e o que muitas vezes nos leve, em diferentes momentos da vida, a querer reviver a experiência afetiva do encontro.

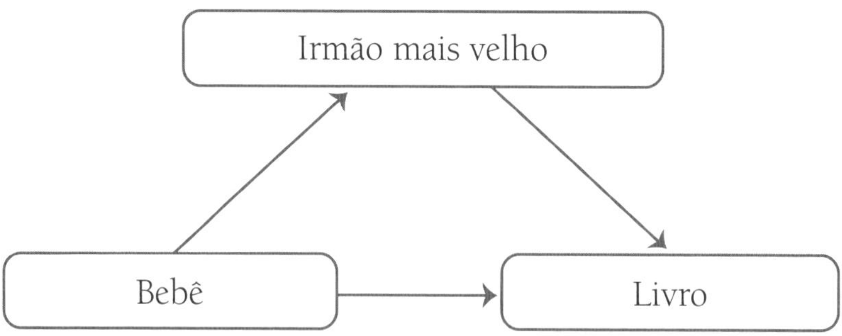

Figura 9.8 – Trocas de papéis entre os integrantes do triângulo amoroso.

O irmão, mesmo ainda criança, é modelo de afeto e de leitura de mundo, daquele que desbrava e guia caminhos. A leitura literária é acolhimento, é colo, é abraço, é barriga que protege da frieza do mundo, é suspensão do tempo, é respiro, é afeto, quando por ela se é afetado. É experiência única e subjetiva.

***

No período em que a Mãe Mobilizadora Thais abre o livro, uma nova ordem se instaura. É a linguagem transposta dos livros que ordena psiquicamente, que agrega, indica a posição de cada ator na cena, estabelece tempos e pausas. A desordem de uma noite maldormida e todas as dificuldades enfrentadas pela mãe, com duas bebês e um filho de 9 anos, estancam-se, numa espécie de pausa da realidade crua para dar lugar à realidade do sonhar.

Jauss (1978 *apud* Jouve, 2002, p. 108) diz que a leitura como experiência estética é sempre

> [...] "um tanto libertação de alguma coisa quanto libertação para alguma coisa". Por um lado, ela desprende o leitor das dificuldades e imposições da vida real; por outro, ao implicá-lo no universo do texto, renova sua percepção do mundo.

Oferecer leitura literária em espaços desprovidos de equipamentos culturais é possibilitar a experiência estética, o deslocamento do olhar. Jouve (2002, p. 109) cita Abraham (1983), explicando que "ler é desterritorializar: deixar passar pelo corpo os fluxos, as tendências inconscientes, as palavras de ordem que caracterizam o livro como ordenação".

O livro literário não só é mediador da conexão mãe e bebê, como também possibilita o deslocamento de posições entre os diversos atores (mãe e bebê, irmão mais velho e irmã mais nova) e de tempos, com a mãe permitindo-se suspender a realidade para viver a experiência literária. O impacto cultural da leitura, segundo Jauss (*apud* Jouve, 2002, p. 125),

> [...] pode assumir três formas distintas: transmissão da norma, criação da norma, ruptura da norma. A obra pode transmitir os valores dominantes de uma sociedade (literatura oficial ou estereotipada) ou legitimar novos valores (literatura didática e militante) ou ainda romper com os valores tradicionais renovando o horizonte de expectativa do público.

A mãe, Jeane, por meio da leitura, é acolhida e consegue acolher. Bruno, o irmão mais velho, repete a ação com a irmã mais nova. Ele também é acolhido pela Mãe Mobilizadora e, simbolicamente, abraçado pela leitura, o que o permite, também, acolher e abraçar. É o deslocamento do olhar e da ação.

O bebê só se constitui pelo outro, e a mãe também só se fortalece em sua maternidade por meio do outro como suporte, aqui, a Mãe Mobilizadora. Tanto o bebê quanto a mãe precisam do outro para se constituírem como sujeitos em seus papéis sociais de filho e de mãe, e ambos encontram no livro um espaço de comunicação, de conexão e de afeto. Não é a comunicação denotativa apenas, mas, sim, a simbólica. O livro é o elo entre a mãe e o bebê, e entre a mãe e a Mãe Mobilizadora, quando esta ocupa o lugar do leitor. Da mesma forma, entre as crianças, o livro também atua como elo de comunicação e de afeto.

Antonio Candido (2011, p. 175) afirma em seu texto-chave, *O direito à literatura*:

> [...] assim como não é possível haver equilíbrio psíquico sem o sonho durante o sono, talvez não haja equilíbrio social sem literatura. Deste modo, ela é fator indispensável de humanização e, sendo assim, confirma o homem na sua humanidade, inclusive porque atua em grande parte no subconsciente e no inconsciente.

Literatura é espaço de existência. É lugar de presença, de silêncio, de escuta. É a forma como o sensível se apresenta e vai protegendo os espaços, dando segurança e aparato para que as singularidades e as subjetividades se apresentem. De acordo com Candido (2011, p. 176), "A literatura não corrompe nem edifica, portanto, mas trazendo livremente em si o que chamamos o bem e o que chamamos o mal, humaniza em sentido profundo, porque faz viver".

Considerações finais

É possível concluir que a conexão mãe e bebê se dá, sim, entre outras formas, por meio da literatura, mas, para que isso aconteça, o livro precisa ser aberto, lido e mediado. Em situações de mães com bebês pequenos e de ausência de uma rede de apoio que garanta cuidados, arrisco a dizer que essa conexão se dará apenas se a mãe também receber o colo literário, se for abraçada pelo livro, se for cuidada.

Ainda fusionada com seu bebê, a mãe precisa ser cuidada, acolhida e amparada, para que possa exercer sua maternagem e garantir o crescimento físico e psíquico saudável do seu filho. O bebê só estará seguro se a mãe estiver segura. Para isso, é necessário um Estado atuante, que proteja as mulheres e seus bebês, sobretudo em situações de vulnerabilidade.

A leitura do livro literário é um espaço de ordenação psíquica, assim como seus cadernos físicos, e de possibilidade de rompimento dos valores tradicionais, renovando expectativas em relação à vida (Jouve, 2002, p. 125). Dentro de uma rotina sufocante, massacrada pela realidade, é subversão, é quebra do pacto de perpetuação dele. Quando a mãe é acolhida e percebe que não está só, que pode ser cuidada e cuidar, ela rompe com a realidade e afirma uma nova posição, que pode ser momentânea ou não.

As Mães Mobilizadoras são as cuidadoras das mães, as leitoras da vida, que promovem *afeto*, palavra que traz em sua etimologia (segundo o Dicionário Houaiss), do latim *affectus*, *affēctus*, o sentido de comover o espírito, de tocar, e, por extensão, de *unir*, unir mães e bebês pela leitura do livro literário.

Referências

CAMPBELL, S. *Hugo e a máquina de abraçar.* São Paulo: Salamandra, 2015.

CANDIDO, A. *Vários escritos*. 5. ed. Rio de Janeiro: Ouro sobre azul, 2011.

HOUAISS, A. *Grande dicionário Houaiss da língua portuguesa*. Disponível em: https://houaiss.uol.com.br/. Acesso em: 25 ago. 2022.

JOUVE, V. *A leitura*. São Paulo: Unesp, 2002.

LHULLIER, L. *A casa de dentro e outras loucuras*. [*S. l.*]: [*S. n.*], 2015.

MELOT, M. *Livro,*. São Paulo: Ateliê, 2012.

REDE NOSSA SÃO PAULO. *Mapa da desigualdade*. 2021. Disponível em: https://www.nossasaopaulo.org.br/wp-content/uploads/2021/10/Mapa-Da-Desigualdade-2021_Tabelas.pdf?. Acesso em: 24 ago. 2022.

REYES, Y. *A casa imaginária*: leitura e literatura na primeira infância. São Paulo: Global, 2010.

REYES, Y. O triângulo amoroso. *In*: LIMA, E.; FARIA, F., LOPES, R. (org.). *As crianças e os livros*: reflexões sobre a leitura na primeira infância. Belo Horizonte: Fundação Municipal de Cultura, 2017.

SANJUÁN, B. *Era uma voz*: o primeiro livro do bebê. São Paulo: Livros da Matriz, [2022?]. No prelo.

WINNICOTT, D. W. *A família e o desenvolvimento individual*. 4. ed. São Paulo: WMF Martins Fontes, 2011.

WINNICOTT, D. W. *Os bebês e suas mães*. São Paulo: WMF Martins Fontes, 2012.

Bibliografia consultada

ANDRUETTO, M. T. *A leitura, outra revolução*. São Paulo: Sesi, 2017.

CANDIDO, A. *Literatura e sociedade*. 13. ed. Rio de Janeiro: Ouro sobre azul, 2019.

LARROSA BONDÍA, J. Notas sobre a experiência e o saber de experiência. *Revista Brasileira de Educação*, n. 19, p. 20-8, jan./abr. 2002. Disponível em: https://www.scielo.br/j/rbedu/a/Ycc5QDzZKcYVspCNspZVDxC/?format=pdf&lang=pt. Acesso em: 24 ago. 2022.

LÓPEZ, M. E. *Um mundo aberto*: cultura e primeira infância. São Paulo: WMF Martins Fontes, 2018.

PETIT, M. *A arte de ler*. São Paulo: 34, 2009.

10

De pedagoga a "escutadora": o percurso pessoal de quem está no caminho

Roselene Crepaldi

Foi sentada sobre um tecido de chita com o fundo verde, estampado com diversas flores coloridas, que a pedagoga se transformou em escutadora.

Naquele momento, foi como se um interruptor tivesse sido ligado.

Aquela pessoa, que aprendeu a ser professora, mudou de lugar. Passou a escutar o que as crianças diziam, sem se preocupar em ensinar, em dizer o que e como era para acontecer.

Foi mágico!

As crianças simplesmente criavam, conversavam, desenhavam o que imaginaram, trocavam lápis de cor, esperavam sua vez, escolhiam o melhor lugar e expunham suas criações numa sintonia tão perfeita que a pedagoga percebeu que, se fizesse qualquer intervenção, poderia romper aquela fina, transparente e poderosa conexão que as vozes das crianças construíram.

Lá se vão quase seis anos que mudaram completamente a maneira como a pedagoga passou a participar de encontros com crianças.

Mas, afinal, por que essa transformação é tão importante?

Se fizermos uma viagem para a Grécia, para compreender a etimologia das palavras, teremos, de maneira simplificada, que o *pedagogo* é o "encarregado de conduzir as crianças" (Houaiss, 2013).Quando uma pessoa estuda Pedagogia, aprende métodos de ensinar, de planejar e de tomar decisões por outros; aprende a responder o que é perguntado; aprende o trabalho de ser professor.

Libâneo (2006, p. 7) amplia esse entendimento ao colocar que "Todo trabalho docente é trabalho pedagógico, mas nem todo trabalho pedagógico é trabalho docente. Um professor é um pedagogo, mas nem todo pedagogo precisa ser professor".

O trabalho do pedagogo transita pela diversidade existente no campo pedagógico, aquilo que faz parte do processo educativo e que contempla as relações de ensino-aprendizagem. Não necessariamente esse profissional trabalha de maneira direta com a docência dentro da sala de aula, mas pode, também, planejar a ação, organizar os espaços, escolher as ferramentas, fazer orientações e resolver questões.

Ao estudarmos a história da Educação e da Didática, sempre a figura daquele que ensina é investida de certo "poder", não só nas linhas pedagógicas mais tradicionais. De maneira geral, apenas a presença desse profissional em determinado espaço já indica aos demais que há um "alguém" responsável, que dá e tira a voz, que tem uma intencionalidade que transcende todas as outras pessoas.

Muitas vezes, as oportunidades de formação continuada, provocam mais o pedagogo a participar do que a escutar o outro. Saber escutar é colocar-se verdadeiramente à disposição do outro.

Então, se pensarmos no que se espera de um pedagogo, dentro e fora da escola, pouco se enfatiza a escuta do outro, mas, sim, a sua intervenção, a capacidade de dizer o que deve ou não ser feito e avaliar se o resultado está de acordo com aquilo que foi ensinado por ele, o que nem sempre demonstra a essência do outro, aquilo que realmente o outro quer dizer.

O pedagogo aprende mais a falar, a encontrar meios de dizer, de ensinar, do que de prestar a atenção, de ouvir e de escutar, inclusive, a si mesmo. Será que essa "surdez" tem ligação apenas com o período da vida do ser humano, a infância, em que a presença do pedagogo é mais comum? Para responder a essa questão, é preciso voltar no tempo e visitar novamente a etimologia de outra palavra: *infância*, que tem origem no latim e se refere ao indivíduo que "ainda não é capaz de falar" (Houaiss, 2013).

Penso que esta relação é bastante eloquente: aquele que conduz não é preparado para ouvir aquele que não é capaz de falar.

Portanto, a transformação do *pedagogo que conduz* para o *pedagogo que escuta* só é possível quando ele se deixa conduzir pelo que as crianças dizem e passa a ouvir as inquietações que acontecem, conseguindo perceber que as linguagens são muitas. Como nos inspira Malaguzzi (2016, p. 21), "As cem estão lá".

A transformação só acontece depois de uma tomada de decisão, a de se reconhecer como alguém que está em constante aprendizado e que o aprender se dá na possibilidade do encontro, em companhia, como nos diriam Oliveira-Formosinho e Kishimoto (2002), e transbordam do encontro entre ele, o pedagogo, e as crianças.

Assim, se a criança tem cem (ou mais) linguagens, precisamos multiplicar nossa capacidade de escuta.

Para uma pedagoga madura, com mais de 35 anos de atuação na área da Educação, foi a experiência construída, passo a passo, na companhia de pessoas sensíveis e respeitosas que a ouviram e permitiram transformar o falar em escutar.

Brincar e escutar

O convite para o exercício da escuta chegou pelo brincar, pela militância da garantia do direito de as crianças terem tempo, espaços e materiais com qualidade para brincar, e pela necessária sensibilização dos adultos.

Brincando, começamos a apurar o olhar, primeiro, para sensibilizar mais pessoas a atuarem e defenderem a causa, depois, para repensar as relações que elas estabeleciam com os lugares, os tempos, os materiais e entre as crianças.

Teóricos de diferentes abordagens reconhecem a importância do brincar para o desenvolvimento global da criança, e, na leitura atenta de muitos deles, reconhecemos o protagonismo das crianças, que, ao brincar, expressam quem são, o que desejam, o que sentem.

Ao estabelecer um diálogo com teóricos como Vygotsky (1989, 2003), deparamo-nos com ideias essenciais sobre a relação entre o brincar e o desenvolvimento cognitivo, afetivo e social, porque tais ideias desprendem-se daquilo que é material e passam a ser simbolizadas pela linguagem.

Piaget (1980) analisa o jogo, estabelece fases para explicar o desenvolvimento, exemplifica como a criança estrutura, assimila e representa situações na relação com diferentes objetos.

Wallon (2007) considera que, para a aprendizagem acontecer, são necessários afeto, movimento e atenção às situações de jogos e à diversão com fins em si mesmos.

Essas e outras leituras provocam uma mudança no olhar sobre as crianças, sobre a infância e o brincar.

Pela leitura de Kramer (2002), foi possível apreender que a criança é um ser social, é alguém hoje, não é um indivíduo que virá a ser. E, quando as crianças se encontram na brincadeira, é como observar as figuras que se formam em um caleidoscópio. São diversos e encantadores arranjos que elas realizam ao se movimentarem. Ficamos deslumbrados com os resultados, as combinações variadas e completamente integradas que observamos.

Assim, respalda-se nas reflexões de Friedmann (2013, p. 31-2) sobre

> [...] a urgência de retomar contato com nosso ser mais profundo, com nossas imagens interiores, ao nos vincularmos às imagens expressivas das crianças à nossa frente; a urgência de ouvi-las e ouvirmo-nos para ressignificar, recriar, transformar os nossos cotidianos de forma mais significativa e digna.

Seguir na autotransformação, observando a pedagoga que interfere, responde, resolve e passar a cultivar a capacidade de esperar, perguntar, indagar não é uma tarefa fácil; exige reflexão e autocontrole.

Perceber que é possível participar sem tomar para si a condução do processo é muito desafiador. É preciso estabelecer vínculos de confiança.

Quando as crianças brincam, elas entram em um mundo diferente da realidade que vivemos, e é preciso ter muito respeito por elas para poder participar desse lugar diferente. É preciso ser aceito.

Em geral, é importante apresentar-se sem grandes formalidades, dizer o próprio nome. Isso ajuda a estabelecer as identidades, para, talvez, assumir algum papel na brincadeira.

É importante pedir licença, expressar interesse e respeito pela atividade e pelos objetos. Reproduzir gestos conhecidos, fazer algumas perguntas que mostram interesse e curiosidade, sair das obviedades cotidianas e permitir-se observar atenta e respeitosamente o que acontece, porque, seja o que for, é único.

Aprender a escutar as crianças observando suas brincadeiras resulta num dos principais passos para a transformação individual. Trata-se de ampliar as reflexões teóricas para além da Psicologia e realizar o esforço intelectual de interpretar sentidos (Geertz, 2000).

Realizar escutas internas para, depois, escutar o outro

A escuta interna é um exercício desafiador.

Existem situações na vida que nos impulsionam a retomar as escolhas pessoais e os resultados em diversos aspectos (profissionais, amorosos, econômicos, até mesmo, espirituais), a refletir sobre isso. Ao realizar tais reflexões, conseguimos compreender causas, consequências, desafios e novos direcionamentos.

A possibilidade de atuar nas áreas do lazer e da educação não formal foi um desafio bastante prazeroso, porque permitiu uma atuação com maior liberdade de ação do que no universo escolar.

Foi possível executar projetos com ênfase no brincar e na criança, sem preocupação com a formalização do sistema de ensino, que compartimentaliza e, em grande parte, professa um discurso bastante diverso da prática.

Também ampliou os horizontes de atuação, e a oportunidade de integrar uma comunidade colaborativa – o Mapa da Infância Brasileira (MIB).

Idealizado por Adriana Friedmann, mais que uma estudiosa, uma entusiasta das infâncias, o MIB constitui-se como uma rede virtual e presencial:

> [...] uma comunidade colaborativa de aprendizagem que reúne instituições, fundações, institutos, redes, órgãos públicos, ONGs e coletivos que impactam na qualidade de vida de crianças, assim como de suas famílias e comunidades. Tem como missão: articular, promover, mobilizar, apoiar e criar sinergias entre os diversos atores sociais e iniciativas em torno da causa da Infância. (Friedmann, Romeu e Oliveira, 2016)

O principal objetivo do MIB é:

> Promover diálogos, trocas, ações colaborativas e campanhas entre as diversas iniciativas, além da difusão de informações e conteúdos fundamentais para descobrir e incentivar boas práticas na área de Infância (Friedmann, Romeu e Oliveira, 2016)

Foram realizados diversos processos de transformação pessoal e profissional, por meio da elaboração e da participação em encontros presenciais e virtuais, da construção e da aplicação do Vozes da Infância Brasileira (VIB), e da publicação de relatórios e de artigos que ampliaram o debate sobre a importância de dar voz às crianças em diferentes contextos.

Como diz um provérbio africano, "*É preciso uma aldeia inteira para educar uma criança*", lá fomos nós, encontrando gente que brincava, cantava, dançava, cuidava, educava, alimentava, limpava, costurava, bordava, digitava, fotografava, filmava, escrevia, lia, falava... Tantos gestos humanos, como nos lembra David Reeks e Renata Meirelles em seu *Território do brincar* (2015).

Encontrar parceiros para colocar em prática aquilo que nos move, aquilo em que acreditamos. E, assim, fomos articulando para escutar as crianças, dar voz e vez ao que pensavam, sentiam e a todas as suas manifestações, utilizando todas as cem linguagens ou mais.

Para escutar, é preciso apresentar-se, pedir permissão para participar, para tomar notas, para fotografar, para filmar, para registrar processos e produtos. Em certas situações mais formais, é importante que essa autorização seja dada por escrito.

Estabelecer algum vínculo inicial, responder às curiosidades, respeitar as opiniões e os posicionamentos das crianças são ações imprescindíveis. E, com essa postura respeitosa, afetiva e cuidadosa, planejar e organizar espaços e tempos e disponibilizar materiais e objetos, que, para além da linguagem oral e corporal, possam materializar as expressões, as ideias, os pensamentos, as sensações, as emoções, os posicionamentos e todas as manifestações.

Nesse processo de aprendizagem, ficou claro que, para escutar crianças, é preciso lembrar-se dos versos de Gilberto Gil, tão sensivelmente expressos na música *Se eu quiser falar com Deus* (1981).

Ao retomar a canção, nota-se por que a escuta interna é tão importante. Se não conseguirmos calar as diversas vozes que insistem em direcionar o que criança deve fazer, como ela precisa responder, "portar-se" e tantos outros "barulhos" internos, não nos encontraremos em paz, com os "nós" desatados, permitindo o fluir dos sentimentos e a certeza da presença, para captar as sutilezas dos movimentos, dos olhares, das relações das crianças com seus pares e consigo mesmas, com os objetos e com os espaços.

Não se pode esquecer de mencionar a importância das anotações, dos registros, da descrição do que foi observado, das impressões e das sensações durante o processo. Exercitar o registro foi outro desafio. É preciso ser objetivo e descritivo quando nos referimos ao processo e ao produto das crianças, mas é imprescindível relatar os sentimentos e as emoções pelas quais passamos durante a escuta, porque muitas das respostas não acontecem de perguntas objetivas. Não se trata de uma entrevista com perguntas e respostas diretas, como estamos acostumados a assistir nos meios de comunicação.

Talvez uma boa imagem seja a semelhança com um jogo, em que os participantes têm interesse e curiosidade sobre um tema e transitam, juntos, pelo tabuleiro avançando e retrocedendo, contando com a sorte, trocando informações e afetos, resolvendo desafios com criatividade e imaginação.

As crianças não são sujeitos passivos, não se expressam de acordo com a lógica do adulto; elas têm modos, próprios, de serem diferentes. Para os adultos, às vezes, as falas, os desenhos, os gestos e outras expressões podem causar estranhamento, inquietações e dúvidas.

Escutas realizadas

Podemos observar, desde o século XX, um aumento na quantidade de estudos sobre a infância. Não é objetivo deste tentar discutir sobre os motivos que levaram a tal situação, mas, sim, relatar as reflexões de alguns deles, em especial, os da Sociologia e da Antropologia da Infância, que serviram para qualificar e transformar atitudes pessoais durante a realização dos processos de escuta das crianças dos quais participamos.

A primeira atitude é interessar-se verdadeiramente sobre o que as crianças pensam a respeito de um tema; a segunda é saber perguntar; a terceira é saber ouvir com o coração.

As áreas da Sociologia e da Antropologia da Infância nos ensinam que a etnografia é uma metodologia que contribui para ir a campo, aproximar-nos e situar-nos nas culturas das infâncias.

Questões éticas permeiam essa aproximação. É preciso ter permissão, porque compreendemos que a criança é coprodutora do processo, como nos diz Corsaro (2005), ao oferecer elementos para procedermos à entrada no campo e realizar "pesquisa *com*, e não mais *sobre*, crianças", aceitando sua contribuição direta para todo o processo.

As crianças têm diferentes comportamentos durante o processo de escuta e, na presença do escutador, algumas podem não demonstrar constrangimento, outras podem evitar o contato. Uma coisa é certa: o escutador sempre é observado, investigado, provocado à medida que estabelece relações buscando interações.

Os registros de experiências de escuta durante a implementação do instrumento de escuta VIB aqui descritos pretendem ilustrar as atitudes transformadoras da *pedagoga* em *escutadora*.

> O VIB – Vozes da Infância Brasileira é um instrumento criado com o objetivo de observar, ouvir e conhecer o cotidiano e as diversas atividades espontâneas das crianças, com o intuito de compreender e conhecer suas preferências, interesses, potenciais etc., desde o ponto de vista das próprias crianças, a partir dos seus próprios olhares e linguagens expressivas. Compreende as seguintes etapas: OBSERVAÇÃO, DIÁLOGOS e criação de VÍNCULOS, ESCUTA e REGISTRO das diversas LINGUAGENS e EXPRESSÕES, PROPOSTAS PARTICIPATIVAS LÚDICO-CRIATIVAS, pensadas para ser aplicadas a crianças abaixo de 6 anos, crianças entre 7 e 12 anos e adolescentes a partir de 12 anos. (Friedmann, Romeu e Oliveira, 2016)

Acreditamos também, que a própria experiência colaborativa da construção do instrumento VIB foi o primeiro passo em direção à escuta. A primeira mudança: sentir-se respeitada e capaz de observar, sem a preocupação em dar respostas.

Centro de Apoio e Pastoral do Migrante (Cami)

O Centro de Apoio e Pastoral do Migrante (Cami) foi criado em 2005 pelo Serviço Pastoral dos Migrantes, para promover e defender os direitos humanos do migrante, desenvolver trabalhos assistenciais, orientação jurídica, promoção cultural, atividades de formação para a cidadania, para a inclusão social e a digital.

A escuta foi realizada durante as festividades do Dia das Mães e, na ocasião, também aconteceu a testagem de um aplicativo de uma instituição parceira para levantar o índice de segurança comunitária, na opinião das famílias presentes no evento.

Participaram da escuta integrantes do MIB, uma pedagoga e duas estagiárias da área de Educação, com formação para realizar a escuta utilizando o instrumento VIB.

Chegamos com uma hora de antecedência. No salão do térreo, aconteceu uma reunião com os adultos, e a escuta com o VIB ocorreu em outro salão, no andar superior.

Um grande tecido verde de chita, estampado com flores coloridas, foi colocado no chão no centro do salão. Foram espalhados potes com canetas hidrográficas coloridas, giz de cera, cola branca, revistas, gibis diversos, folhas de sulfite e folhas de papel *kraft* sobre o tecido.

As crianças, de 0 a 12 anos, chegaram aos poucos; algumas delas com algum familiar, outras, sozinhas. Os pesquisadores e as crianças não se conheciam, mas houve sintonia; todos foram acolhidos com interesse e respeito.

À medida que as crianças chegavam, deparavam-se com o material sobre o tecido e iam se acomodando. Desenhavam, recortavam, colavam, demonstrando alegria, interesse, curiosidade, capricho e atenção.

As escutadoras, um tanto ansiosas e curiosas, aproximavam-se das crianças, apresentavam-se e solicitavam as autorizações para ouvi-las sobre suas produções, seus sentimentos e suas emoções.

Algumas crianças acolhiam prontamente a solicitação das escutadoras; outras primeiro buscavam perguntar aos pais; e ainda houve as poucas que negaram ou ignoraram a solicitação.

Sentada no tecido verde, rodeada por crianças de diferentes faixas etárias, era possível sentir a vibração de alegria.

Observamos, durante a realização da escuta, a alegria na expressão das crianças entre as produções e as falas. Elas retratavam as brincadeiras, a constituição das famílias, os lugares onde moravam e, no caso, como o evento era para comemorar o Dia das Mães, fizeram desenhos das mães. Esses se tornaram os presentes. Como num passe de mágica, as crianças passaram a falar que os desenhos ou as colagens representavam aquilo com o que queriam presentear ou lugares onde gostariam de passear com as mães.

Intrigadas, observamos que as crianças fizeram pouca ou nenhuma referência às origens culturais e familiares, e, quando o assunto surgia, por exemplo, na ocasião de um desenho com a bandeira brasileira, percebeu-se a afirmação da nacionalidade brasileira:

– Eu sou brasileiro!

Essa afirmação nos fez pensar sobre a transição entre as culturas e sobre a importância da valorização da cultura de origem e dos costumes familiares.

Todo o processo transcorreu com muita calma e alegria. Não se observou conflito para uso dos materiais. As crianças escolhiam as cores, pegavam nos potes, utilizavam os materiais nas produções, devolviam os potes. Transitavam sobre o tecido com cuidado para não pisar nas produções das outras crianças.

O som predominante era de conversa e algumas risadas. Não houve choro, discussão, birra! Os pais incentivavam, não impunham, não sugeriam, nem perguntavam.

Foi uma experiência inesquecível, completamente diferente de todas as outras atividades com pais e crianças atuando em conjunto.

A tranquilidade e o silêncio dentro da sala e a colaboração entre as crianças foram situações marcantes durante toda a atividade.

Conforme as crianças terminavam seus trabalhos, foram convidadas a fixá-los nas paredes das salas e a chamarem seus amigos e seus pais para ouvir sobre o que desenharam e por quê.

Percebia-se claramente o interesse, o respeito e a valorização das produções. Algumas crianças pediam permissão para levar suas produções, e outras declaravam que gostariam de deixá-las expostas para que todos vissem.

Ficou explícito que o processo de escuta, e de materialização dos presentes e desejos, foi suficiente, satisfez a crianças e a adultos, e surpreendeu positivamente as escutadoras.

Iglesia Bautista Unida Hispana Nueva Jerusalén

O trabalho realizado pela instituição religiosa Iglesia Bautista Unida Hispana Nueva Jerusalén tem por objetivo principal acolher as pessoas e suas famílias, em especial, imigrantes latino-americanos que se encontram com problemas pessoais e/ou familiares, sejam econômicos, sejam sociais. Além das atividades religiosas, desenvolvem outras atividades em parceria com o Cami, como cursos de iniciação profissional, cursos de português, entre outros.

Chegando à instituição com uma hora de antecedência, verificamos um cartaz informando à comunidade sobre a presença das duas pesquisadoras e de uma estagiária, na data e nos horários previamente combinados.

Fomos muito bem recebidas por mães voluntárias e encaminhadas a um grande espaço cimentado, nos fundos de um galpão em que acontecem os cultos e os cursos, no qual algumas crianças já estavam brincando de futebol, outras, com figurinhas.

Demonstrando interesse pelo que as crianças brincavam e conversavam, fomos nos apresentando nos pequenos grupos em que as crianças estavam. Respondendo às suas perguntas e às suas curiosidades, procedemos às solicitações de autorização para participação da escuta lúdica, as quais foram aceitas sem nenhuma contestação.

À semelhança do Cami, organizamos o espaço com os tecidos e a distribuição dos materiais, a diferença foi que as crianças que lá estavam e que chegavam foram participando da arrumação, interagindo e fazendo comentários como:

– Nossa, parece toalha de piquenique!

– Eu faço piquenique no parque.

– Minha mãe também tem uma toalha.

Alguns jovens, timidamente, apareceram. De início, ficaram observando e foram aproximando-se com cuidado.

As conversas foram fluindo, e o tema sobre como vieram de casa até a igreja foi tomando mais consistência e interesse, até que eles começaram a utilizar os materiais disponíveis para desenharem os caminhos que percorriam de suas casas até a Igreja.

Enquanto desenhavam, comentavam os desenhos dos colegas:

– Falta o carro, mas eu não sei desenhar.

– Eu sei desenhar. Começa pela roda...

– Falta a faixa de pedestre.

– Vou desenhar o farol!

– Agora, as pessoas na faixa de pedestre.

– O cachorro do Ronald[1] é maior do que ele.

– Ele comeu muito e ficou assim!

Esse grupo de crianças passou a desenhar e a falar sobre o trajeto que percorriam, de início, individualmente, mas, à medida que conversavam, constataram que alguns caminhos se cruzavam, então, resolveram unir os desenhos em alguns trechos.

---

[1] Nome fictício.

Três meninos, muito minuciosos, desenharam casas com muitas grades e cachorros mostrando os dentes. Perguntei sobre os desenhos, e eles contaram que algumas pessoas colocavam muitas grades nas casas, por causa dos roubos, que eram frequentes, e também era por isso que tinham cachorros.

– Eles são muito bravos! São para morder os ladrões!

Relatos que demonstram a percepção clara de que a existência das grades não é suficiente para conter a insegurança e a violência do mundo adulto.

Como muitas dessas crianças já se conheciam e conviviam umas com as outras, a sintonia era tamanha que o tempo fluiu com muito mais rapidez. As conversas eram entusiasmadas, em tom bem alto. Também percebemos a vontade de participar e de auxiliar as pesquisadoras e as voluntárias na exposição dos trabalhos, a guardar os materiais e na distribuição de lanche, após o término da escuta.

O ambiente era muito colaborativo e solidário: os jovens cuidavam das crianças menores, para que, também, não fizessem muito barulho, por conta das atividades religiosas que aconteciam na tenda.

Nesse grupo, as trocas e a utilização de materiais não foram tão tranquilas. Os jovens com mais experiência e as pesquisadoras precisaram administrar alguns conflitos sobre a partilha, a ansiedade e o não desperdício.

Todavia, essas situações não interferiram negativamente para o processo de escuta, nem para as produções resultantes.

Aprendizagem transformadora

Existem diferentes infâncias, e, para adentrar nesses universos, é preciso exercitar a sensibilidade e as ideias preconcebidas. É preciso desapegar-se de valores e da lógica do ensino-aprendizagem pedagógico.

Estabelecer vínculos respeitosos e criar relação de confiança em curto prazo são desafios constantes, que podem ser superados com uma postura aberta, ética e respeitosa, para ser acolhida, convidada e autorizada a participar das atividades e produções durante o processo de escuta.

Diário de Campo, registros fotográficos e filmagens podem ser utilizados, desde que autorizados pelas crianças. Aliás, ressalte-se a familiaridade com os celulares e a iniciativa em fazer autonomamente os registros fotográficos e as filmagens, bastante comuns às crianças.

O uso de instrumentos adequados, que permitam o registro das linguagens, das emoções, dos comportamentos e das atitudes expressas durante a escuta é muito importante, por possibilitar as posteriores interpretações e reflexões sobre os conhecimentos gerados da escuta.

Outra aprendizagem transformadora acontece quando se retomam as atividades ou se apreciam, em conjunto com as crianças, as produções que foram construídas. As crianças se reconhecem, fazem comentários e observações que vão além do que esperamos.

Escutar as crianças permite ao adulto compreender a verdadeira a essência da criança, aquela que permanece e permite a evolução.

Só quando se escuta o outro, o indivíduo será capaz de ouvir suas próprias inquietações, suas próprias necessidades e seus próprios interesses, seu verdadeiro eu, e, por fim, transformar-se em um ser humano melhor!

Referências

CORSARO, W. A. Entrada no campo, aceitação e natureza da participação nos estudos etnográficos com crianças pequenas. *Revista Educação e Sociedade*, Campinas, v. 26, n. 91, p. 443-64, maio/ago. 2005.

FRIEDMANN, A. *Linguagens e culturas infantis*. São Paulo: Cortez, 2013.

FRIEDMANN, A.; ROMEU, G.; OLIVEIRA, A. H. *Mapa da infância brasileira*. 2016. Acesso em: https://www.facebook.com/mapainfanciabrasileira. Acesso em: 26 ago. 2022.

Geertz, C. O senso comum como um sistema cultural. *In*: Geertz, C. *O saber local*: novos ensaios em antropologia interpretativa. Petrópolis: Vozes, 2000.

Houaiss, A. *Grande dicionário Houaiss da língua portuguesa*. 9 nov. 2013. Disponível em: https://houaiss.uol.com.br/. Acesso em: 26 ago. 2022.

Kramer, S. Autoria e autorização: questões éticas na pesquisa com crianças. *Cadernos de Pesquisa*, n. 116, p. 41-59, jul. 2002.

Libanêo, J. C. Diretrizes curriculares da pedagogia: imprecisões teóricas e concepção estreita da formação profissional de educadores. *Revista Educação e Sociedade*, Campinas, v. 27, n. 96, p. 843-76, out. 2006.

Malaguzzi, L. De jeito nenhum. As cem estão lá. *In*: Edwards, C.; Gandini, L.; Forman, G. (org.). *As cem linguagens da criança*: a experiência de Reggio Emília em transformação. Porto Alegre: Penso, 2016. v. 2.

Território do brincar. Direção: David Reeks e Renata Meirelles. Produção: Estela Renner, Luana Lobo e Marcos Nisti. São Paulo: [*S. n.*], 2015. 1 DVD (90 min), son., color.

Oliveira-Formosinho, J. O.; Kishimoto, T. M. (org.). *Formação em contexto*: uma estratégia de integração. São Paulo: Thompson Learning, 2002.

Piaget, J. *Seis estudos de psicologia*. Rio de Janeiro: Forense, 1980.

Se eu quiser falar com Deus. Intérprete: Gilberto Gil. Compositor: Gilberto Gil. *In*: Luar (A gente precisa ver o luar). Intérprete: Gilberto Gil. Los Angeles: WEA International, 1981. 1 disco vinil, lado B, faixa 5. (4 min).

Vygotsky, L. S. *Pensamento e linguagem*. São Paulo: Martins Fontes, 1989.

Vygotsky, L. S. *A formação social da mente*. São Paulo: Martins Fontes, 2003.

Wallon, H. *A evolução psicológica da criança*. São Paulo: Martins Fontes, 2007.

Bibliografia consultada

Benjamin, W. *Reflexões sobre a criança, o brinquedo e a educação*. São Paulo: 34, 2002.

Parte III

O que aprendemos com as crianças

Para visualizar em cores as imagens deste capítulo, acesse o *QR code*:

11

O que aprendemos com as crianças: o direito à poesia e à convivência nos momentos de alimentação na escola de educação infantil

Eliani Ragonha

Vydian Felix Baptista Numa

O presente capítulo traz a narrativa de duas pesquisas realizadas com crianças entre 3 e 6 anos, de duas escolas municipais em cidades diferentes, frutos da pós-graduação *A vez e a voz das crianças*, coordenada pela querida professora doutora Adriana Friedmann.

Nosso primeiro encontro se deu logo no início do curso, quando nos correspondemos por carta, momento em que compartilhamos nossas memórias de infância. E, entre tantas colegas de pós-graduação, nós duas, Eliani e Vydian, enveredamo-nos para o mesmo tema: o momento da refeição de crianças pequenas. Fizemos pesquisas independentes, mas que culminaram na defesa do direito de conviver e do cotidiano poético das crianças, inclusive durante os momentos de alimentação. Assim, compartilhamos também a escrita dessas duas experiências, juntas!

A pesquisa intitulada *"Conversas ao pé do ouvido: alimento para as infâncias": pesquisa com crianças de um centro de Educação Infantil durante o jantar*, orientada pela querida professora Cisele Ortiz, foi realizada entre outubro e dezembro de 2019, pela coordenadora pedagógica Vydian Felix Baptista Numa (2020), em um Centro de Educação Infantil (CEI) da Secretaria Municipal de Educação de São Paulo, localizado no Tatuapé, bairro em que a pesquisadora nasceu e passou toda a infância, nas brincadeiras de rua e nas descobertas com meninas e meninos vizinhos. De acordo com o Projeto Político Pedagógico da Unidade (2020), esse CEI está localizado em um bairro nobre. A região teve forte tradição industrial, e, hoje, dá lugar a escritórios e a departamentos. Com a mudança das indústrias a outras localidades, o Tatuapé ganhou grandes condomínios residenciais de médio e alto padrão. Em geral, as crianças moram perto do CEI ou seus pais e suas mães trabalham na região. Grande parte deles têm formação universitária, com apenas algumas mães que finalizaram o ensino básico e que trabalham como diaristas em condomínios perto dali. Das 15 crianças pesquisadas, uma é filha de imigrantes oriundos de outro país. Um grupo composto por 7 meninas e 8 meninos, bastante assíduo, com faltas apenas por motivo de saúde ou algo parecido.

– Pra quê?

– O que é pesquisa?

– Mas o que eu tenho que fazer?

Essas foram as perguntas que as crianças fizeram quando foram convidadas para participar da pesquisa.

Quanto à outra pesquisa, *A vez e a voz das crianças nos momentos de alimentação na instituição de Educação Infantil*, realizada por Eliani Ragonha (2020), sob a orientação da professora doutora Silvana Augusto, aconteceu em uma Escola Municipal de Educação Infantil de São José do Rio Preto (SP), localizada no bairro Cidade Jardim, e estava centrada nos momentos de refeição de crianças de 4 a 5 anos de idade. As 19 crianças, nascidas entre abril de 2014 e março de 2015, 9 meninas e 10 meninos, frequentavam a escola pública em período parcial, das 12h30 às 17h30. Essa pesquisa foi realizada no segundo semestre de 2019.

A referida instituição situa-se em um bairro residencial que tem pequenos comércios, o bairro Cidade Jardim, e atende, em média, 170 crianças. Segundo dados do Projeto Político Pedagógico da escola (2019), a maioria das famílias de crianças ali atendidas é de classe média e média baixa, com renda entre 1 e 6 salários mínimos e escolaridade até nível médio. As crianças, em geral, são filhas únicas ou têm somente um irmão – cerca de 80% – e têm acesso a diversos tipos de brinquedos e recursos tecnológicos.

O objetivo principal da pesquisa foi discutir a importância desse espaço-tempo dos horários de refeição na instituição escolar para as aprendizagens e o desenvolvimento das crianças e para a garantia de seus direitos, com base na escuta atenta e respeitosa de suas vozes. A análise do conteúdo das gravações em áudio (1h39min48s de gravação de áudios, com e sem a presença da pesquisadora, em 41 laudas de transcrição) nos horários de refeição – café da tarde, por volta das 13h30, e jantar, aproximadamente, às 16 h –, bem como dos desenhos das crianças sobre esse momento da rotina possibilitou, no diálogo entre inquietações pessoais, o conhecimento de pesquisadores e a expressão de alguns poetas, um olhar mais aprofundado e curioso para as diversas manifestações infantis e para a garantia dos direitos de conviver, de expressar e de conhecer-se na escola de Educação Infantil.

Inquietações iniciais

Quem é que não gosta de uma boa conversa? E de cochichar ao pé do ouvido? E se essa conversa vier acompanhada de uma boa refeição? E o que será que acontece quando quem conversa são crianças dentro de uma instituição escolar? As crianças conversam durante esse momento? Sobre o que as elas conversam?

Foram essas as inquietações iniciais para a pesquisa com crianças de 3 e 4 anos, no momento do jantar. Nessas ocasiões, eu, Vydian, assumi uma postura de pesquisadora-observadora participante, e o espaço do refeitório foi o grande laboratório dessa experiência, vivida com 15 crianças, em que foi possível escutar e sentir. A base para a pesquisa foi a observação, a anotação e a gravação das vozes das crianças, sem o uso de captura de imagens, na tentativa de estar discreta na relação com as crianças, confiando no encontro. E não foi fácil abrir-se à escuta e, depois, à escrita, ainda mais com a pandemia da Covid-19, que obrigou a maioria de nós a passar por um período de isolamento a partir de março de 2020.

Um aspecto que também contribuiu para delinear o formato da pesquisa foi o incômodo de ouvir de algumas educadoras frases como:

– É hora de comer, não de brincar.

– Parem de brincar, pois, agora, é momento de comer.

Foi durante o estudo do livro *Interações: ser professor de bebês – cuidar, educar e brincar, uma única ação*, de Ortiz e Carvalho (2012), que eu, Vydian, questionei o grupo de professoras:

– É possível a uma criança parar de brincar?

Todas disseram que não, nunca.

– Então por que, em alguns momentos, como no refeitório, nós dizemos ou ouvimos a frase parem de brincar?

O silêncio nos dois grupos de estudo – um das 12h30 às 13h30, e outro das 17h30 às 18h30 – foi ensurdecedor, e formativo também. Uma ou duas colegas defenderam que era uma forma de as crianças terem mais atenção ao que estavam fazendo, alimentando-se. Aprofundada a provocação, as professoras foram questionadas:

– E elas param de brincar?

A maioria concordou que não. A pergunta que ficou, desse modo, foi:

– Então por que insistimos?

***

Para mim, Eliani, as perguntas iniciais que moveram a pesquisa foram:

O que acontece com as crianças nos momentos de refeições, quando estão fora de sua sala de referência, sentadas com seus companheiros de turma para se alimentarem? O que esses momentos nos revelam? Será que elas conversam sobre o que vivem na escola? Conversam sobre a alimentação, já que estão juntas para alimentar-se? Conseguem expressar-se de alguma maneira? O que elas têm a nos dizer?

Essas perguntas nortearam a pesquisa, as reflexões e as escritas sobre todo o processo vivido.

Alimentação, convivência, amizade e afetividade

A alimentação, na cultura brasileira, carrega significados que vão bem além do fator nutricional. Para cada época do ano ou ocasião especial, temos um ritual que inclui comidas: a ceia de Natal, o almoço de Páscoa, os salgadinhos e o bolo das festas de aniversários, o café ou o chá com biscoitos ao recebermos visitas em casa. Os convites vêm marcados com frases como:

– Vamos tomar um café!

– Venha almoçar em casa!

– Vamos comer uma pizza neste domingo?

E, durante a quarentena, crianças e adultos cozinharam em casa, dividindo tarefas, conversando, em um tempo de intimidade coletiva.

Nossa cultura é repleta de rituais, práticas e hábitos relacionados à alimentação, e tudo isso também está presente na rotina escolar ligada às refeições, mesmo que não aconteça de forma intencionalmente planejada. Além de ser um tempo destinado a nutrir o corpo da criança que está em pleno desenvolvimento, é também tempo de encontro, de fortalecer vínculos de afeto, de formar hábitos, de aprender com o outro. Assim como nas comemorações familiares e entre amigos, que acontecem "em torno da mesa", no espaço do refeitório da escola, convive-se, partilham-se gostos e preferências, laços de amizade surgem e podem ser fortalecidos. É um espaço-tempo no qual as crianças – mesmo que "comandadas" pelas professoras, que estabelecem regras sobre onde se sentar, quanto comer, com quem se sentar, em que momento sair para se alimentar – encontram maneiras de exercer seu direito e sua necessidade de, além de alimentar-se, conviver com outras crianças e outros adultos.

Todos os momentos vividos na escola são momentos educativos e constitutivos das subjetividades infantis. Porém, muitas professoras não percebem que os momentos ligados ao cuidar são importantes na rotina escolar, justamente porque são promotores do desenvolvimento e da aprendizagem das crianças. Sem compreender isso, acabam distanciando-se das crianças, tratando os momentos de cuidado com protocolos apenas burocráticos.

Invertendo essa lógica tradicionalmente instalada nas instituições de Educação Infantil, propomos o reconhecimento do momento de se alimentar como importante para as crianças, para a construção de sua identidade e para o exercício de seus direitos de desenvolvimento e de aprendizagem. Buscamos escutar as vozes das crianças a fim de compreender:

O que as crianças estão aprendendo nesses momentos? Do que falam? Quais são seus interesses? Com quem falam? Quem as escuta de verdade?

Desde que nasce, o bebê interage com o ambiente físico e social que o cerca. Quando o bebê ou a criança pequena ingressa na instituição de Educação Infantil, seu ambiente físico e social se expande consideravelmente, graças à oportunidade de interagir com crianças e adultos provenientes de outras famílias, de outros universos culturais.

Tal oportunidade de interação com a diversidade humana e cultural traz um ganho enorme para o desenvolvimento e a aprendizagem das crianças, como explica Machado (2008, p. 29):

> [...] sem a presença de parceiros – indivíduos que se unem em torno de objetivos comuns, dispostos a trocar algo entre si, realizando juntos e ao mesmo tempo uma atividade na qual o movimento de dar e receber é permanente entre os envolvidos – a aprendizagem não é possível, porque o conhecimento passa, necessariamente pela mediação do outro.

A aprendizagem, que passa, necessariamente, pela interação com o outro, gera conhecimentos de todo tipo, inclusive de natureza relacional. Isso se constitui no conjunto das experiências infantis que precisam ser asseguradas nas instituições de Educação Infantil, atendendo a princípios básicos:

> As possibilidades de experiências que as crianças devem usufruir nas instituições de Educação Infantil, listadas no artigo 9º das DCNEI, são bastante diversas: [...] possibilidade de vivências éticas e estéticas com outras crianças e grupos culturais, que alarguem seus padrões de referência e de identidades no diálogo e reconhecimento da diversidade; [...]. (Barbosa *et al.*, 2016, p. 22)

Vale ressaltar que estar ao lado de alguém não é o mesmo que interagir. A ação de conhecer o outro se dá em um movimento dialético movido por objetivos comuns, por confrontos de ideias, pela busca de soluções, pela cooperação, pela competitividade etc. É sabido que a interação, para promover aprendizagem, requer a interlocução com o outro, seja ele uma outra criança, seja ele um adulto.

Isso significa que a escola, para cumprir o seu papel social, político e pedagógico, deve organizar-se para que a convivência com a pluralidade e a individualidade de cada criança seja, da mesma maneira, respeitada e incentivada. Tais momentos devem ser intencionalmente planejados, com o objetivo de promover a igualdade de oportunidades educacionais para todos, sem nenhuma distinção.

No documento *Critérios para um atendimento em creches que respeite os direitos fundamentais das crianças* (2009), escrito por Maria Malta Campos e Fúlvia Rosemberg, as autoras explicitam critérios importantes que devem ser observados para um atendimento que garanta o bem-estar e o desenvolvimento das crianças nas instituições de Educação Infantil de nosso País.

Entre os critérios explicitados, destacamos o direito à atenção individual, a ser ouvida, a desenvolver sua capacidade de expressão, ao afeto, à amizade, à convivência, à cooperação entre adultos e crianças, à alegria e à felicidade.

O momento das refeições pode ser um espaço privilegiado para o desenvolvimento da identidade, da autonomia, do espírito de cooperação, dos vínculos, das amizades, da expressão individual, e como um espaço-tempo que favoreça a atenção individual da professora para com as crianças. A presença de outras crianças e dos adultos, a admiração dos outros por elas, o atendimento individual nos momentos em que elas precisam são imprescindíveis ao processo de construção do "eu" vivido pelas crianças da faixa etária pesquisada, e os encontros em pequenos grupos, propiciados pela própria organização dos momentos de alimentação podem favorecer essas formas de convivência.

Para atender às Diretrizes Curriculares Nacionais para a Educação Infantil (DCNEI) (Brasil, 2009, 2010), que afirmam que a criança é um sujeito de direitos, ativo, criativo, que pensa, imagina, interage, constrói sentidos com base no que vive, as instituições de Educação Infantil precisam organizar sua rotina a fim de garantir tais direitos, favorecer o desenvolvimento das diversas linguagens das crianças pequenas e contribuir para a construção de sua identidade. Os tempos e os espaços de convivência na escola e a escuta atenta das crianças são essenciais para esses processos.

Quando estamos, de forma inteira, com elas, podemos observar tantas ações importantes sendo conjugadas: conviver, partilhar, cooperar, comer, conversar, brincar... Inúmeras possibilidades de aprendizagens acontecendo ao mesmo tempo e no mesmo espaço. Não há como negar que, mesmo aqueles mais calados estão aprendendo na convivência oportunizada por esse espaço escolar. As crianças têm o direito de aprender com o outro, com aquele que é diferente de si. O colega de turma, a criança de outro agrupamento, as outras professoras, os estagiários, os funcionários da equipe, os gestores, as outras famílias.

A Base Nacional Comum Curricular (BNCC) (Brasil, 2017, p. 35, grifo do autor) explicita e reforça a importância da interação para a aprendizagem:

> [...] os eixos estruturantes das práticas pedagógicas dessa etapa da Educação Básica são as **interações** e a **brincadeira**, experiências nas quais as crianças podem construir e apropriar-se de conhecimentos por meio de suas ações e interações com seus pares e com os adultos, o que possibilita aprendizagens, desenvolvimento e socialização.

A pesquisa, a análise e os referenciais apresentados em nossas pesquisas coadunam com os princípios da BNCC, de forma a apontar a necessidade de uma reflexão mais intensa por parte da escola e dos professores a respeito da importância dos momentos de refeição para o aprendizado e o desenvolvimento das crianças pequenas.

– O que vocês conversam durante o jantar?
– Fazemos silêncio!
– É sério?
– Não! – e riu: a presença dos adultos.

Analisando os diálogos trazidos nas pesquisas, percebe-se que há um grande interesse das crianças pelas conversas umas das outras e pela conversa com a professora ou o adulto que conhecem.

A interação das crianças com os adultos demonstra a necessidade do contato humano, do afeto e da curiosidade por esse universo do adulto, que é diferente do seu. Nós, adultos, somos uma grande referência para as crianças. Elas prestam atenção aos nossos gestos, à nossa aparência, aos nossos interesses. Temos uma grande responsabilidade na convivência com elas. Nos diálogos gravados, há demonstrações de afeto:

– Tia? Eu te amo!

Também há os de observação atenta:

– Tia, minha mãe tem um colar desse.

E, ainda, os pedidos de brincadeira:

– Ô, tia, põe aqui a mão.

A professora é uma interlocutora importante, mas ela precisa estar presente e atenta. Dessa forma, poderá conhecer o seu grupo e as individualidades de cada criança, expressas por meio da palavra, do corpo, dos gestos, das emoções. O universo da criança é muito particular.

Na pesquisa de São Paulo, foi possível constatar que as crianças também se preocupam com o que os adultos esperam delas, como no diálogo destacado no subtítulo acima: quando eu, Vydian, questionei, o menino disse algo que adultos possam esperar das crianças durante as refeições. Mas, depois do meu espanto, ele riu e disse que não faziam silêncio, não. Seja para atender expectativas dos adultos, seja para seguir a orientação deles, na prática, as crianças não fazem silêncio, e que bom!

"A gente fala da vida!": os temas das conversas

Uma primeira escuta das crianças pelo conteúdo dos áudios permitiu abstrair alguns tópicos recorrentes na pesquisa realizada em São José do Rio Preto:

Ao observar e interagir com as crianças, assim como elas são plurais, os temas em torno da mesa de jantar também eram diversos na pesquisa realizada em São Paulo. Alguns com relação a fatos ocorridos no próprio CEI, e outros com relação ao cotidiano fora da unidade: quanto mais escutamos, mais percebemos os diversos temas e os sentidos ali presentes. Os momentos de jantar eram sempre de muita alegria para as crianças pesquisadas, assim como a definição que algumas crianças trazem para alegria, brincadeira e tempo no livro *Casa das estrelas*, de Javier Naranjo (2018): "*A força de ser e de sentir*", por Catalina Sanín, de 9 anos (p. 21); "É estar contente e amando", de acordo com Ricardo Mejía, de 10 anos (p. 28); "*O tempo é a vida*", segundo Alejandro Suárez, de 6 anos (p. 128).

As crianças dessa pesquisa traduziam, em todos os encontros, essa presença e essa alegria de estarem juntos, independentemente do que faziam, se estavam sentadas ou se estavam comendo. A urgência com que conversavam e jantavam demonstrava como o tempo era precioso.

Assim, foram observados temas sobre os sentimentos, sobre os fenômenos da natureza, sobre quem comia toda a comida – revelando, talvez, a expectativa dos adultos –, sobre a amizade e sobre o cotidiano.

Em São José do Rio Preto, assim como em São Paulo, praticamente não apareceram diálogos sobre a alimentação ou outro tema escolar. As professoras já cuidavam e comandavam tudo. O interesse das crianças estava no encontro, nas conversas, na afetividade que esse horário proporcionava, como podemos perceber, por exemplo, nesses diálogos:

– Tia, olha eu!

– Tia, isso é muito bom! Põe o gravador e você grava a gente.

– Aí, eu deixo você ficar com a minha bolinha e com meu brinco.

– Senta aí pra você ver. Olha aqui!

Nos trechos citados, observamos um grande interesse das crianças pela conversa com os adultos, o desejo de relacionar-se e de ter intimidade com eles. Com os adultos, outros assuntos podem surgir, e o diálogo pode ser mais prolongado; os adultos têm muito a contar, mas é difícil encontrar aqueles que tenham um interesse genuíno e que dediquem tempo para interagir com as crianças.

> Destaco aqui a situação da L.:[1] durante minhas observações, e enquanto coordenadora pedagógica da instituição, causava-me um grande estranhamento que ela não se alimentasse. Eram raríssimos os dias e os itens que L. comia. Durante o ano de 2019, esse tema foi pauta de muitas conversas e reflexões com o grupo docente e gestor. A mãe, em conversas, sempre demonstrou tranquilidade no assunto, pois o fato não a incomodava e já era comum em casa. Por sugestão, a mãe fez alguns exames, conversou com o pediatra e o retorno dado pela família é que não havia nenhum indício de desnutrição ou alteração em qualquer exame. (Numa, 2020, p. 32)

Chama a atenção a solidariedade de uma colega, que em uma ocasião disse:

– Mas come só um pouquinho... Você vai passar mal! Está uma delícia!

Como afirma Lameirão (2007, p. 35), "é na esfera da interação social onde expressamos mais intensa e frequentemente nosso próprio ser".

Além disso, na análise, percebemos que a maioria dos diálogos tinha como tema seu cotidiano fora da escola, fatos vividos por elas, memórias, histórias que surgiam no momento do discurso e que evidenciavam o pensamento sincrético. Eram conversas sobre animais de estimação, machucados, família, seus pertences, curiosidades de diversas ordens:

[1] N. do E.: a inicial foi utilizada por se tratar de uma citação do trabalho de Numa (2020).

Pesquisa realizada em São José do Rio Preto

– Eu tomei vacina.

– Não, é água de tubarão.

– Ô, tia, essa semente aqui não cresce, né?

– Ô, tia, sabe o que minha cachorra fez?

– Tia, minha mãe vai me dar um chiclete de tatuagem.

– Ele está falando que vocês não têm pelo?

Pesquisa realizada em São Paulo

– Vamos mudar de assunto. Falar de roupa é chato. Quero falar da novela.

As outras duas crianças consentiram, e todas continuaram a comer.

– Não era trovão, era chuva.

– Mas, quando faz barulho, é trovão.

– E, quando tem luz, já é trovão com relâmpago.

– Não pode ter trovão e relâmpago junto, ou é um, ou é outro.

E a conversa foi interrompida por outro colega:

– Xiiii, tem que comer quietinho...

– Não pode passear de roupa feia e suja.

– Não tem problema sujar aqui, não – referindo-se ao CEI, ao que uma terceira criança concorda, olhando bem fixamente em sua roupa, parecendo procurar pela sujeira, limpando com a mão a camiseta, esticando-a, e falando para as amigas:

– A minha não está suja... Não é nova, mas está limpinha.

Também gostavam de contar algo sobre si mesmos: sentimentos, gostos, ideias, fantasias, e demonstravam as amizades que foram se formando nesses espaços de convivência, além das pequenas discussões que surgem, típicas desses momentos de interação entre pares. Exemplos:

– Tô nervoso hoje!

– Fala... Tá fazendo muito barulho. Pessoal, se vai fazer pegadinha, vai fazer com a Maíra Carla[2] também. Maíra Chata, Maíra Chata...

– Ô, Verônica, a gente viu uma nave "espacional".

– Você chamou o meu amigo Carlos?

As crianças trazem muito de sua experiência de vida nesse momento do dia, o que é uma ótima oportunidade para escutá-las e conhecer melhor tais experiências individuais:

– Quando eu era pequeno, eu fazia arte. Aí, eu fui no banheiro sozinho e fiz xixi sozinho.

– Ô, tia, sabe o que meu pai fez? Eu orei para Deus para ele comprar uma cachorra.

– E ela falou pra mim que, quando eu crescer, ela vai passar chapinha no meu cacho. Vai ficar tudo liso.

– Eu vi você na igreja.

Vale ressaltar que podemos perceber, no cotidiano escolar, a manifestação das experiências das crianças por meio de diversas formas de expressão. Portanto, é muito importante que as professoras estejam atentas às conversas, aos corpos, aos gestos e aos olhares das crianças.

Friedmann (2020, p. 113) traz seu conhecimento com base em processos de escuta das crianças:

> Muitas vezes, elas repetem e/ou ressignificam temas escutados ou vivenciados em suas casas, uma música ouvida no rádio, um diálogo que testemunharam ou a que assistiram na rua, nas redes sociais ou na TV. Podem reproduzir brigas domésticas, recriar histórias ou sonhar acordadas.

E completa: "Escutar sem interromper é uma arte. Abrir um canal de comunicação a partir dessas expressões é um grande desafio" (Friedmann, 2020, p. 113-4).

[2] Nomes fictícios.

Em diversos momentos das observações feitas na escola em São Paulo, foi possível verificar as crianças murmurando cantigas enquanto mastigavam. Noutros, crianças brincavam com o arroz, com a colher, cutucavam uma à outra. Em algumas ocasiões, paravam de falar quando viam um adulto se aproximando, fosse a professora, o inspetor, a diretora etc. Segundo Friedmann (2020), podemos compreender melhor o mundo das crianças e seus códigos ao olharmos para as escolhas que fazem, os materiais que utilizam, as brincadeiras que selecionam, entre outros, pois cada uma tem um mundo seu, único, particular.

O cantarolar que acompanhava muitas mastigações era poesia: possível "ouvir" um estado de espírito leve, alegre; era a vida pulsando. As crianças viviam as suas vidas, cada uma com seu jeito, à sua maneira: "Olhar o que pode parecer 'pequeno' com muito cuidado e atenção, e compreender que, ao escutar e observar uma criança, escuto e observo também a minha criança interior" (Friedmann, 2020, p. 135).

Assim eram as "caras e bocas" de duas crianças e, por conseguinte, as gargalhadas de outros dois amigos no CEI de São Paulo. Em algumas observações, não foi possível perceber um tema na conversa, apenas essa brincadeira que era somente das crianças. Elas pareciam "conversar" com base em suas brincadeiras e se entendiam perfeitamente. É importante pensarmos sobre como organizamos o cotidiano das crianças, e se consideramos as suas necessidades ou apenas as dos adultos que as cercam. "Se o adulto não estiver muito atento ou não brincar junto com as crianças, dificilmente irá entender o que acontece dentro de cada brincadeira nem a cultura na qual as crianças estão inseridas" (Friedmann, 2013, p. 59). "Como estava na experiência com as crianças, vivi e reconheci expressões faciais e gestos que só pude entender pois estava com elas. Pude me sentir parte!" (Numa, 2020, p. 36).

Os desenhos das crianças da escola de São José do Rio Preto possibilitaram uma análise por meio de outra linguagem, outra forma de se expressar. Ainda um convite à escuta das crianças, mas de outra perspectiva. Em seus desenhos, continuaram a expressar as suas amizades, o seu mundo imaginário, os seus gostos, a importância do coletivo, as memórias e a alegria que vivenciaram nesse momento do dia na escola.

Em muitos desenhos, observamos que há mais de uma pessoa retratada, o que nos apontou para a ideia da importância da convivência nos horários de refeição na escola, de estar com seus amigos. Também surgiu a alegria das festas de aniversário, que são rituais com momentos de partilha de alimentos e a poética do pensamento infantil presente em uma linda princesa (ou rainha) com seu vestido longo, cetro, manto e coroa, que se apresentou "empoderada" no ambiente preparado para a refeição.

Os alimentos e a organização do ambiente apareceram em muitos desenhos, mas não em posição de destaque. O maior destaque estava na presença deles, crianças felizes pelo momento do encontro e da partilha, não só do alimento, mas das conversas, ideias, fantasias, aprendizagens.

A seguir, alguns desenhos das crianças.

Figura 11.1 – Desenho feito por uma criança de 5 anos e 2 meses.

Figura 11.2 – Desenho feito por uma criança de 5 anos e 8 meses.

Figura 11.3 – Desenho feito por uma criança sem identificação.

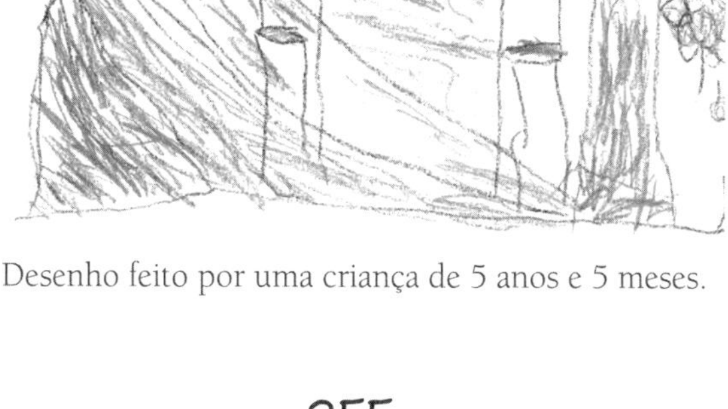

Figura 11.4 – Desenho feito por uma criança de 5 anos e 5 meses.

O pensamento sincrético

No modo de pensar das crianças, observa-se uma característica sincrética, fortemente evidenciada entre os 3 e os 7 anos de idade, quando as narrativas mesclam fantasia e realidade. O mundo imaginário das crianças, cheio de força, parece sem sentido para o adulto. Contudo, nele há uma beleza poética, que, em geral nós, adultos, pouco conseguimos perceber, pelo ritmo acelerado da vida que levamos, pelos horários que o cotidiano nos impõe ou por não entender o ser potente que a criança é. Essa é a forma de pensamento nessa idade, e a criança, que tem o direito de se expressar, mostrará como pensa o mundo, caso estejamos atentos a ela.

Deparamo-nos com a dificuldade que ainda temos para entender como as crianças pensam e o quanto esse conhecimento pode ser decisivo para que as conversas delas sejam entendidas como tempos de real aprendizagem. No artigo *Pensamento de criança* (Scarpa, 2006), reencontramos as contribuições de Vygotsky e de Wallon sobre o pensamento sincrético das crianças pequenas. Essa forma de pensar, que, muitas vezes, não parece ter lógica, é natural da infância. As crianças reúnem, nessas conversas, coisas para tentar fazer explicações, misturam realidade e fantasia, mas são contextos plenos de significado e de sentido.

A criança é sujeito de seu processo, e é no pensamento sincrético que podemos ver sua potência poética (Numa, 2020, p. 25-6):

> Vydian: – O que vocês conversam durante o jantar?
> D.:[3] – Fazemos silêncio.
> Vydian: – É sério?
> D.: – Não! – e riu.
> R.: – A gente fala da vida.

O falar da vida é a poesia que R. nos traz: a vida são as brincadeiras, as descobertas, as experiências que as crianças têm. E não é possível falar de experiência sem trazer Larrosa Bondía (2002, p. 24):

[3] N. do E.: a inicial foi utilizada por se tratar de uma citação do trabalho de Numa (2020).

> Se escutamos em espanhol, nessa língua em que a experiência é "o que nos passa", o sujeito da experiência seria algo como um território de passagem, algo como uma superfície sensível que aquilo que acontece afeta de algum modo, produz alguns afetos, inscreve algumas marcas, deixa alguns vestígios, alguns efeitos. Se escutamos em francês, em que a experiência é "*ce que nous arrive*", o sujeito da experiência é um ponto de chegada, um lugar a que chegam as coisas, como um lugar que recebe o que chega e que, ao receber, lhe dá lugar. E em português, em italiano e em inglês, em que a experiência soa como "aquilo que nos acontece, nos sucede", ou "*happen to us*", o sujeito da experiência é sobretudo um espaço onde têm lugar os acontecimentos.

Assim, durante as conversas, ouvimos sobre as experiências das crianças, por meio do pensamento sincrético, poético, imaginativo e repleto de emoção. Evidencia-se que o momento da alimentação é um tempo importante dentro da rotina das crianças pequenas, rico em experiência e, assim, em aprendizagem.

Os silêncios...

Muitas dúvidas, angústias e questionamentos povoam nossos pensamentos. Isso foi bem pronunciado no retorno às aulas após o período da pandemia. Talvez o silêncio forçado trazido pelo afastamento social tenha nos feito pensar nas experiências que as crianças viviam antes, no espaço escolar, nas experiências que viveram em casa com seus familiares e nas experiências que devemos garantir na escola.

Os risos, as conversas, as brincadeiras, as discussões, os conflitos ao redor das mesas dos refeitórios das escolas ficaram silenciados. Esse silêncio trouxe consigo um grande vazio e muita preocupação. Onde estavam suas vozes? Como ficaram as crianças que não têm irmãos?

Como poderíamos garantir seu direito à convivência com outras crianças e outros adultos fora da família? Muitos educadores buscaram, arduamente, caminhos que, de alguma forma possível, conectassem crianças, famílias e escola, pois é inegável que o espaço escolar é fundamental para a vida das crianças, dos familiares e da comunidade escolar. É espaço de escuta e acolhimento, de construção de identidades, de interações com sujeitos de culturas diferentes, de encontros e convivência, de luta pela garantia dos direitos das crianças e de seus familiares.

O que faço com aquilo que escuto: que resposta eu dou?

Há outras discussões que também são igualmente essenciais: em que momentos do dia a dia na escola ouvimos verdadeiramente as vozes das crianças? Será que nós, adultos, acreditamos na capacidade da criança pequena de comunicar seus gostos, suas preferências, seus sentimentos, suas aprendizagens, suas opiniões? É possível atender adequadamente às necessidades e aos direitos das crianças sem escutá-las? De que escuta estamos falando?

> Escuta é presença, vínculo, conexão, respeito. Mergulho no mundo do outro: não só em sua fala, mas no olhar, no gesto, no tom, nas emoções alheias que podem nos tocar. Escutar é estar plenamente presente. Acolher o momento do outro. Adentrar a paisagem do outro, conhecer e reconhecer o outro em sua singularidade, em seu momento e em seu tempo. Escutar é doar-se, entregar-se ao outro. (Friedmann, 2020, p. 131)

As crianças comunicam-se de muitas formas: olhares, gestos, expressões, desenhos, falas, choros, silêncios. Escutar uma criança é estar atento e sensível a todas as suas formas de comunicação e acreditar que a criança é capaz de nos dizer o que pensa, o que sente.

Em um dos trechos do artigo *Educação Infantil e arte: sentidos e práticas possíveis*, a professora Luciana Esmeralda Ostetto (2011), da Universidade Federal de Santa Catarina (UFSC), aborda uma questão muito relevante para pensarmos o papel da professora na escola de Educação Infantil. A necessidade de ordenar, enquadrar as crianças em certo padrão de comportamento e atividade acaba por silenciar suas vozes, suas formas genuínas de expressão. Mas por que a professora age assim? Para Ostetto (2011, p. 12):

> No meio de toda essa história, estamos nós, adultos-professores, que também fomos interditados na nossa ação de sonhar, de jogar e inventar mundos. Também fomos reprimidos em nossas linguagens e possibilidades expressivas. E então, o que acontece? Não raro, temos dificuldade em respeitar e valorizar o jogo das crianças, seus modos de criar e inventar modas, seus jeitos de dizer e representar o real.

Segundo Ostetto, faz-se urgente o investimento na formação do professor. Uma formação sensível, que possa alimentar e abrir seus próprios caminhos de expressão e, dessa forma, conseguir conectar-se com as expressões das crianças.

Acrescentamos, aqui, a importância dessa reflexão com toda a equipe escolar, pois a qualidade do atendimento da instituição de Educação Infantil depende do trabalho coletivo que ali se realiza. A busca pelo atendimento às necessidades das crianças e pela garantia de seus direitos deve ser um compromisso de todos. Friedmann (2013, p. 31-2) nos aponta caminhos para essa formação da equipe escolar:

> Quando defendo um lugar para a voz das crianças e outro para a compreensão dessas mensagens por parte dos adultos, quero enfatizar a urgência de determos, por alguns momentos, a tempestade, o trovão que o mundo externo massificado vem troando para paralisar a essência profunda de cada um de nós; a urgência de retomar

> contato com nosso ser mais profundo, com nossas imagens interiores, ao nos vincularmos às imagens expressivas das crianças à nossa frente; a urgência de ouvi-las e ouvirmo-nos para ressignificar, recriar, transformar os nossos cotidianos de forma mais significativa e digna.

A questão das hierarquias estabelecidas entre adultos e crianças também é algo muito importante a ser considerado. E isso está relacionado à visão de criança que permeia as ações das escolas. Os documentos mais recentes, como a Base Nacional Comum Curricular, escritos para nortear as propostas pedagógicas das instituições de Educação Infantil, ressaltam uma concepção de criança

> [...] como ser que observa, questiona, levanta hipóteses, conclui, faz julgamentos e assimila valores e que constrói conhecimentos e se apropria do conhecimento sistematizado por meio da ação e nas interações com o mundo físico e social [...]. (Brasil, 2017, p. 36)

A escola deve ser o espaço do protagonismo da criança, com a mediação de um professor que está aberto às suas manifestações, às suas expressões e às suas escolhas. Para abrir-se às vozes infantis e compreendê-las, faz-se necessário estar presente e atento.

Vale ressaltar que "escutar com ética" vai além de preocupar-se com autorizações. Estas são, sim, importantes. Entretanto, para além delas, faz-se necessário, nas palavras de Friedmann (2020) um "pedido de licença", uma demonstração de profundo respeito pelas crianças. A autora explicita:

> O cuidado ético que devemos assumir nesses processos de dar voz e escutar crianças tem a ver com respeitar seus tempos, seus espaços, sua intimidade, suas emoções, suas escolhas; estarmos abertos para acolher suas essências, seus potenciais, aceitar suas limitações e preferências. Todas essas atitudes são fundamentais para não violentar seus mundos.

> É desafiador aprender a lidar com o equilíbrio entre tempos de falar, ensinar, propor, intervir e tempos de escutar, aprender, estar junto, tomar distância e observar. Negociar com elas combinados e regras. Saber colocar limites, sim. (Friedmann, 2020, p. 141-2)

Encontrar esse equilíbrio em nossas atitudes por meio da escuta, da observação e do trabalho com as crianças é, com certeza, um grande, delicado e importante desafio. Nossa responsabilidade é enorme.

A querida Cisele Ortiz, durante a orientação dada por ela ao longo da pesquisa conduzida no CEI de São Paulo, por curiosidade, realizou uma breve enquete sobre provérbios que falavam de alimentação e conversa, o que adultos mais velhos ouviam quando eram crianças, e que atravessaram a nossa formação.

Conversa fiada não bota panela no fogo. Conversa fiada não enche barriga.
Quem conversa, não conta horas. A conversa não engasga, mas empata.
Conversa de amigos, roubo de tempo.

Na tentativa de compreender essa mensagem que está em nosso inconsciente, na qual, durante as refeições, não há espaço para a conversa, certamente teríamos uma nova e extensa pesquisa. Todavia, na Educação Infantil, na experiência com as crianças, esses ditos populares teriam razão?

> Se a criança não tiver oportunidades para interagir, dialogar, confrontar pontos de vista, ela não estará suficientemente preparada para exercer seu pensamento e sua expressão. Sendo assim, o papel do educador infantil, como um adulto que passa de quatro até oito horas por dia com a criança, é muito importante. A ele, cabe estimular a verbalização, compreendendo o modo sincrético de pensar e de se expressar dos bebês, outorgando sentido comunicativo desde suas mais simples enunciações. (Scarpa, 2006)

Acreditamos que é preciso ressignificar e repensar sobre os excessos de recomendações e de regras. Lameirão (2007, p. 27) traz à luz uma importante consideração sobre tudo o que é excessivo, pois coloca em risco a perda de umas das características básicas na vida humana – a confiança: "A criança que é impedida de entrar em contato consigo mesma desenvolve intranquilidade, insegurança e, mais tarde, essa situação pode gerar medo, agressividade, dispersão e hiperatividade".

Considerações finais

Em relação ao momento da pandemia vivenciado enquanto finalizávamos a escrita deste texto, pensamos que nós, pesquisadoras, pesquisadores e profissionais da infância, temos muito por fazer. Viver é relacionar-se, e a pandemia trouxe a privação dos espaços de relação fora de casa. Além de toda a problemática das desigualdades sociais de nosso imenso e diverso país, das questões da violência doméstica, da fome, das residências precárias e de outras tão cruéis vividas por tantas famílias, temos o desafio de acolher as crianças hoje, mesmo que não possam frequentar esse importante espaço de convivência que é a escola.

Os achados das pesquisas poderão corroborar com a discussão da equipe escolar e com as crianças, ressignificando, assim, esse tempo dentro da rotina na escola das infâncias. Em nossa cultura, a alimentação costuma ser o momento de encontro, de socialização, como afirma Soares (2017), mais que só alimentar o corpo, esse momento nutre a alma. Então, por que não olhamos mais atentamente para esses momentos? Por que não potencializamos esses encontros e essas partilhas? Para potencializar o prazer que esse encontro pode nos trazer?

É importante pensarmos sobre como organizamos o cotidiano das crianças e se consideramos suas necessidades ou apenas as dos adultos. Como nos lembra nossa mestra:

> Se o adulto não estiver muito atento ou não brincar junto com as crianças dificilmente irá entender o que acontece dentro de cada brincadeira nem a cultura na qual as crianças estão inseridas. (Friedmann, 2013, p. 59)

Essas duas experiências trouxeram a sensação de sermos uma espécie de "porta-vozes" das crianças, para registrar o que elas gostariam que muitas pessoas soubessem: todos os momentos são de muita brincadeira e aprendizagem, inclusive durante a alimentação!

"Sempre acreditei na potência das crianças e, depois dessa pesquisa, compreendi ainda mais o que é transbordar com e pelas crianças, seu cotidiano, sua poesia: reconectei-me com a minha criança interior, a do passado e a do presente."

Vydian Felix Baptista Numa
Educadora, há 19 anos na Rede Municipal de São Paulo.
Coordenadora pedagógica, formadora de professoras e eterna aprendiz.
Especialista em Processos de Escutas Antropológicas de Infância
e pós-graduada em Gestão Escolar.

"Meu encantamento pelas crianças e pelas suas formas de ver e sentir o mundo só cresceu com a pesquisa realizada. A escuta atenta e ética às suas vozes, onde quer que estejam, qualificada pelos estudos e pela pesquisa, move o meu desejo de mostrar que as crianças têm muito a nos dizer. A busca pelo atendimento *às* necessidades das crianças e pela garantia de seus direitos perpassa por escutar suas vozes. Esse deve ser um compromisso de todos nós."

Eliani Ragonha
Há 28 anos na Rede Municipal de São José do Rio Preto/SP, inicialmente,
como professora, depois, como coordenadora pedagógica e, atualmente,
como formadora de professores e gestores da Educação Infantil.
Especialista em Processos de Escutas Antropológicas de Infâncias.
Redatora do Currículo Paulista da Etapa da Educação Infantil.

Referências

Barbosa, M. C. S. *et al.* O que é básico na base nacional comum curricular para a educação infantil? *Debates em Educação*, Maceió, v. 8, n. 16, p. 11-28, jul./dez. 2016. Disponível em: https://www.seer.ufal.br/index.php/debateseducacao/article/view/2492. Acesso em: 30 ago. 2022.

Brasil. Ministério da Educação e Cultura. *Base nacional comum curricular*: educação é a base. Brasília: MEC/Consed/Undime, 2017. Disponível em: http://basenacionalcomum.mec.gov.br/images/BNCC_EI_EF_110518_versaofinal_site.pdf. Acesso em: 30 ago. 2022.

Brasil. Ministério da Educação. Conselho Nacional de Educação. Câmara de Educação Básica. Resolução nº 5, de 17 de dezembro de 2009. Fixa as Diretrizes Curriculares Nacionais para a Educação Infantil. *Diário Oficial da União*: Brasília, DF, seção 1, n. 242, p. 18, 18 dez. 2009. Disponível em: http://www.seduc.ro.gov.br/portal/legislacao/RESCNE005_2009.pdf. Acesso em: 30 ago. 2022.

Brasil. Ministério da Educação e Cultura. *Diretrizes curriculares nacionais para a educação infantil*. Brasília: MEC/SEB, 2010. Disponível em: http://portal.mec.gov.br/dmdocuments/diretrizescurriculares_2012.pdf. Acesso em: 30 ago. 2022.

Campos, M. M.; Rosemberg, F. *Critérios para um atendimento em creches que respeite os direitos fundamentais das crianças*. 6. ed. Brasília: MEC/SEB, 2009. Disponível em: http://portal.mec.gov.br/dmdocuments/direitosfundamentais.pdf. Acesso em: 30 ago. 2022.

Friedmann, A. *Linguagens e culturas infantis*. São Paulo: Cortez, 2013.

Friedmann, A. *A vez e a voz das crianças*: escutas antropológicas e poéticas das infâncias. São Paulo: Panda Books, 2020.

Lameirão, L. H. T. *Criança brincando! Quem a educa?* São Paulo: João de Barro, 2007.

Larrosa Bondía, J. Notas sobre a experiência e o saber de experiência. *Revista Brasileira de Educação*, São Paulo, n. 19, p. 20-28, jan./abr. 2002. Disponível em: https://www.scielo.br/j/rbedu/a/Ycc5QDzZKcYVspCNspZVDxC/?format=pdf&lang=pt. Acesso em: 30 ago. 2022.

Machado, M. L. A. Educação infantil e sociointeracionismo. *In*: Oliveira, Z. M. R. (org.). *Educação infantil*: muitos olhares. 8. ed. São Paulo: Cortez, 2008.

NARANJO, J. *Casa das estrelas*: o universo pelo olhar das crianças. Tradução de Carla Branco. São Paulo: Planeta, 2018.

NUMA, V. F. B. *"Conversas ao pé do ouvido: alimento para as infâncias"*: pesquisa com crianças de um centro de educação infantil durante o jantar. 2020. 53 p. A Casa Tombada, São Paulo, 2020. Disponível em: http://biblioteca.acasatombada.com.br/items/show/1642. Acesso em: 30 ago. 2022.

ORTIZ, C.; CARVALHO, M. T. V. *Interações*: ser professor de bebês – cuidar, educar e brincar, uma única ação. São Paulo: Blucher, 2012.

OSTETTO, L. E. *Educação Infantil e arte*: sentidos e práticas possíveis. [S. l.]: Unesp, Univesp, 2011. Disponível em: https://acervodigital.unesp.br/bitstream/123456789/320/1/01d14t01.pdf. Acesso em: 30 ago. 2022.

PROJETO Político Pedagógico da Escola Municipal Professora Anna Mantovani de Andrade. São José do Rio Preto: Escola Municipal Professora Anna Mantovani de Andrade, 2019.

PROJETO Político Pedagógico do CEI Samir Rachid Saliba. São Paulo: CEI Samir Rachid Saliba, DRE Penha, 2020.

RAGONHA, E. *A vez e a voz das crianças nos momentos de alimentação na instituição de educação infantil*. 2020. 121 p. Monografia (Especialização em Educação Infantil) – A Casa Tombada, São Paulo, 2020. Disponível em: http://biblioteca.acasatombada.com.br/items/show/1547. Acesso em: 30 ago. 2022.

SCARPA, R. Pensamento de criança. *Revista Avisa Lá*, ed. 26, 23 abr. 2006. Disponível em: https://avisala.org.br/index.php/assunto/conhecendo-a-crianca/pensamento-de-crianca/. Acesso em: 30 ago. 2022.

SOARES, S. M. *Vínculo, movimento e autonomia*: educação até 3 anos. São Paulo: Omnisciência, 2017. (Coleção Primeira Infância de 0 a 6 anos).

Bibliografia consultada

KRAMER, S. Autoria e autorização: questões éticas na pesquisa com crianças. *Cadernos de Pesquisa*, n. 116, p. 41-59, jul. 2002. Disponível em: https://www.scielo.br/j/cp/a/LtTkWtfzsbJj8LcPNzFb9zd/?lang=pt&format=pdf. Acesso em: 30 ago. 2022.

12

Na escuta: um tanto do que as crianças me ensinaram sobre infância, arte e educação

Sabrina Costa Barros

Este capítulo debruça-se em algumas reflexões acerca da infância, da arte e da educação, suscitadas pela experiência compartilhada e escuta sensível de crianças. É resultado do trabalho de conclusão de curso da pós-graduação *lato sensu* chamado *A vez e a voz das crianças: a arte de escutar e conhecer narrativas, linguagens e culturas infantis*, coordenado pela professora doutora Adriana Friedmann e realizado pela Faculdades das Conchas (Facon), polo A Casa Tombada, sob orientação da professora doutora Soraia Chung Saura e com considerações de Luiza Helena Tannuri Lameirão e Melina Sanchez.

Inspirada em uma abordagem fenomenológica, foram realizadas observações e descrições de vivências dentro do Programa de Iniciação Artística (PIÁ),[1] um projeto público da Secretaria Municipal de Cultura (SMC) de São Paulo no ano de 2019, no qual integrei a equipe do programa como artista educadora da dança, em um equipamento cultural público na zona norte de São Paulo. Nesse período, ao lado de mais um artista educador do teatro, vivenciei encontros semanais de 2h30 com crianças de 5 a 12 anos.

Motivada por fazer ressoar e ecoar as vozes (verbais, corporais, gestuais etc.) das crianças com as quais convivi e que orientei (e, em contrapartida, fui orientada) em processos artísticos criativos, construo minhas considerações com base em alguns relatos dessa experiência, aqui compartilhados, dialogando com outros autores. Desse modo, busco ampliar e expandir a compreensão desses três eixos – infância, arte e educação – com pressuposto uma experiência empírica e dialógica.

[1] Para conhecer mais a respeito do PIÁ (São Paulo, 2018), acesse os endereços: http://supervisaodeformacao.prefeitura.sp.gov.br/index.php/pia-home/; https://www.prefeitura.sp.gov.br/cidade/secretarias/cultura/dec/formacao/index.php?p=8465. Acesso em: 05 set. 2022.

Dessa vivência profunda, destaca-se, para o orientador de tais atividades, a importância de planejamentos abertos, de escuta às necessidades infantis e do encontro entre as linguagens artísticas, as crianças, os artistas educadores e a comunidade ao entorno. Tal caminho se mostrou um fundamental impulsionador para o fluxo de ensino-aprendizagem, possibilitando transversalidade, trocas e afetos cheios de sentido.

Tomando um caminho processual e artesanal de escuta, diálogo, vínculo afetivo e disponibilidade, investigo e busco trazer à tona o que as crianças expressam e dizem sobre si e sobre o mundo tal qual o percebem, revelando-nos, nas entrelinhas, do que necessitam para florescer. Para isso, entendi ser necessário limpar as lentes do meu olhar, dos meus conceitos e das minhas idealizações, para observá-las, orientando-me pelo interesse e pela curiosidade do que me atravessava, exercitando um olhar de "primeira vez", como fazem as crianças. Dessa forma, a observação inspirada na abordagem fenomenológica mostrou ser o caminho metodológico adequado, por buscar a apreensão do fenômeno por ele mesmo, olhando para o que lhe é essencial e valorizando o juízo intuitivo. Aqui, não me aprofundo nos estudos e nos caminhos propostos por essa ampla área de conhecimento que é a fenomenologia, mas empresto sua premissa e me inspiro em sua proposta epistemológica.

PIÁrtistas

O PIÁ é um projeto público da SMC de São Paulo e tem como proposta artístico-pedagógica iniciar e sensibilizar crianças e adolescentes de 5 a 14 anos para a arte e suas múltiplas linguagens e expressões, estimulando a descoberta de sua potência criativa por meio da experimentação estética e das diversas linguagens artísticas (artes plásticas e visuais, teatro, dança, música e literatura), gerada pelo encontro das crianças com uma dupla ou quarteto de artistas educadores. Os encontros, em "espaços-laboratórios" ou "quintais", são "tempos e lugares" de experiências, nas quais o foco principal é o processo artístico, sendo ele o meio e o fim de sua proposta poética, artística e pedagógica, "como um modo de conceber e entender arte que educa por si mesma, que é processo, possibilidade e reflexão intrínseca do cotidiano" (Revista Piapuru, 2013, p. 16-7).

Como um programa plural de arte-educação que, entre muitas outras potencialidades, reconhece e valoriza a(s) cultura(s) e a manifestação próprias da(s) infância(s), no período em que atuei como artista-educadora, vi-me com uma abundância de recursos (linguagens artísticas, tempo, espaço, formação, equipe etc.) para dar vez e voz às crianças, embarcando em uma jornada incerta, porém, potente. Dessa forma, deixei as crianças me ensinarem sobre arte, infância e educação, e em uma dialógica que se retroalimenta, deixei que elas me orientassem a orientá-las. Errando aqui e ali, tropeçando muitas vezes, mas comprometida em retornar, sempre que necessário, à pausa e ao respiro: à escuta.

Durante alguns meses, registrei, mediante um caderno de bordo e de imagens, alguns acontecimentos e experiências vividas com uma de minhas turmas. Ao fim do trabalho, do qual fiz, também, meu campo de estudo, debrucei-me na leitura e na análise dos relatos e das imagens, buscando vislumbrar as principais recorrências e observar aquilo que me despertava interesse (revelados, *a posteriori*, na leitura dos registros). O caminho percorrido foi o de observação à teoria, no qual a reflexão e os possíveis diálogos com a literatura são provocados pelos dados observados, conforme enuncia o método fenomenológico.

Para abrilhantar e trazer poesia a este texto, convoco, no seu decorrer, além de alguns artistas, poetas, pensadores(as) e escritores(as) sensíveis, meus *Piártistas*: trazendo frases e palavras das crianças, "pequenas" grandes pérolas que colhi ao longo do nosso mergulho, que conversam com o capítulo ou o relato, não necessariamente pertencentes a ele, e que virão sempre em itálico, emolduradas. Optei por organizar os relatos em eixos temáticos que se configuram como guarda-chuvas para abrigar as reflexões por eles suscitadas; são questões que se misturam e se relacionam em constante diálogo. Os relatos também se diferem das reflexões inseridas *a posteriori* e sempre virão em itálico, entre aspas, logo em seguida às datas em que ocorreram. Dessa forma, almejo imprimir, neste trabalho, lampejos das vidas subjacentes aos seus personagens e às suas narrativas, convidando o leitor para a partilha.

Valendo-me de procedimentos éticos de pesquisa, desde a apresentação da proposta para as crianças, até a elaboração de um termo de consentimento livre e esclarecido e autorização de imagem para os representantes legais, foi apresentada a possibilidade de participar ou não desta pesquisa, a segurança da não identificação e o acesso aos resultados do trabalho.

Partindo do debate levantado por Kramer (2002), em seu texto *Autoria e autorização: questões éticas na pesquisa com crianças*, no qual a autora inicia tratando da concepção de infância como sujeito da história e da cultura, suscita-se o debate, entre outros aspectos, da utilização dos nomes reais ou fictícios, refletindo sobre o limiar entre autoria e anonimato. A utilização de nomes fictícios criados pelas próprias crianças como sua identidade para a pesquisa aponta-se, ainda no texto, como uma alternativa para que tenham autoria na pesquisa e, ainda assim, suas identidades preservadas. Uma alternativa que não se pretende solução, como a própria autora coloca: "minha intenção é compartilhar perguntas mais do que oferecer respostas" (Kramer, 2002, p. 43).

Neste trabalho, utilizo os nomes escolhidos pelas crianças, e essa escolha foi impulsionada pela própria dinâmica do grupo, com base em uma brincadeira espontânea, nos encontros, de as crianças trocarem de nomes ou inventarem um para cada uma. São elas: Arco-Íris, Banana, Futebol, Morcego, Alecrim, Alegria, Coruja, Sabiá, Ninja, Júlia. Deixo aqui meus sinceros agradecimentos às crianças e aos seus familiares pelos instantes compartilhados, pela confiança, pela entrega e pela amizade.

Por fim, os relatos compartilhados neste trabalho trazem o meu ponto de vista e falam dos acontecimentos da forma como eu os apreendi, na intenção de apresentar novas formas de entendimento da realidade, com base nas recorrências e do que encontrou ressonâncias em mim e na literatura.

A vez e a voz das crianças... O que elas nos dizem quando nos pusemos a escutar?

Vale a pena observar crianças e constatar se esses fenômenos pertencem, de fato, à vida infantil, percebê-las para saber o que elas estão fazendo de si mesmas. Elas se tornam nossos professores. Que pode fazer o adulto para favorecer o aprendizado espontâneo das crianças (Lameirão, 2007, p. 23)?

Infância – pelo olhar da criança

Nossas rodas de chegada para o encontro eram o momento em que eu, como educadora, limpava as lentes do meu olhar para (re)conhecer e descobrir quem eram as crianças naquele dia e quem seríamos nós, como coletivo. Nesses momentos iniciais, todos os detalhes me importavam: o jeito como chegavam, as conversas, as perguntas... E, assim, íamos construindo um mosaico no qual cada criança ia se encaixando e compondo. Esse tempo de "chegança" não era cronometrado, pois obedecia à ordem interna: como sujeitos de experiência, vivíamos até que este se esgotasse. Às vezes, era com uma pergunta direta e clara:

– O que vamos fazer hoje?

Outras vezes, era na nossa pressa por apresentar uma proposta ou, então, até percebermos que ninguém mais chegaria. Era o tempo e o espaço, também, para nos conhecermos melhor, em meio às nossas conversas despretensiosas e espontâneas, momento fundamental para nortear nossa abordagem artístico-pedagógica.

– Dia chuvoso é quando a gota cai forte.

17 de outubro de 2019

"E elas foram chegando, como em um encontro de amigos, com conversas despretensiosas. Assuntos que surgiram: piscina, causos de quase afogamento... Tudo por causa do passeio na escola da Morcego e da Arco-Íris no dia seguinte, em que haveria piscina. De repente, começa uma guerra de cócegas."

Empresto considerações de Marina Marcondes Machado (2010), que, apesar de se referir especificamente às crianças pequenas (0 a 6 anos), em seu artigo *A criança é performer*, argumenta que a abordagem antropológica que se distancia dos estereótipos de conteúdo e formas próprias do infantil é capaz de compreender as crianças por meio delas mesmas. Dessa forma, os educadores poderão fazer "surgir um espaço potencial de criação e troca entre ele e os alunos, entre o grupo de crianças, entre cada criança e o mundo compartilhado" (Machado, 2010, p. 117). Assim, apurava os ouvidos para escutar suas narrativas, que me contavam do universo particular no interior de cada criança, e, disso, tirei inspirações para minhas propostas e orientações nos processos artísticos. Inspirei-me em seus olhares, em seus pontos de vista e em suas significações para as coisas do mundo que compartilhamos.

– Vocês preferem o frio ou o calor?
– Morno.

3 de outubro de 2019

"Fomos com as crianças para o quintal. Ele é todo de tijolinhos, e vários destes estavam pintados com tinta guache, deixando bem colorido por lá. Assim que as crianças saíram e viram, imediatamente começaram uma brincadeira de pular de um tijolo colorido para outro. Foi lindo ver eles se espalhando e a brincadeira tomando forma de um jeito tão espontâneo."

– Casa triste é casa que não tem lá fora.

Analisando posteriormente o registro em vídeo que fiz da brincadeira nos tijolos, pude reparar nas diferentes explorações das crianças: pulavam de tijolo em tijolo com as duas pernas juntas, com uma perna de cada vez, alternando velocidade e ritmo. Ora buscavam o equilíbrio agitando os braços para não pisarem fora do tijolo colorido, ora nem se importavam com isso. Alguns escolhiam as cores com cautela, outros iam saltando em sequência de proximidade e, ainda, outro só observava os demais, parado em cima de seu tijolo para depois voltar a saltar também. Eles estavam em experiência.

Larrosa Bondía (2002, p. 24) nos fala sobre a experiência ser "o que nos passa, o que nos acontece, o que nos toca" e que ser seu sujeito implica em estar exposto, como "território de passagem":

> O sujeito da experiência se define não por sua atividade, mas por sua passividade, por sua receptividade, por sua disponibilidade, por sua abertura. Trata-se, porém, de uma passividade anterior à oposição entre ativo e passivo, de uma passividade feita de paixão, de padecimento, de paciência, de atenção, como uma receptividade primeira, como uma disponibilidade fundamental, como uma abertura essencial. (Larrosa Bondía, 2002, p. 24)

As crianças me mostravam, em suas potências, o sujeito da experiência ao qual se refere Larrosa Bondía (2002). Percebi, nesse momento, a necessidade de uma abertura para que eu também fosse sujeito de experiência, entregue à receptividade primeira, sensível para a comunicação do corpo, observando os sinais e as respostas ao que passa, ao que acontece. E, como artista educadora, exercitar um olhar que, do ponto de atravessamento, possa desnudar caminhos para investigações que nos levem para além do espontâneo, adentrando nas linguagens artísticas e poéticas, e alimentar nossos processos criativos.

Dessas considerações, fica a beleza de perceber, na linguagem corporal das crianças, o estado de presença na experiência, e nosso cuidado, como educadores, em proporcionar espaço, tempo e contextos, para que a criança se expresse e se manifeste em sua liberdade de criação. Os desafios que surgem se mostram também construtivos, pois conduzem a nós, educadores, a redirecionarmos os prumos e as direções de nossas propostas e proposições. Ao olharmos para aquilo que é abundante, e não para as carências (muitas vezes, nossos próprios desejos contrariados), as crianças nos ensinam com seus corpos e seus gestos, a todo momento, a padecer pelo mundo.

Arte: dança e corpos livres

Ao defender que a criança é *performer*, Machado (2010) reforça e dialoga também com esse estado de presença e abertura da criança, associando o ato performático, a um modo de ser próprio da vida infantil. A *performance*, como uma expressão do teatro pós-dramático e da cena contemporânea, prescinde de uma lógica formal e é composta por linguagens híbridas.

A capacidade para transformação, para a incorporação da cultura compartilhada, o dom para ler a vida cotidiana de modo imaginativo, tudo isso aproxima fortemente o modo de ser da criança pequena das maneiras de encenação contemporâneas (Machado, 2010, p. 118).

A autora evidencia, com essa perspectiva, a importância que a visão do educador a respeito da infância tem em facilitar ou não os processos artísticos das crianças, guiando-o pelas escolhas pedagógicas. O olhar para a criança, enquanto *performer* criadora de seus atos performativos, possibilita ao educador positivar suas ações como campo fértil para compreendê-la: "positivar é apurar os sentidos para compreender o que aquele gesto expressa e comunica, de modo a conversar com ele, fazer interlocução" (Machado, 2012, p. 130).

– Se ela é mais pequenininha, corre mais devagar.

12 de setembro de 2019

"Era final de encontro, fazia sol lá fora, e, depois de muita atividade no quintal, estávamos cansados e todos com calor. Nós nos deitamos no chão para nos refrescarmos e, espontaneamente, começamos uma brincadeira. Primeiro, a sala (que é toda azul) virou uma piscina e/ou aquário, e estávamos nadando no fundo dele, deslizando e rolando de costas no chão; depois, algumas crianças levantaram-se, e a brincadeira virou a de alguns (os que estavam de pé) puxarem outros (os que estavam deitados) pelos braços e pelas pernas, e os arrastarem pela sala. As crianças divertiam-se ao testar sua força (quantas pessoas eu consigo puxar?) e o peso de um corpo (fica mais leve pegar pelas pernas ou pelos braços?). Em certo momento, durante a brincadeira, olhei para a Sabiá e vi um brilho nos seus olhos e um sorriso entregue, que encheu meu coração. Estávamos no mundo dela..."

Como seria viver como um peixe em um aquário? Qual a temperatura do chão? Quantas crianças são necessárias para arrastar pelo chão o corpo de um adulto?

Éramos corpos cansados e com muito calor, necessitados de descanso e de refresco. Na escuta, nós nos lançamos e mergulhamos nas águas da imaginação.

– Imaginação: a gente pensa e, depois, a gente pode brincar.

Incorporamos esse "outro lugar", interno e externo, e deixamos o corpo nos levar a um universo imaginário, impregnado de gestos e ações que, para além de funcionais (descanso e refresco), foram poéticos.

O brincar como movimento de união dos mundos de dentro e de fora, a explorar paisagens, formas, níveis, forças, encaixes anatômicos, uma infinidade de outros aspectos insondáveis.

Nesse insondável, vislumbrar um brilho lá de dentro do olhar de uma criança, inteira e entregue, sem distinguir o limiar entre fantasia e realidade, e saber que, naquele lugar inventado, ela tinha morada, foi a mais bela das poesias.

Quando as folhas caem, a árvore fica careca!

14 de novembro de 2019

"Hoje o CORPO foi a nossa maior linguagem.

Nas cheganças das crianças, algumas logo se jogaram no chão, rolando, arrastando... Olhei para elas e quis fazer isso também. Como bailarina contemporânea, adoro começar o dia espreguiçando no chão e vi, ali, uma brecha para explorar dança, então, propus que todo mundo se deitasse, para brincarmos com essas possibilidades de se movimentar no chão (rolar, arrastar, torcer, espreguiçar...). Quem ia chegando, deparava-se com essa cena bem típica de PIÁ: maluca e fora do "normal". Logo, veio a sugestão de Arco-Íris para brincarmos de pega-níveis (uma atividade de aquecimento de dança que já vivenciamos em outro encontro passado), explicando, com suas palavras, o jogo: a brincadeira acontece em três níveis – alto, que é de pé; baixo, que é deitado; e médio, que é entre os dois. A cada vez que alguém é pego, muda o nível no qual ocorre o pega-pega, e, assim, exploram várias formas de se mover pela sala (saltar, girar, deslizar, engatinhar, rolar etc.), em diversos apoios no chão. Os corpinhos se movimentaram e se aqueceram pelo espaço no jogo de pegar e fugir...

Era o nosso penúltimo encontro, e, planejando em roda como ele deveria ser, decidimos a proposta do dia: criar presentes para um amigo secreto. Os presentes seriam artísticos, explorando as diversas linguagens: dança, música, teatro, literatura, e não somente as artes visuais e plásticas, com presentes materiais, os quais estamos mais habituados a trocar."

– Quem sabe da obra é o artista.

"Uma criança queria apenas dançar, então, propus que seu presente fosse uma dança, e investimos nisso. Ele trazia as movimentações ou os passos, e eu o ajudava a memorizar e criar a ligação de um para o outro, compondo, dessa forma, sua frase coreográfica.

No fim do encontro, quando algumas crianças já haviam ido embora, fomos com as que sobraram para a sala ao lado, mais ampla, com espelhos, colchonetes e barra de balé clássico.

No momento em que abri a porta e as crianças passaram, foi como rachar a barragem de uma represa. Elas correram e gritaram, e esses corpos livres se manifestaram com uma potência desnorteante. Depois do susto inicial, ficou o encantamento e a curiosidade para deixar acontecer e ver em que daria. Vejo, agora, como um momento de catarse.

Coloquei uma música, a brincadeira ganhou ritmo, e, aos poucos, começaram a se relacionar de forma orgânica e a contaminar-se com movimentos e ritmos, por meio do corpo.

No final, não queriam ir embora. E nem eu! Na roda de despedida, quando cada um de nós fala uma palavra para significar o encontro do dia, a de Morcego foi 'dança'."

– Eu só vi todo mundo gritando e gritei também.

Como artista-educadora da linguagem da dança dentro de um programa que promove o encontro das diversas linguagens artísticas, busquei, ao longo de todo o processo, aguçar o olhar para as possibilidades e as brechas para explorar a dança e as suas especificidades. Previamente, elaborava proposições e atividades, mas sobretudo buscava "pegar o gancho" de situações trazidas pelas próprias crianças e contribuir com minha bagagem como especialista, ampliando as possibilidades de investigações.

Apesar de se referir especificamente ao educador que observa e pesquisa o brincar livre de crianças, empresto considerações da pesquisadora Soraia C. Saura (2014) para este contexto, haja vista semelhanças:

> O papel deste professor seria, então, diante desse brincar espontâneo, o de mediador, observador e potencializador. Assim, mediante a manifestação das crianças, caberia a este profissional a proposição de materiais e oportunidades para potencializar aquilo que a criança intenta, partindo da premissa observada de que a criança está recorrentemente buscando apreender o mundo e desenvolver-se corporalmente. (Saura, 2014, p. 163)

E foi nesse segundo lugar, do espontâneo, em que pude experienciar o maior engajamento e prazer das crianças nas vivências corporais. Assim, passei a me interessar muito mais em sensibilizar a minha escuta e olhar para as potencialidades do que na elaboração de atividades prontas, fazendo a dança ganhar mais sentido e apropriar-se daqueles espaços, corpos e singularidades. Diversas vezes, entretanto, vi-me limitada por um desejo de ordenação e de controle, a olhar para o que faltava em vez do que havia em abundância, e foram esses os momentos de desconexão e de falta de sentido no trabalho.

Lembro-me do meu desejo por trabalhar dança com crianças: vejo nelas o frescor, a curiosidade e o prazer pelo movimento que ainda hoje sinto e que me impulsionam pela vida. O corpo como lugar de relação e de experimentação do mundo. Sua materialidade transformando-se em espaços, lugares e sentidos internos. Para mim, como sujeito, pesquisadora, artista e educadora, a espontaneidade é como uma ponte para a poesia do corpo e do movimento: pulsações de vida.

"A dança se faz não apenas dançando, mas também pensando e sentindo: dançar é estar inteiro" (Vianna, 1990, p. 25).

Educação: afetar-se com afeto

Uma boa metáfora sobre como organizávamos o nosso PIÁ é a brincadeira do pega-pega corrente, que jogamos algumas vezes. Funciona assim: o pegador, ao conseguir alcançar alguém, prende-se a ele com as mãos, tornando-se um só, e assim progressivamente vai se formando uma corrente, em que todos devem correr e pegar juntos, os da ponta desempenhando a função de mãos desse grande grupo. Conforme essa corrente vai aumentando, o grupo, como coletivo, percebe a necessidade de tomar decisões em conjunto, como quem devem pegar e para qual direção ir, a fim de que consigam conquistar o objetivo. Se cada um correr para uma direção, a corrente se romperá, e a brincadeira será suspensa até a sua reestruturação.

Nessa brincadeira, a sensação de frustração e impotência nos atinge primeiro pelo corpo, assim como alegria, exaltação e cumplicidade pela vitória das conquistas. A gente quer gritar em um momento e rir no seguinte. E nessa montanha-russa de sentimentos e emoções, cansaço e adrenalina, navegamos sentido ao turbulento e imprevisível campo de uma práxis colaborativa no processo artístico-pedagógico que vamos desenvolvendo. Essa experiência vivida no jogo e no corpo é capaz de nos mostrar dinâmicas sociais, seus caminhos possíveis e onde estes nos levam.

– Existem muitas maneiras de ver a mesma coisa!

10 de outubro de 2019

"Dia do não quero. Hoje, um colega artista-educador e eu levamos uma proposta artística de autorretratos, que foi recebida com pouquíssima empolgação e concentração das crianças. Estavam ansiosas para o momento do brincar lá fora (no quintal) e não se dedicavam à atividade. Meu colega e eu explicamos novamente e pedimos que refizessem. Fizeram novamente, conseguiram ater-se

um pouco mais às orientações da proposta. Eu gostaria de seguir explorando esse tema para chegarmos ao final da proposta preparada e planejada, mas ia me frustrando ao ver que não estava fluindo com elas. Em um momento, Alegria, uma criança que estava disposta e participativa na atividade, encantou-me ao comentar o desenho feito e disse que parecia um fio que podia ser puxado.

Com a proposta já esgotada, e as crianças ansiosas para ir brincar lá fora, sentamo-nos, então, para decidir o que iríamos fazer. Eu estava frustrada.

Uma criança hoje trouxe uma bola, e ele, Banana, e mais outra criança estavam querendo brincar com ela. Entretanto, em votação, o grupo decidiu por outra brincadeira. Chegando lá fora, no quintal, Banana e outras duas crianças, contrariados, isolaram-se em cima da escada e não quiseram participar. Tentamos conversar, mas eles não quiseram saber. Arco-Íris e Júlia estavam liderando e sendo muito controladoras na brincadeira, então, as demais meninas começaram a desanimar também, dizendo que queriam mudar de proposta. Diante do impasse geral, meu colega e eu chamamos as crianças novamente para a roda.

Debatemos qual era, então, uma forma justa de decidir. Nenhuma opção estava boa, mas, por fim, chegamos a um acordo: sorteamos uma brincadeira. Porém, aí, foi a vez de Arco-Íris e Júlia ficarem contrariadas. Dessa maneira, meu colega e eu decidimos que não haveria brincadeira e entramos para a sala.

Roda de conversa: esse momento foi muito interessante!

As crianças foram dando suas opiniões sobre o problema. Alegria disse:

– Hoje, não ficou alegre.

Arco-Íris repetia que meu colega e eu deveríamos decidir, e pronto. Então, ele explicou que, apesar de as crianças não estarem acostumadas a uma participação ativa nas tomadas de decisões em outros espaços, no PIÁ, nós fazemos isso juntos. Aproveitei o gancho e falamos sobre essa participação, com vez, voz e responsabilidades, que as crianças tinham dentro desse espaço que criávamos juntos.

Uma criança não quis participar da conversa, e falamos, também, sobre a importância do debate, já que ela não estava contente e que dependia dela para construir o encontro que queria.

Por fim, escolhemos o seguinte método para resolver: encontrar uma brincadeira que todos quisessem, que fosse unânime!

E esse foi o dia do conflito em uma turma que se acostumou à sintonia e à alegria. Não foi um encontro gostoso. Tivemos de lidar com muitas frustrações e mediar conflitos (os nossos com as nossas expectativas, e os delas com as delas), mas o debate foi extremamente importante."

Essa situação evidenciou, apesar da frustração do conflito, a importância daquele momento de pausa para trazer à tona a compreensão de pertencimento e de apropriação de cada criança na construção do encontro e de sua própria experiência e processos ali vivenciados. Uma proposta foi dada por Arco-Íris, referindo-se a nós, educadores:

– ***Decidam vocês, e pronto!***

E, ao devolver a bola a eles para que se resolvessem, convidamos as crianças para a responsabilidade de suas vozes ali respeitadas e escutadas: não facilitaríamos o caminho, pois o que nos interessava estava no trajeto.

Muitas frustrações nos desafiaram nessa busca por um encontro colaborativo no qual todos tivessem voz e vez, e, como artistas-educadores, orientávamo-nos em ser e estar como o que Brazil e Marques (2014, p. 31) chamam de "articulador[es] de transformações". Somos mediadores desse processo singular de cada criança de desvendar a vida (e que nos convida às nossas próprias ressignificações também, em um processo dialógico).

19 de setembro de 2019

"Estávamos Banana e eu, hoje, quando ele encontrou uma folha caída lá fora e ficou deslumbrado com suas cores:

– ***Olha! Uma folha colorida! Vamos pegar?*** *– pergunta, com os olhos arregalados e sorrindo para mim –* ***Vou mostrar para todo mundo!***

Quando ele mostrou às outras crianças, na roda de chegança, ninguém disse nada, ficaram somente olhando para ele. Foi engraçado. Ele, desapontado, disse que tinham que ver na luz do Sol. Aí, brinquei que os colegas tinham que ser legais e dizer:

– UAAAAU!

Então, todos falaram com empolgação, entrando na brincadeira. Quando saímos lá fora, Arco-Íris (irmã de Banana) lembrou de colocar a folha ao sol, para todos a verem iluminada."

Pequenos e singelos são os sinais que mostram os fios que conectamos uns aos outros, tecendo, encontro após encontro, a rede bonita de confiança e afeto que conduz nosso caminho de explorações, de pesquisas e de processos artísticos. Esses fios têm várias cores, tensões, cumprimentos. São flexíveis e permitem que nos emaranhemos uns aos outros em infinitas combinações. Gosto de observá-los sendo construídos, estendidos de um a outro em gestos de cumplicidade, trocas, jogos, escuta e diálogo – em relação.

– A gente pode ser amiga, tá?

17 de outubro de 2019

"Morcego e Futebol voltaram depois de muitos encontros sem aparecer. Muita alegria no reencontro! Morcego me abraçou inúmeras vezes, longos abraços dos quais não queria mais soltar. Esse carinho me faz pensar na responsabilidade do afeto... O que represento para ela? Que lugar ocupo em seu mundo? Que imagens ela vê em mim?

Meu colega artista-educador e eu explicamos nosso desejo poético para o dia: com a técnica de lambe-lambe, pensarmos, juntos, como ocupar artisticamente o espaço da escada, que é todo branco, usando imagens para colar. Como deixar nossa marca lá na casa de cultura? Nesse percurso de registros, revisitamos a memória dos nossos encontros. Em um momento de roda, enquanto lembrávamos o que já havíamos vivido, referindo-se ao dia em que fizemos a festa de aniversário dele e de Arço-Íris, Banana disse:

– Queria voltar no tempo...

Encantada, novamente penso nas relações de afeto, nas marcas que imprimimos em cada um, inevitavelmente."

Esses fios passam despercebidos na maior parte das ocasiões, sempre em dinâmica invisível, mas, vez ou outra, uma criança suspira por um dia especial que vivemos, lembra-se de algo que é importante para outra e alegra-se por um presente muito desejado. Tais fios mostram-se, também, quando as crianças juntas cantam e especulam sobre as folhas e a primavera, conversam e compartilham sobre coisas profundas, aproveitam o ensejo das tarefas para passear com uma amiga, dá-nos um abraço apertado e olha-nos com admiração. São esses lampejos que tornam visíveis a multicolorida trama que nos enreda e mostram, com força e firmeza, o poder das relações nas histórias e narrativas de cada indivíduo que, com afeto, é também afetado. Em virtude de ser construída por essa dinâmica, guia-nos a processos criativos que falam diretamente de nós: nossas questões, nossos desejos, nossos conflitos, nossas percepções, nossas potencialidades, nossas fragilidades.

12 de setembro de 2019

"Todos já colaram as partes do foguete, nossa atividade de hoje, e já nos reunimos novamente lá fora no quintal e começamos o momento de pintá-los com as tintas. Durante essa atividade, encantaram-me as conversas livres que foram surgindo, todos imersos e presentes naquele momento, juntos, mas atentos às suas ações individuais. Conversavam sobre a "chuva de folhas" que caem das árvores e sobre como nem é outono. Conversavam e compartilham conhecimentos sobre como misturar as tintas para criar outras cores. Nesse

momento, também criaram rimas e música com a situação, em ritmo de marchinha de carnaval:

> ***Tem cola quente na minha unha***
> ***Tirei a cola da minha unha***
> ***É cola quente que tá queimando***
> ***Tem fiozinho espalhando.***

Terminamos de pintar e deixamos secando ao sol."

Fica claro, portanto, que a chave dessa trama está no *entre*: é a relação *entre* um e o outro, *entre* um com o mundo, e, desse diálogo, é que vamos construindo e atribuindo sentido ao nosso cotidiano e aos instantes compartilhados. Isabel Marques (2010, p. 27), em interlocução com o educador e filósofo Paulo Freire, pensa esses fios *entre*laçados como "teias de relações que constroem sentidos" e que "impregnar nosso dia a dia de sentido é uma necessidade e, ao mesmo tempo, um chamamento às vivências relacionais do mundo contemporâneo". Tal trama de relações, por ser criadora de sentidos, possibilita que assumamos uma atitude propositiva na construção do mundo no qual estamos inseridos, no "tempo e [nos] espaços das dinâmicas sociais atuais" (Marques, 2010, p. 27).

<u>24 de outubro de 2019</u>

"Saí muito entristecida do encontro de hoje.

Arco-Íris e mais uma criança estavam fazendo troça de cabelos crespos e, em seguida, fizeram uma 'piada' (na visão delas) racista com meu colega educador. Após deixar muito claro que não havia graça alguma naquela 'brincadeira', o colega artista-educador pediu para que nos sentássemos todos e conversássemos sobre o que acabara de acontecer, pois estava muito chateado e incomodado. Ele se colocou para todo o grupo de maneira muito honesta, dizendo o quanto aquilo o deixou nervoso e chateado e por que era ofensivo. Terminou perguntando se elas tinham algo a dizer. Depois de um tempo em silêncio e cabisbaixas, uma delas levantou a mão e pediu desculpas. Arco-Íris, em seguida, pediu também.

Posteriormente, conversando com o colega artista-educador, pensamos sobre formas e estratégias para abordar questões complexas, como racismo, e sobre como foi sensível e potente ele ter se colocado, dizendo para a turma como aquilo o afetou. A 'brincadeira' delas feriu um educador do qual gostam muito e as razões para isso abriram oportunidade para repensar e desconstruir (pré)conceitos. Sem grandes elaborações e discursos, aquela conversa sincera foi um grande aprendizado."

Todos carregamos conosco os nossos fios. Somos indivíduos com inúmeras capacidades de nos conectarmos e nos relacionarmos. Colecionamos diversos tipos de fios e coletamos por onde passamos, lançando mão de cada um deles quando a oportunidade se apresenta, sem contar os fios alheios aos quais somos também laçados e enredados. Esses fios falam, portanto, de onde passamos, de onde moramos, do que lemos, do que escutamos e dizemos, de nossos valores e nossas crenças, de gostos e desgostos; falam de cultura e do contexto social, político e econômico em que estamos inseridos.

Acontece que as crianças, tais quais os adultos, como sujeitos culturais, consomem, produzem e reproduzem o mundo que espelham. E, falando em fios, nesse mundo, temos muitos que são rígidos, afiados e letais, que quase sempre andam disfarçados e dissimulados de inofensivos, cômicos, seguros... Como dizer sobre eles? Como tirar-lhes o disfarce de forma a mostrar sua verdadeira natureza violenta e opressora? Como construir uma compreensão crítica dos mecanismos desses nós de maneira que os desconstruam?

Tendemos a nos importar com aquilo em que vemos sentido, ao mesmo ponto em que nos desinteressamos e nos alienamos daquilo que não o tem. Impregnar de sentido e de afeto torna-se, portanto, ferramenta de empatia e de aproximação com o "outro", o diferente, o distante de mim. Isso faz ver, também, que estamos mais próximos e somos mais parecidos do que outrora achamos estar e ser.

Longe de querer simplificar ou solucionar tal dilema, acredito que um começo para essa compreensão pode ser o afeto, obra-prima de nossa trama. Confiar que ela, multicolorida porque diversa, pode mostrar a eles como estamos conectados e somos responsáveis pelo bem-estar do outro e, por conseguinte, do nosso; que o fio que arremesso ao outro está, necessariamente, preso a mim também; que, ao apresentar a eles as reverberações e as consequências de suas escolhas, de forma aberta, tal como se colocou meu colega, podemos ampliar o debate e a compreensão desses "fios", podendo orientar a escolha daqueles que nos fazem mais sentido.

É muito provável, assim, que, impregnados de sentido, não desprezemos aqueles que são diferentes de nós; não nos esquivemos de combater a miséria em nosso entorno; não ignoremos os atos de violência e de injustiça contra aqueles com quem coabitamos. Se os sentidos são sempre partilhados, construídos nas e pelas relações, as ações que se constroem com base neles levarão consigo também a ideia de partilha (Marques, 2010, p. 29).

Despedida

"Saudade..."

Tempo.

Os gregos antigos, para entendê-lo, dividiram-no em três representações míticas: *Cronos*, aquele que representa o tempo quantitativo, linear e objetivo, da soma do passado, presente e futuro; *Kairós*, o que representa um momento ou instante oportuno e fugaz; *Aion*, aquele que representa, por fim, a intensidade e a importância que agrega qualidades ao tempo, sem medidas, eterno e sagrado.

Essas representações mitológicas acabaram por chegar aos nossos dias mediante as estruturas linguísticas e simbólicas, timbradas também pela dimensão racional como representação modelar, exata, linear (Cronos), mas também como manifestação experiencial, criativa, lúdica e da intencionalidade fenomenológica (Kairós e Aion) (Cunha e Kuhn, 2016, p. 682).

Encontro após encontro, as crianças guiaram-me para esses outros tempos, *extra*ordinários, de Kairós e Aion: o tempo suspenso em que viajávamos para os campos da imaginação e, ao mesmo tempo, plantávamo-nos firmes no presente, sem porvires. Mostraram-me, nas nuances de suas singularidades, noções sobre ritmos, individuais e coletivos. Lançaram-me no imprevisível mar revolto da experiência, aquela que nos acontece porque, a ela, abrimo-nos, expomo-nos, entregues. E me ensinaram, com a leveza e a espontaneidade de quem explica o óbvio, a ser (novamente) pirata:

> O sujeito da experiência tem algo desse ser fascinante que se expõe atravessando um espaço indeterminado e perigoso, pondo-se nele à prova e buscando nele sua oportunidade, sua ocasião. (Larrosa Bondía, 2002, p. 25)

Entre o indeterminado e a oportunidade, habita o espaço do *vazio*, do *não saber*, da *espera*. Habita a *potência*. O tempo da criatividade, do devaneio, da imaginação. Foi desse espaço-instante que tirei as maiores lições de todo o processo, pois foi nele em que estive aberta, próxima e em estado de *escuta*, capaz de estabelecer diálogo: lugar de *encontro*.

Fui posta a ampliar a minha compreensão de minhas questões sobre o que é, para que, como e onde sobre *arte*, *infância* e *educação*. Reintegrando e reivindicando com um pouco mais de certeza, ainda que com mais perguntas do que quando começamos, meu lugar como *artista-educadora*. E, apesar do suporte de livros e de estudos prontos, que, sem dúvida, apontaram direções e sugeriram trajetos, foi na experiência vivida, na reflexão cuidadosa dessa experiência, no diálogo com outros(as) pensadores(as) e, claro, com as crianças, minhas mestras, que ampliei os horizontes e fui transformada.

Compartilhar aqui os ensinamentos que me foram confiados e com os quais busquei ampliar e dialogar com outros autores foi uma empreitada cheia de esperança. Que esta pesquisAção possa vir a ser como sementes sopradas ao vento: podendo inspirar, apontar caminhos e contribuir para um mundo que tenha, cada vez mais, espaço para as vezes e as vozes sábias e potentes das crianças.

O que restou e ficou de mais caro para mim desse processo e dessas experiências foi o afeto e os vínculos que compartilhamos, construídos encontro por encontro, e que nos transformaram, ensinaram, impregnaram de sentidos e abrilhantaram de formas que ainda havemos de descobrir. Aion há de ser o guardião da delicada trama multicolorida de fios invisíveis que nos enredou, e o que faremos disso "[...] fica guardado em sigilo / [...] apenas contigo e migo", como canta Caetano Veloso, em *Oração ao tempo* (1979).

A criação não é uma compreensão, é um novo mistério.
Clarice Lispector (1999, p. 292-3)

Referências

LARROSA BONDÍA, J. Notas sobre a experiência e o saber da experiência. *Revista Brasileira de Educação*, n. 19, jan./abr. 2002. Disponível em: https://www.scielo.br/j/rbedu/a/Ycc5QDzZKcYVspCNspZVDxC/?format=pdf&lang=pt. Acesso em: 05 set. 2022.

BRAZIL, F.; MARQUES, I. *Arte em questões*. 2. ed. São Paulo: Cortez, 2014.

CUNHA, A. C.; KUHN, R. No tempo das crianças... no tempo da imaginação. *In*: SEMINÁRIO LUSO-BRASILEIRO DE EDUCAÇÃO DE INFÂNCIA: INVESTIGAÇÃO, FORMAÇÃO DOCENTE E CULTURAS DA INFÂNCIA. *Atas* [...]. Santo Tirso, Portugal: Universidade do Minho, 2016. v. 2. p. 681-92.

KRAMER, S. Autoria e autorização: questões éticas na pesquisa com crianças. *Cadernos de Pesquisa*, São Paulo, n. 116, p. 41-59, jul. 2002. Disponível em: https://www.scielo.br/j/cp/a/LtTkWtfzsbJj8LcPNzFb9zd/?lang=pt&format=pdf. Acesso em: 05 set. 2022.

LAMEIRÃO, L. T. H. *Criança brincando! Quem a educa?* São Paulo: João de Barro, 2007.

LISPECTOR, C. *A descoberta do mundo*: crônicas. Rio de Janeiro: Rocco, 1999.

MACHADO, M. M. A criança é performer. *Revista Educação e Realidade*, v. 35, n. 2, p. 115138, maio/ago. 2010. Disponível em: https://seer.ufrgs.br/index.php/educacaoerealidade/article/view/11444/9447. Acesso em: 05 set. 2022.

MARQUES, I. A. *Linguagem da dança*: arte e ensino. São Paulo: Digitexto, 2010.

ORAÇÃO ao tempo. Intérprete: Caetano Veloso. Compositor: Caetano Veloso. *In*: CINEMA transcendental. Intérprete: Caetano Veloso. Rio de Janeiro: PolyGram, 1979. 1 CD, faixa 2 (3 min).

REVISTA PIAPURU. São Paulo, n. 1, 2013. Disponível em: https://issuu.com/divform/docs/revista_pia_final. Acesso em: 05 set. 2022.

São Paulo (Cidade). Secretaria Municipal de Cultura. Supervisão de Formação Cultural. *Edital PIÁ 2019*. São Paulo: SMC, 2018. Disponível em: https://7a6df979-bf1d-49c2-9f4e-c6188b104c95.filesusr.com/ugd/6ab35c_8309cbbd4eff4335a919706bf6569420.pdf. Acesso em: 05 set. 2022.

SAURA, S. C. O imaginário do lazer e do lúdico anunciado em práticas espontâneas do corpo brincante. *Revista Brasileira de Educação Física e Esporte*, v. 28, n. 1, p. 163-75, 2014. Disponível: https://www.scielo.br/j/rbefe/a/KT3JS89J3dKdcB5wrmsrj7f/?format=pdf&lang=pt. Acesso em: 05 set. 2022.

VIANNA, K. *A dança*. São Paulo: Siciliano,1990.

Bibliografia consultada

BARROS, S. C. *Na escuta:* O que as crianças me ensinaram sobre infância, arte e educação. 2020. 68 p. Monografia (Especialização em Educação Infantil) – A Casa Tombada, Faculdade Conectada, São Paulo, 2020. Disponível em: http://plataformapesquisas.acasatombada.com.br/items/show/1561. Acesso em: 05 set. 2022.

GRAÇAS, E. M. Pesquisa qualitativa e a perspectiva fenomenológica: fundamentos que norteiam sua trajetória. *Revista Mineira de Enfermagem*, v. 1, n. 4, p. 28-33, 2000.

13

Tecnologia e infâncias nas redes sociais e na escola: o desafio da mediação e de dar sentido às telas

Kátia Keiko Matunaga

Infâncias, redes sociais e telas: por onde andam as crianças?

O assunto acerca da tecnologia, das telas, dos *smartphones*, das redes sociais e da infância tem preocupado sobremaneira famílias, educadores e educadoras nos últimos tempos. Quer seja pelos efeitos nocivos das telas para as crianças pequenas, quer seja pelos riscos aos quais elas estão expostas ao navegar nas redes sociais, quer seja porque estão fazendo uso excessivo de telas, o que se agravou ainda mais durante a pandemia de Covid-19. Entretanto, para entender esse universo, além de especialistas e estudiosos, é preciso ouvir as crianças e adentrar nesse mundo com elas.

A pesquisa que irei relatar aqui foi realizada em 2019 com 13 crianças, entre 11 e 12 anos, no Lar das Crianças, instituição sem fins lucrativos ligada à Congregação Israelita Paulista (CIP), cujo objetivo é oferecer, no contraturno escolar, atividades socioeducativas – que englobem artes, esportes, ciências e linguagens –, buscando potencializar a formação integral das crianças e dos jovens.

É comum ver crianças cada vez mais novas com o celular dos adultos em punho, fazendo as refeições diante de *tablets* e se entretendo em carros com telas acopladas aos bancos nos percursos pela cidade.

Contudo, não são só as crianças que estão envolvidas com os eletrônicos e o mundo virtual. Os adultos também passam muito tempo voltados às telas, para ler ou enviar mensagens, para saber do trânsito, para ler notícias, para circular pelas redes sociais. Na verdade, quando vemos um adulto na relação com o celular, não sabemos onde está e o que está fazendo. Vivemos constantemente conectados, num estado permanente de urgência, em que as respostas têm que ser imediatas, e as crianças convivem com isso o tempo todo. No ano de 2020, quando a pandemia impeliu muitos profissionais ao trabalho remoto, essa conexão por meio das telas se intensificou ainda mais.

Hoje, usamos tecnologia para trabalhar, como recurso de comunicação com pessoas que não podemos encontrar presencialmente, como entretenimento e para navegar pelos mares das redes sociais, nas quais somos bombardeados de imagens, notícias, mensagens. Nas redes, as pessoas falam, muitas vezes, de si, de seus costumes, de seus gostos, de suas crenças e de seu posicionamento político. Nesses ambientes, o limite entre o público e o privado parece ser cada vez menos perceptível. Postagens em que as pessoas expõem a vida íntima, a sua própria e, muitas vezes, a dos filhos, são comuns e não costumam causar estranhamento.

Nesse cenário, surge o termo em inglês *sharenting*, um neologismo que junta a palavra *share* – "compartilhar" –, com a palavra *parenting* – referindo-se à função materna e paterna. É comum pais compartilharem imagens e situações cotidianas de seus filhos, desconsiderando que, assim, deixam pegadas digitais que estarão para sempre registradas no percurso dessas crianças e, o mais grave, sem o consentimento delas.

Desse modo, são muitos os desafios que temos como famílias, educadores e educadoras diante da nossa relação e da relação da infância com a tecnologia.

> As inovações tecnológicas sempre foram recebidas pela humanidade com um misto de fascínio e horror, desde a máquina a vapor até a energia atômica, passando por eletricidade, rádio, telefone e televisão. Fascínio pela inesgotável capacidade da invenção humana e esperança na promessa técnico-científica de tornar a vida melhor no futuro. Horror porque elas, inevitavelmente, comportam um grau de imprevisibilidade,

> produzindo transformações nos modos de estabelecer, em grande escala, as alianças político-econômicas e, na miudeza, do dia a dia, de regular costumes mais cotidianos da vida e das trocas nas relações entre os próximos. (Baptista e Jerusalinsky, 2017, p. 13)

Nesse espaço entre o fascínio e o horror, nasceram – e continuam nascendo – muitas perguntas, sempre com o foco em encontrar a melhor forma de conduzir as relações entre a tecnologia e as infâncias. Um dos caminhos possíveis para respondê-las é observar e ouvir as próprias crianças. Tentar adentrar nesse mundo de "cliques", "*likes*", "blogueirinhas", "*youtubers*", "*tiktokers*", "*instagrammers*". Esse mundo cheio de palavras e expressões novas, importadas do inglês, que se tornam internacionais e são inseridas no vocabulário dos "*gamers*", como "*noob*",[1] "*bot*",[2] "deu HS",[3] ou atitudes novas, como "mutar" os amigos (essa última também utilizada por nós, adultos, nos muitos encontros virtuais dos quais participamos durante o isolamento social). Aproximar-se das crianças, saber o que pensam sobre as relações virtuais, se fazem parte de redes sociais e em quais, o que fazem por lá, e como isso impacta o dia a dia de cada uma é muito importante para não abandonar nossas crianças à própria sorte nesse mundo virtual tão vasto.

Franco Berardi (2009, p. 88), filósofo italiano, refere-se à geração que veio ao mundo nos anos 1980, como a "primeira geração videoeletrônica", uma geração segundo ele, que pode ser considerada mutante, "que se forma em um ambiente em que a mídia prevalece sobre o contato com o corpo humano".

Michel Serres (2020, p. 19), no livro *Polegarzinha*, refere-se, também, a uma mudança cognitiva:

---

[1] N. do E.: "novato".
[2] N. do E.: abreviação de *robot*, um *software* que automatiza funções no jogo.
[3] N. do E.: sigla para a palavra *headshot*, ou seja, tiro na cabeça.

> Essas crianças então, habitam o virtual. As ciências cognitivas mostram que o uso da internet, a leitura ou a escrita de mensagens com o polegar, a consulta a Wikipédia ou ao Facebook não ativam os mesmos neurônios nem as mesmas zonas corticais que o uso do livro, do quadro negro ou do caderno. Essas crianças podem manipular várias informações ao mesmo tempo. Não conhecem, não integralizam nem sintetizam da mesma forma que nós, seus antepassados. Não têm mais a mesma cabeça.

Observar e ouvir as próprias crianças significa adentrar nesse território, com a abertura necessária para ver o que elas, de fato, estão nos mostrando. Considerar a forma como são afetadas por esse mundo virtual e pela tecnologia sem, de antemão, fazer julgamentos. Significa aceitar que há mudanças muito profundas em curso: da ordem da cognição; da ordem das relações; da ordem da corporalidade; da ordem das emoções. Emoções, estas, que sofrem "mutações", porque a linguagem e a sociabilidade, antes referenciadas pela segurança e pelo afeto que advinham da relação com a mãe, ou com o adulto cuidador, perde a carnalidade e passa a ser mediada pelas telas, que são utilizadas desde a mais tenra idade.

O espaço nas redes sociais

> O espaço da rede não tem direção. É um tecido de possibilidades, de conexão, de *links*, que, no fundamental, não se distinguem demasiado uns dos outros. Não há rumo. Nenhuma opção adquire preponderância absoluta sobre as restantes. Numa situação ideal, a qualquer momento se pode produzir uma mudança de direção. Nada tem caráter definitivo. Tudo está na corda bamba. Não se transita pelo espaço da rede passeando,

> caminhando ou marchando, mas sim, surfando ou explorando. Estas formas de movimento não têm direção. Não segue caminho algum. (Han, 2016, p. 54)

As redes sociais são portas e janelas abertas para uma variedade surpreendente de conteúdos. Observando as crianças e navegando pelas redes, encontramos um universo imenso e desconhecido, que vai dos pequenos esquetes, passa pelos canais de *youtubers* famosos (os influenciadores digitais), pelos canais das histórias bizarras e improváveis e por coisas como ASMR (*Autonomous Sensory Meridian Response*, ou, em português, resposta sensorial autônoma do meridiano), uma categoria de vídeos em que aparecem imagens e sons que provocam a sensação de bem-estar e de relaxamento. São vídeos de pessoas mascando chicletes, abrindo embalagens, raspando barras de sabão. Em muitos deles, elas sussurram em microfones potentes enquanto manipulam esses objetos. Até agora, há poucos estudos sobre o assunto, mas esse tipo de vídeo já tem sido usado em publicidade. Especula-se que a sensação provocada pelos vídeos de ASMR libere hormônios como ocitocina e remeta aos cuidados que as mães têm com os bebês.

A questão do consumo e dos influenciadores digitais também merece atenção. O influenciador digital é alguém que tem como objetivo influenciar os seguidores a consumirem determinadas marcas. Os mais diversos produtos são apresentados por "pessoas comuns", o que gera uma identificação por parte dos seguidores. Essa estratégia de *marketing* é algo de que as crianças não têm como se defender, pois, capturadas pelas imagens, desejam os produtos e tudo o que eles prometem. A publicidade infantil é ponto de muita atenção quando se discute a proteção e a defesa dos direitos das crianças. Na série de vídeos *Infância e tecnologia na pandemia: como viver o novo momento* (2020), desenvolvida pelo Instituto Alana, no episódio "De quem é a responsabilidade pelas experiências das crianças no ambiente digital?", essa questão é enfatizada como aspecto relevante:

> Os desafios à participação ética, saudável, criativa e segura de crianças e adolescentes no ambiente digital estão ligados diretamente ao modelo de negócios em que se baseiam as plataformas, aplicativos, mídias, ferramentas e serviços de comunicação digital que é o da exploração comercial da experiência e do sequestro da atenção a qualquer custo, tanto de adultos como de crianças.
>
> E não se trata apenas de fomentar o consumo, a questão da segurança de dados também é motivo de preocupação: "Nesse modelo, muitas empresas operam com design persuasivo e coletam e vendem dados dos usuários, monetizando suas informações com o objetivo de maximizar os lucros obtidos com publicidade e outros serviços".

O tempo nas redes sociais

Se o espaço da rede é um espaço sem direção, o tempo é também um tempo diferente. Um tempo sem intervalo, sem espera, que pode ser acelerado conforme a vontade de cada um. Daí a dificuldade em acompanhar: cada um surfa na sua onda e no seu ritmo.

Existe uma instantaneidade ao navegar, uma aceleração que elimina o tempo de espera e os intervalos. Sobre isso, Byung-Chul Han (2016, p. 55), filósofo sul-coreano, nos diz:

> O tempo da rede é um tempo-agora descontínuo e pontual. Passa-se de um *link* para o outro, de um agora para outro. O agora não tem duração alguma. Nada há que incite alguém a deter-se durante muito tempo num ponto do agora. A multiplicidade de possibilidades e alternativas faz com que não tenhamos obrigação nem necessidade de nos demorarmos num lugar. A demora prolongada e alongada só provocaria tédio.

Interessante destacar que o nome TikTok vem da onomatopeia "tique-taque" que imita o barulho feito por relógios, numa referência aos clipes curtos feitos no aplicativo. Embora o TikTok fosse originalmente um território de adolescentes, muitos adultos, alguns acompanhados de crianças, também participam dos vídeos.

Vemos, então, que as crianças controlam o tempo, mas, paradoxalmente, são controladas nos mecanismos de pontuação e de recompensas. "*Likes*" e seguidores são moedas de troca e, ao mesmo tempo, recompensa e reconhecimento. Ter muitos "*likes*" e muitos seguidores significa ser popular e, talvez, até ganhar dinheiro.

O lugar dos adultos na trama das redes sociais

Na trama das redes sociais, existe um mundo enorme de que ouvimos falar, mas dificilmente acessamos. Para William Corsaro (2005), sociólogo americano, em uma pesquisa etnográfica realizada com crianças de Jardins de Infância nos Estados Unidos e na Itália, a entrada no terreno é o que permite nossa aproximação da perspectiva "dos de dentro".

Na ocasião, ele desenvolvia um estudo etnográfico em um Jardim de Infância e dizia o quanto era difícil acessar a perspectiva das crianças e ser aceito, uma vez que era um adulto, e essa condição já determinava uma distância intransponível entre ele e aqueles que chamou "os de dentro".

Em algumas experiências navegando em aplicativos, a fim de conhecer melhor as crianças, demorava-me muito mais do que previa e, não raro, acabava me envolvendo de tal maneira que até esquecia meu propósito. Com mecanismos pensados exatamente para nos capturar, como as rolagens infinitas, por exemplo, o autocontrole é um desafio para os adultos e, portanto, ainda mais difícil para as crianças. Não raro, em nossas incursões nas redes, somos capturados pela curiosidade e navegamos a esmo.

Em minhas incursões pelas redes e por alguns canais de YouTube, há algo que merece destaque: há muitas imagens e vídeos de crianças feitos pelos pais, não só as mostrando em situações “bonitinhas”, mas, por vezes, reproduzindo coreografias, falando textos determinados pelos adultos; diversas crianças aparecendo como se fossem miniaturas de modelos, com roupas de moda, segurando sacolas, em poses erotizadas.

Se, por um lado, o fato de crianças terem canais parece trazer notícias de um protagonismo infantil, por outro, no caso das crianças pequenas, como elas não têm a autonomia necessária para criar, gerenciar e manter um canal, são os adultos que as dirigem. Em algumas ocasiões, percebe-se que o foco está na rentabilidade dos “*likes*”: o que gera mais “*likes*” é mais explorado. Dessa forma, isso nos aproxima do que Adriana Friedmann (2020, p. 41) cita, em sua obra, sobre o adultocentrismo: “Refere-se a decisões que os adultos tomam pelas crianças e por elas, em geral sem consultá-las, sem lhes dar voz ou sem criar espaços de escuta”.

Não se trata de deixar que as crianças decidam tudo, e há muitas situações em que cabe ao adulto tomar as decisões relacionadas a elas, mas, aqui, falamos de escolhas possíveis de espontaneidade e, sobretudo, de respeito.

> Ao forçar, obrigar ou influenciar as crianças a participarem de determinados fóruns ou situações, ou ao falarem ou colocarem aquilo que os adultos gostariam de dizer por elas ou delas ouvir vai na contramão do que se considera protagonismo e participação infantil. (Friedmann, 2020, p. 41)

Algumas considerações sobre a segurança das crianças nas redes sociais

Pesquisa desenvolvida pela rede Global Kids Online, numa iniciativa colaborativa entre o Fundo das Nações Unidas para a Infância (Unicef), a London School of Economics and Political Science e a EU Kids Online, mostra que a privacidade é algo considerado pelas crianças que utilizam a internet e as redes, e que elas, inclusive, dominam algumas habilidades importantes para se proteger nesses ambientes (Unicef, 2019). Quando perguntadas, muitas crianças disseram saber o que podem ou não compartilhar *online* e que sabem como alterar configurações de privacidade nas mídias sociais e como remover pessoas de sua lista de contatos.

Apesar disso, as crianças ao navegarem nas redes, estão expostas a tropeçar em conteúdos inadequados.

Quer seja acidental, quer seja intencionalmente, os riscos da navegação são reais. A pesquisa realizada pela Unicef mostra que, nos diversos países pesquisados, muitas crianças dizem já terem sido expostas a situações que as constrangeram ou aborreceram enquanto navegavam pelas redes sociais.

Adotar *softwares* de controle parental e controlar horários são alguns dos recursos que os adultos podem usar, no entanto, ajudar as crianças na curadoria de conteúdos e em uma postura saudável em que saibam autoproteger-se parece ser o caminho necessário a percorrer. O controle sem o diálogo não promove a aprendizagem necessária que permite que as crianças transitem com mais autonomia e segurança, mesmo quando não estiverem sob o olhar dos pais. Não tenhamos a ilusão de que saber onde estão basta para que estejam bem, de que não irão jamais navegar por lugares pouco recomendados. Entretanto, precisamos estar perto delas, a fim de que possam voltar e de que não se percam.

Quanto mais crescem e ganham autonomia, vai se tornando cada vez mais difícil monitorá-las. Talvez, mais do que monitorar, seja necessário formá-las. Para poder proteger as crianças no ambiente digital, é preciso aproximar-se de seus interesses, é preciso ter muito diálogo e abertura para um mundo que muitas vezes nos é estranho. É necessário, também, reconhecer que há vida inteligente e criativa nesses ambientes: que se divertem; que desenvolvem senso de pertencimento; que aprendem. As ferramentas que utilizam nos ambientes digitais, como os jogos *online*, ou, até mesmo, os aplicativos como TikTok, podem, também, auxiliar que desenvolvam habilidades de leitura, escrita, raciocínio lógico e matemático, além de trabalhar de uma forma natural com a colaboração e a empatia, mas, para que isso ocorra, é necessária a mediação do adulto e a formação das crianças e dos adolescentes.

Infâncias e telas na pandemia: de que telas estamos falando? Relato de uma experiência

Redes e mídias sociais, assim como todas as invenções humanas, têm potencial de criação de muitas oportunidades de aprendizagem e precisaremos, cada vez mais, reconhecer as boas situações que elas podem nos apresentar. No ano de 2020, para além das redes sociais, a relação com as telas ganhou outros contornos. Isso aparece nesse recorte de uma experiência vivida por uma equipe de Educação Infantil, da qual faço parte como coordenadora pedagógica, em uma escola da rede privada em São Paulo, em 2020.

Com a pandemia de Covid-19, que determinou isolamento e distanciamento social, com o fechamento das escolas em muitos países, as telas, mais do que nunca, passaram a ser utilizadas pelas crianças de todas as idades, inclusive as dos anos iniciais da Educação Infantil (1 a 4 anos).

Essas foram as únicas janelas possíveis para que a conexão com o mundo externo fosse sustentada. E foi um grande desafio para todos os educadores e as educadoras que trabalham com essa faixa etária encontrar um caminho em que as infâncias, as individualidades e as mais diversas dinâmicas familiares fossem respeitadas. Encontrar verdade e sentido nesse novo caminho foi necessário para que ele pudesse ser trilhado por todos com afeto, garantindo aprendizagens importantes para todos os envolvidos. Colocar em suspensão nossas verdades e construir uma nova docência, um novo jeito de ouvir e de estar com as crianças. E elas nos mostraram os melhores caminhos. Autênticas e transparentes, permaneciam conosco enquanto fizesse sentido. No começo, algumas famílias relatavam que as crianças olhavam atrás do computador, para ver se havia alguém lá. Depois, foram entendendo como esse mundo funcionava. E sem cerimônia, assim como os mais velhos fecham a câmera, as que já sabiam, desligavam, ou, simplesmente, abandonavam seus dispositivos quando seu tempo já tinha acabado.

Foi observando as crianças, as suas respostas, as suas expressões, as falas de quem já sabia falar e o corpo de quem não sabia, apesar das janelinhas pequenas, que pudemos construir essa nova docência: menos preocupadas em seguir o currículo da escola, e mais preocupadas com o sujeito que aprende. Respeitar o tempo, o espaço, os corpos e os interesses dos pequenos, assim como no presencial, foi nossa premissa no ensino remoto.

Assim, a primeira pergunta foi: se temos que usar as telas, afinal, de que telas estamos falando? Não das telas da passividade e da impessoalidade, mas das que podem ajudar na manutenção e na sustentação de vínculos. Não só produzimos conteúdos relacionados à vivência escolar – histórias, músicas, sugestões de atividades e brincadeiras –, como tivemos encontros virtuais em que as crianças podiam ver rostos, ouvir vozes familiares, encontrar os amigos e as amigas, e, assim, lembrar que aquele mundo estava distante, mas que ainda existia, como nos mostra o relato dessa professora de crianças de 1 a 2 anos:

O computador se afastou do rosto para sermos corpo e rolarmos, dançarmos, sermos por inteiro como clamam os corpos Amarelinhos.[4] *Nossos encontros eram coletivos e garantiam a presença das professoras e a oportunidade de rever os colegas de sala, sustentando e, mais uma vez, fortalecendo nossos vínculos com afeto.*

Descobrimos que, nessas rodas cantadas, adentrávamos nas casas, ampliando o repertório de brincadeiras de cada família, introduzindo elementos novos na rotina semanal de cada casa, com começo e fim, ou melhor, com recomeços e fim. Na tela, nesses momentos, cumpríamos um tanto de nossa função escolar, de garantir a cultura da infância para além do círculo familiar, fazendo valer o que vem do público, de nossa história, para adentrar no privado e reverberar no corpo, na memória e na linguagem dos nossos Amarelinhos. Nessas horas, sem sobressalto, éramos professoras na sala de casa com seus alunos e alunas fazendo roda, cantando como cantávamos no corredor da casa do lobo, tirando imagens de nossas caixas como fazíamos em nossa sala de aula.

(Cintia Galina, professora de Educação Infantil)

Aos adultos, que podiam ser pais, avós, irmãos mais velhos, cuidadores, coube à mediação a ajuda para traduzir o que estavam vendo na tela, auxiliando as crianças a entenderem e estabelecerem relações. A família passou a ser parceira constante e presente em todos os encontros com as crianças. Os limites entre casa e escola estiveram, por um tempo, diluídos. Professoras e professores nas casas das crianças, e crianças nas casas das professoras e dos professores. Com toda sorte de situações inusitadas que essa situação gerou, aos poucos, o constrangimento foi passando a certa intimidade, como mostra este trecho escrito por uma professora, também de crianças de 1 a 2 anos, que foi lido para as famílias na última reunião do ano de 2020:

[4] N. do E.: Amarelinho é o nome do primeiro grupo da Educação Infantil, composto por crianças de 1 e 2 anos.

Vamos começar pelo começo?

> *Cada coisa começa de um jeito e cada jeito leva as coisas para um lugar. Às vezes, o começo tem jeito de fim, mas só que, no fim, tudo pode começar mais uma vez! É por isso que, no começo de uma história, ninguém sabe direito como vai terminar. E quem adivinha o desenho que virá depois que os traços começam a se encaixar? (Tavano, 2008)*

Essa frase sempre pode descrever muito bem nosso caminhar Amarelinho. Muitos começos, cada começo de um jeito e cada jeito que levava para um caminho e uma história particular de cada criança e cada família.

Hoje, nesse 2020, essa frase define perfeitamente nossa vida presente.

Todo esse novo percurso que estamos traçando juntos pela primeira vez, cada um de sua casa, com traços de um desenho construído por muitas mãos, como nunca fizemos antes: crianças, pais, mães, avós, irmãos, irmãs, cuidadores, filhos, cachorros... Nunca vivemos essa relação tão distante e, ao mesmo tempo, tão próxima e íntima.

Traços que se encontram, desencontram, seguem perto, às vezes, ao longe, mas todos contam a nossa história. A história de um grupo que começou de um jeito, despediu-se antes do tempo, mas encontrou um novo caminho de seguir como grupo, como escola, professores, alunos e famílias.

Quem imaginaria que esse caminho poderia existir?

Quem saberia o caminho a seguir?

Nesse encontro tentamos reunir todos os traços, caminhos, jeitos e personagens que têm ajudado a traçar e reinventar nossa história Amarelinha.

Obrigada pelos traços únicos de cada um!

(Alessandra Campos, professora de Educação Infantil)

Em outubro de 2020, pudemos receber as crianças presencialmente na escola. No começo por algumas horas; depois, à medida que a pandemia parecia estar mais controlada, pudemos aumentar esse tempo de presença. Nesse retorno, tínhamos expectativa de um grande tempo de adaptação, mas, tirando casos pontuais, reencontramo-nos com as crianças como se tivéssemos nos visto no dia anterior. Laços sustentados pelas interações virtuais mostraram-se fortes o suficiente para que elas pudessem estar seguras e no ambiente escolar.

Revivemos mais vezes, em 2021, essa experiência do distanciamento, porém, todos mais preparados e familiarizados com esse universo. Algumas crianças chegaram a ficar orgulhosas por também terem suas "reuniões", assim como seus pais; outras ficaram tristes na hora de desligar; ainda, outras resistiram e apareceram de vez em quando, ou preferiram as atividades assíncronas, com materiais e sugestões que a escola envia.

Dessa forma, telas e infâncias seguem juntas, marcando essa geração de crianças. Novos desafios se apresentam e, possivelmente, essa geração chegará às redes em outro momento, com outras experiências e marcas. Com memórias da escola muito diferentes das gerações pré-pandemia. Não se trata de classificá-las em melhores ou piores, nem se pode antecipar que marcas elas irão produzir, afinal, como bem nos disse Silvana Tavano (2008), quem pode adivinhar o desenho que virá depois que os traços se encaixarem?

Referências

Baptista, Â.; Jerusalinsky, J. (org.). *Intoxicações eletrônicas*: o sujeito na era das relações virtuais. Salvador: Ágalma, 2017.

Berardi, F. *Depois do futuro*. São Paulo: Ubu, 2009.

Corsaro, W. A. Entrada no campo, aceitação e natureza da participação nos estudos etnográficos com crianças pequenas. *Educação e Sociedade*, Campinas,

v. 26, n. 91, p. 443-64, maio/ago. 2005. Disponível em: https://www.scielo.br/j/es/a/HkDSKzZZJKdsSFtqBHmZxbF/?format=pdf&lang=pt. Acesso em: 08 set. 2022.

FRIEDMANN, A. *A vez e a voz das crianças*: escutas antropológicas e poéticas das infâncias. São Paulo: Panda Books, 2020.

HAN, B. C. *O aroma do tempo*: um ensaio filosófico sobre a arte da demora. Lisboa: Relógio D'Água, 2016.

INFÂNCIA e tecnologia na pandemia: como viver o novo momento. *Alana*, 23 abr. 2020. Disponível em: https://alana.org.br/infancia-e-tecnologia-em-tempos-de-pandemia/. Acesso em: 08 set. 2022.

SERRES, M. *Polegarzinha*: uma nova forma de viver em harmonia, de pensar as instituições, de ser e de saber. 4. ed. Rio de Janeiro: Bertrand Brasil, 2020.

TAVANO, S. *Como começa?* São Paulo: Callis, 2008.

UNITED NATIONS INTERNATIONAL CHILDREN'S FUND (UNICEF). *Growing up in a connected world*. New York: Unicef, 2019. Disponível em: https://www.unicef-irc.org/publications/pdf/GKO%20Summary%20Report.pdf. Acesso em: 08 set. 2022.

Perspectivas

Adriana Friedmann

Os universos das infâncias nos sinalizam, atualmente, vários desafios, no sentido de compreender que, da provocação feita a respeito da importância de escutar e de observar as crianças para conhecer suas singularidades, suas realidades de vida, suas linguagens e seus arcabouços multiculturais, temos uma infindável tarefa que se anuncia: a de não somente compreender que, com cada criança e com cada grupo infantil, iremos descobrir, cotidianamente, novos repertórios, novas narrativas e novas potencialidades, como também apontar para a emergência e a urgência de repensar e recriar espaços, tempos, propostas e oportunidades para as crianças se expressarem na sua espontaneidade e por meio das suas vozes genuínas, no sentido de oportunizar que vivam infâncias plenas e significativas.

Dessa forma, mais do que nunca, o brincar, as expressões artísticas, todo tipo de expressão corporal, a palavra, a escrita, os sonhos das crianças precisam virar bússolas a orientar mães, pais, cuidadores, educadores, gestores e todos aqueles que entendem que, na infância, tudo começa; que, na infância, nascem as sementes que irão revelar as riquezas existentes em cada ser humano.

Se quisermos criar sociedades mais humanas e equitativas, vidas mais genuínas, significativas e saudáveis para nossas crianças, não podemos duvidar do lugar prioritário que precisamos oferecer a elas nos diversos entornos em que elas vivem e convivem, mediante o diálogo, a escuta e a Educação.

Escutar as crianças é urgente; aprender com elas, sobre suas vidas e seus mundos, uma necessidade; construir junto com elas novos valores, novos paradigmas e novas possibilidades, o grande desafio do tempo presente e do futuro.

Sobre a organizadora

Adriana Friedmann

Doutora em Antropologia, mestra em Educação e Pedagoga. Especialista, docente, palestrante, pesquisadora e consultora nas temáticas da infância, das crianças e suas linguagens expressivas. Coordenadora e docente do curso de pós-graduação *A vez e a voz das crianças: escutas antropológicas e poéticas das infâncias*. Criadora e coordenadora do Núcleo de Estudos e Pesquisas em Simbolismo, Infância e Desenvolvimento (Nepsid) e do Mapa da Infância Brasileira. Cofundadora da Aliança pela Infância e do Coletivo *A vez e a voz das crianças*. Autora de livros e artigos na área, entre eles: *A vez e a voz das crianças: escutas antropológicas e poéticas das infâncias*, *Linguagens e culturas infantis*, *O desenvolvimento da criança através do brincar* e *A arte de brincar*.

E-mail: adriafried@gmail.com

Sobre as autoras

Carla Bruna Altafini Nastri

Formada em Pedagogia, especialista em Processos de Escutas Antropológicas das Infâncias pela Faculdade das Conchas (Facon), no núcleo de educação d'A Casa Tombada. Atua na Educação de Primeira Infância desde 2009 como professora da rede privada de São Paulo. Membro do Coletivo *A vez e a voz das crianças*.

E-mail: carla_altafini@hotmail.com

Daniela Padilha

Formada em Letras, com especialização em Escutas Antropológicas das Infâncias. Fundadora da Editora Jujuba, especializada em Literatura Infantil, convidada, em 2019, pela Feira do Livro de Bologna para representar o Brasil, ano em que lançou a Literatura de Colo, coleção dedicada à primeiríssima infância, com livros que consideram o bebê como leitor.

E-mail: daniela@jujubaeditora.com.br

Eliani Ragonha

Especialista em Processos de Escutas Antropológicas de Infâncias. Atua na Rede Municipal de São José do Rio Preto (SP) desde 1992, inicialmente como professora, depois, como coordenadora pedagógica e, atualmente, como formadora de professores e de gestores da Educação Infantil. Redatora do Currículo Paulista – Etapa da Educação Infantil.

E-mail: ragonhaeliani@gmail.com

Elisa Schuler

Mãe do Eduardo, de 7 anos. Formada em Direito pela Universidade de São Paulo (USP) e em Administração Pública pela Faculdade Getúlio Vargas (FGV). Especialista em pesquisa com crianças, com abordagem antropológica, pel'A Casa Tombada. Buscadora dos rastros das infâncias. Atua como consultora e facilitadora de processos colaborativos e vivências dedicadas à escuta das crianças e dos adultos.

E-mail: elisasschuler@gmail.com

Fernanda Gouvea Santos

Mãe da Isabela, psicóloga e pedagoga. Pós-graduada em Psicopedagogia e Arteterapia, cursando pós-graduação em Pedagogia Waldorf. Professora de Educação Infantil na Rede Municipal de Educação de São Paulo.

E-mail: fegouvea1912@gmail.com

Gláucia Sales Paez Fernandez

Pedagoga e especialista em Escutas Antropológicas das Infâncias. Professora de Educação Infantil na Rede Municipal de São José dos Campos entre 2015 e 2021.

E-mail: glaucia.paez@gmail.com

Isabela Pinho Gomes Assêncio

Cursou Ciências Biológicas, Pedagogia e especialização em Escutas Antropológicas. É professora de Educação Infantil.

E-mail: isabela.assencio@gmail.com

Jacqueline Nara de Assis

Educadora na Educação Infantil. Especialista em Escutas Antropológicas das Narrativas, Linguagens e Culturas Infantis. Educadora, curiosa e aprendiz.

E-mail: nara.assis75@gmail.com

Kátia Keiko Matunaga

Pedagoga e especialista em Processos de Escutas Antropológicas das Infâncias, pel'A Casa Tombada. Coordenadora pedagógica de Educação Infantil na Escola Viva, responsável pelas crianças de 1 a 4 anos. Atua desde 1987 na área da Educação.

E-mail: katiamatunaga@gmail.com

Laizane Oliveira

Especialista em Escutas Antropológicas das Narrativas, Linguagens e Culturas Infantis e em Literatura para a Infância: Textos, Imagens e Materialidades. Professora de Educação Infantil da Rede Municipal de São Paulo. Pesquisadora de crianças e infâncias, integrante do Coletivo *A vez e a voz das crianças*, mas sobretudo: escutadora das crianças e da sua criança.

E-mail: laizaneoliveira@gmail.com

Miraíra Noal Manfroi

Com as crianças, tornou-se educadora, tendo cursado Educação Física na Universidade Federal de Mato Grosso do Sul (UFMS), mestrado e doutorado em Educação Física na Universidade Federal de Santa Catarina (UFSC). Aluna da primeira turma e, atualmente, professora do curso de pós-graduação *A vez e a voz das crianças: a arte de escutar e conhecer narrativas, linguagens e culturas infantis*.

E-mail: mirairamanfroi@gmail.com

Roselene Crepaldi

Pedagoga com mestrado e doutorado em Educação. Pesquisadora. Membro do Coletivo *A vez e a voz das crianças*. Consultora nos temas: Educação e Educação Infantil, formação de profissionais, políticas públicas para infância, brincar, lazer e recreação.

E-mail: rosecrepaldi@gmail.com

Sabrina Costa Barros

Formada em Dança pela Universidade Estadual de Campinas (Unicamp) e pós-graduada em Escutas Antropológicas da Infância pel'A Casa Tombada (SP). Atua como arte-educadora na formação artística de crianças, jovens e adultos, e desenvolve projetos culturais.

E-mail: sacostabarros@gmail.com

Tânia Fonseca Pinto

Professora, pedagoga e especialista em Gestão Escolar, Orientação Escolar e Distúrbios de Aprendizagem. Pós-graduada em Processos de Escuta Antropológica – Narrativa das Infâncias, coordenada pela professora doutora Adriana Friedmann. Diretora escolar, formadora de professores e orientadora familiar.

E-mail: taniafonp@gmail.com

Teresa Andréa Ferrara

Formada em Pedagogia pela PUC-SP, com aperfeiçoamento em Educação Infantil pela Universidade Federal de São Paulo (Unifesp), pós-graduada no curso *A vez e a voz das crianças* pel'A Casa Tombada e cursando mestrado em Educação pela PUC-SP. Atualmente, formadora de professoras de Educação Infantil.

E-mail: teresaandreaf@gmail.com

Vydian Felix Baptista Numa

Educadora, especialista em Processos de Escutas Antropológicas de Infância e pós-graduada em Gestão Escolar. Atua na Rede Municipal de São Paulo. Coordenadora pedagógica, formadora de professoras e eterna aprendiz.

E-mail: vydianfelix@hotmail.com

Sobre o Livro
Formato: 16 x 23 cm
Mancha: 11,2 x 17,7 cm
Papel: Offset 90g
nº páginas: 320
1ª edição: 2023

Equipe de Realização
Assistência editorial
Liris Tribuzzi

Edição de texto
Gerson Silva (Supervisão de revisão)
Roberta Heringer de Souza Villar (Preparação do original e copidesque)
Fernanda Fonseca (Revisão)

Editoração eletrônica
Évelin Kovaliauskas Custódia (Capa, projeto gráfico e diagramação)
incomible/iStock (Ilustração de capa adaptada)

Impressão
Edelbra Gráfica